# 繁星絮语
## ——教育叙事

罗 灿 ◎ 主编

东北师范大学出版社

长 春

图书在版编目（CIP）数据

繁星絮语：教育叙事 / 罗灿主编. — 长春：东北师范大学出版社，2020.7
ISBN 978-7-5681-6968-4

Ⅰ.①繁… Ⅱ.①罗… Ⅲ.①教育—文集 Ⅳ.①G4-53

中国版本图书馆CIP数据核字（2020）第119878号

□策划创意：刘　鹏
□责任编辑：邓江英　刘贝贝　　□封面设计：姜　龙
□责任校对：刘彦妮　张小娅　　□责任印制：张允豪

东北师范大学出版社出版发行
长春净月经济开发区金宝街118号（邮政编码：130117）
电话：0431-84568115
网址：http://www.nenup.com
北京言之凿文化发展有限公司设计部制版
北京政采印刷服务有限公司印装
北京市中关村科技园区通州园金桥科技产业基地环科中路17号（邮编：101102）
2022年6月第1版　　2022年6月第1次印刷
幅面尺寸：170mm×240mm　　印张：19.25　字数：347千

定价：45.00元

# 编委会

**主　编**：罗　灿

**副主编**：杨金锋

**编　委**：马彦明　杨佳富　李　柏　王玉东　朱国芬

　　　　　左心彤　康玉辉　谢学辉　李少冰　张淑贞

# 序言

## 教育的姿态

佳节端午，艾叶飘香。花开蝉鸣，阳光正好。

教学楼下的植物园郁郁葱葱，葫芦秧吸足了水分向上生长，黄瓜秧鼓足劲肆意地开花，蜜蜂在花间自由地穿梭，蝴蝶在花丛中轻盈起舞……一切都那么美好，一切都那么宁静，一切都那么惬意。这一切，不禁让人想起教育的美好，想起教育的姿态，它应该是：缓慢而优雅、自由而舒适、沉静而厚重。

缓慢而优雅是教育的底色。教育是农业，"慢"的艺术。"缓慢"，是因为儿童的成长需要时间，春播，夏长，秋收，冬藏。每个季节都有其规律要求，因此，"缓慢"的背后是对规律的尊重，是一种陪伴，是一种守候。这就需要教育工作者用爱心、耐心、慧心去呵护种子的成长，安静等待，不催生，不拔苗，无限地相信种子，无限地相信岁月。蓄能之后，必绽光彩。童年的天真烂漫，少年的意气风发，青年的青春激昂……一个个故事在岁月的静守中优雅绽放，一段段情怀在理想的坚守中优雅呈现。春色在明德优雅驻足，诗意在明德肆意流淌。

成长需要底色，更要满足精神的需求，让儿童自由而舒适地生长，这是教育的本色。关于教育的目的是什么，各有各的回答，但我以为，教育就是让儿童找到他自己。这是一个发现、赋能、成长的过程，所谓"自由"并不是为所欲为，而是顺从天性；所谓"舒适"并不是无所事事，而是遵从内心。以真育真，以善养善，以美塑美，自由生长。在这些教育故事中，明德年轻的教师以儿童为中心，以学生为主体，以童真、童心、童趣让教育自由之花舒适地绽放。

教育的姿态始于底色，发于本色，终于成色，即沉静而厚重。教育需要沉静，唯有沉静才能研究规律，思考方向，实现追求。程红兵校长在《安安静静办学》一书中指出："学校的核心使命在于为学生创建精神家园，这个精神家园直接指向人的精神空间，是安放人灵魂的场所。"这就是教育的厚重，而厚重要以沉静为前提和保证。那沉静的背后又是什么？是对价值的追求，对诱惑的抵制；是对初心的坚守，对杂心的抵御。唯有此，才有知识的涵养，人格的塑造，精神的成长；唯有此，才能积蓄能量，生长智慧，肩负使命，承担责任，成就身心健康、性格阳光、精神充盈、有为担当的大写之人，这就是教育的终极追求。

人生被一个又一个故事所演绎，而故事又丰盈一段又一段的人生，这就是教育的意义；周而复始却日新月异，年年花开却景物常新，这就是教育的价值。时间很短，人生有限，一颦一笑，一朝一夕，事关教育；一点一滴，一横一撇，事关未来。

守候教育的姿态，为人生树一个方向，听微风过处，任时光流转，看岁月静好！

是为序。

# 目 录

最甜的雕花催嫁蛋糕 \ 1
亲其师，信其道 \ 4
教育无声 \ 6
有的花是这样开的 \ 8
爱的力量 \ 12
"小青蛙"二三事 \ 15
记一次超短的谈话 \ 18
教育的细水长流，从耐心开始 \ 20
尽力，更要借力 \ 22
撕掉标签，宽容对待 \ 25
喜欢你，因为你不听话 \ 28
"小卖部"的智慧 \ 30
教育勇气 \ 33
父母与青春期孩子共成长 \ 35
那个深爱无人机的少年 \ 41
走进学生内心的"捷径" \ 44
小鸟终于安全了 \ 48
从影响家庭教育环境为孩子注入灵魂 \ 51
青春次第花开 \ 56
赏识教育对德育工作的意义 \ 59
智慧数学的教与学 \ 62
做学生生命中的贵人 \ 65
告诉孩子星星在哪里 \ 71

成长的路上，有你有我 \ 74
春风起时何处拦 \ 78
让尘埃在爱的阳光中闪亮 \ 82
我是你的"护林员" \ 85
小 胖 \ 88
亦师亦友，叹回首，赋别离 \ 90
投射作用的影响 \ 93
爹与子 \ 96
"哆啦A梦"的便笺纸 \ 99
二班一二事 \ 102
难忘的排队游戏 \ 108
人艰不拆的植物园 \ 110
愿你长成，宛如初见 \ 112
真心换真心 \ 115
H同学的"偷窃癖" \ 118
和学生"斗智斗勇" \ 121
菜鸟老师家访记 \ 124
教育故事之明星学生 \ 129
夸奖的力量 \ 131
体验孕妈，更爱妈妈 \ 133
明德篮球队成长录 \ 135
那个"宝藏"女孩儿 \ 137
愿为一只温暖的大龙猫 \ 139

守护个性，不违群道 \ 143
相信孩子，静待花开 \ 145
小花的信念 \ 147
浇灌一朵安静绽放的花 \ 158
春树飞花 \ 161
一朵云推动另一朵云 \ 164
空谷幽兰，秀外慧中 \ 167
当理解学生时，学生就理解了你 \ 171
一路向育 \ 174
用最初的心，做长久的事 \ 176
"老赵" \ 178
爱当中的坚守 \ 181
翻开一本流水账 \ 184
放学后的"小兔子" \ 188
给你的爱是成全 \ 191
关爱的"四颗糖" \ 193
佳佳，一起上学吧 \ 196
精心浇灌，育曲为直 \ 199
特别的证书 \ 203
星星1班的"星球国际"诞生记 \ 206
星星在闪耀 \ 208
有趣的舞蹈课堂 \ 210
做一个温暖的老师 \ 215
教书匠的"快乐"与"忧愁" \ 218
每个孩子都需要舞台 \ 221
你的外号叫什么 \ 224

牵一只蜗牛去散步 \ 227
让孩子真正参与班级管理 \ 231
一直在学习的路上 \ 235
英语派对真好玩 \ 237
青春无悔 \ 242
想到就能做到 \ 244
言行合一，共同努力 \ 246
抄作业的朱CR同学 \ 248
从把握"大"与"小"的尺度谈班主任的班级管理智慧 \ 251
教师形象美的重要性 \ 256
将心比心，收获真情 \ 261
教育的真谛，是教人求真 \ 264
教育叙事之毕业寄语 \ 268
再娇弱的花苞也有绽放时 \ 270
印象芷菁君 \ 273
用心交流，我们同行 \ 275
做一名有情怀的历史教育者 \ 277
我的队长 \ 280
作为一名"青椒" \ 282
用爱浇灌心灵之花 \ 284
阳光下更灿烂 \ 287
一堂浓墨重彩的作文讲评课 \ 289
在星空下前行 \ 291
呵护学生的"骄傲" \ 293
求真·育善·尚美 \ 296

# 最甜的雕花催嫁蛋糕

深圳明德实验学校　郭　敏

那一年是我毕业的第二年，还沉浸在暑假的快乐中，就被领导告知为了锻炼我的能力，要把全校"最出名"的班级给我带。当时一听要接"烫手山芋"，我心里直打鼓，随后立马埋头钻研各种"班主任宝典"，请教周边有经验教师，搜罗了许多治班法条，摩拳擦掌地准备在新班里大显身手，彻底扭转这个班级学生不团结、学习习惯差、作业上交率差、成绩排名末尾的局面。我特地向之前的班主任取经，他说班上有几个学生比较叛逆，不服管，行为严重影响班风，管理好这几个学生，班级就好管理了。我还没来得及想好先征服哪个学生呢，就有学生自个儿撞上来了。

那是一节体育课，才上课五分钟，班上宋唯瀚同学就满头是汗地进了办公室，径直走到我面前，捂着肚子表情痛苦地说："郭老师，我肚子痛，刚去了校医室，体育老师让我上来休息。"我看这孩子很难受，立马说道："你先坐着，我给你妈妈打个电话，让她接你回家看看。"宋同学一口拒绝："下午还有课，休息一下就好了，只是跑太快了，不是啥大事。"宋同学体格壮硕，瞧着也不易生病，于是我说："那行，你在这儿坐好，好好休息一下，我给你接杯热水来。"接着立马出去给他接了杯热水放在桌子上，然后一路小跑去校医室询问情况，看看是否需要联系家长做进一步检查。这才刚刚接班，我可不想出现什么延误学生治疗时机，导致学生病情恶化等的负面新闻。刚到校医室门口，却发现门上贴着写有"校医由于去区里开会，今天都不在学校"的通知。"咦，刚宋唯瀚还说到校医室找过校医呢。"我开始有点不解了。为了解开我内心的疑惑，我快步跑向操场，焦急地寻找体育老师。正巧碰见体育老师正焦头烂额地穿梭在几个篮球场找人。看到我如见救兵，"郭老师，你们班宋唯瀚怎么不见了啊，跑步前点名的时候还在，怎么刚跑完步再点名就不见了？这情况很严重啊，没有请假……"听体育老师这么一说，我总算是厘清来龙去脉了。肚子痛就是宋同学为了逃避跑步而自编自导自演的一出闹剧。果然是"叛逆党"之一，名不虚传。我顿时怒火中烧，可又立刻想到，为什么宋同学不在体育老师面前上演"肚子痛苦肉计"，而偏偏绕这么一个大圈来骗我呢？为了弄清楚原委，我健步如飞地回到了办公室，远远地就看到宋同学吹着空调，喝着我给他接的热水，戴着我的耳机，正惬意地坐在我的软椅上享受。我一看此景，气沉丹田，狮吼功大发，大喊道："宋！唯！瀚！"他一听，一个激灵，两手迅速把耳机扒拉下来，慌乱中还把耳机摔到了地上。看到他自乱阵脚了，我就闲庭信步地走进办公室，从他身边经过时，明显感觉到他用余光瞄到了我一脸的汗水，脸上的化妆品由于汗水的浸渍有些浮粉了，后背衣服也是湿透了一片。我喝了口水，表情严肃地看着他说道："真相只有一个。是你自己招还是我帮你招。"他一双大眼始终回避着我的视线，扭捏中道出了原因："天气这么热，我人又胖，上下楼已经很烦，根本不想在大热天跑步，出那么多汗，中考我又不考体育，为什么要浪费时间跑步，这么累。我们班谁都不想接，给你估计你也不想要，肯定不想管我们呗，本来都是天衣无缝的，谁知道你要多管闲事跑去校医室问东问西，然后就被发现了呗。"听完后，我立刻回道："第一，我从来没有不想要你们，你们就是我的弟弟妹妹。第二，因为是弟弟妹妹，所以我才会担心，才会多管闲事地跑上跑下。第三，请原谅郭老师的多管闲事。第四，你回教室吧。"

由于接下来就是英语课，我只能带着还没消化的受伤情绪去上课。下课之后回到办公室，一如既往地拉开键盘抽屉准备回复家长各种留言，却在键盘上意外地发现了一包湿纸巾，上面附了一张小纸条，歪七扭八地写着：

"脸上涂那么多粉干什么，全都掉了，难看，湿纸巾给你擦汗。还有，今天的教室值日，我包了。

——瀚哥"

脸上忍不住笑出了幸福的味道，眼前是他扑闪扑闪的大眼，一头的自然小卷发，这熊孩子啊，知道自己犯错了，不想掉面子，偷偷塞纸条，知道自己伤害了我的感情，自罚承包全班值日，还真是既让我忧心又让我开心。就这样，第一轮正面交锋后，证明他没有别的老师描述得那么顽劣，而我也绝不是传闻中不近人情的"灭绝师太"。

接这个全校闻名的班级近一个学期，每天白天繁忙地工作，晚上备课和联系家长，自己几乎是没有任何私人时间。而同一时段一起工作的同事，很多都要谈婚论嫁了，就剩下我工作生活都围着班上的孩子们转。很快，我的生日到了，想着反正也是自己过，而且过一年老一岁，所以没有任何特别的安排。而正是宋唯瀚同学，给我带来了大大的惊喜，让我吃到了这一辈子最甜的蛋糕，这一块最甜的雕花催嫁蛋糕，让我找到了心底的热爱。

那是劳技课结束后，全班同学回到教室，同学们吵吵闹闹的课间，我正在列清单准备布置班级事务。突然，背后屏幕出声音了，我回头一看，看到全班的孩子出现在视频中，宋唯瀚同学领喊："小郭郭美不美？"全班同学齐喊："美！"宋唯瀚同学继续喊道："小郭郭肥不肥？"全班同学齐喊："不肥！"宋唯瀚再次喊道："小郭郭会不会有男朋友？"全班同学齐喊："会！"接着是全班大喊："小郭郭我们爱你！祝你生日快乐！"视频刚播完，全班掌声雷动。那个调皮的常让我工作量倍增的宋唯瀚就端着一块蛋糕走上了讲台，啥也没说，只是不好意思地挠了挠头。我掀开蛋糕盖子，蛋糕是爱心形的，上面写着："小郭郭，没有男朋友陪你过，我们陪你过。"

此刻，我已经泪流满面，泣不成声。这是我吃过最甜的雕花催嫁蛋糕，而2013级1班是我永远最最最甜蜜的记忆。

催嫁蛋糕

# 亲其师，信其道

深圳明德实验学校　彭金风

作为一名教师，我们很容易把自己装扮成"庙堂之上"的"严师"，以为这样就能够有威严，能够震慑住学生，能让学生敬畏三分。这样做在一定程度上可以起到一定的作用，但不是长久之计。记得刚开始工作时，我也是严师，总是希望我的课堂能够安静，学生都能听我说，听我讲。希望他们能够听命于我，我让做什么就做什么，最终达到我想要的结果，成就自己，也成就学生。现在想想，这是一种多么理想的教育和状态，我忽略了最重要的一点，他们是人，是一个个有独立思维能力的个体，他们有自己的思想、自己的主见，不是任何一个人能左右的。

我的"严师"模式只进行了一学期左右，这种模式的结束缘于我的一个学生。这个学生的父母不在身边，她在亲戚家住。有一次她实在没地方住，迫不得已给我打电话，来学校跟我住。就是因为这件事拉近了我跟她的关系，我才了解了学生的想法。她无意识地跟我说，"老师，你知道吗，每次物理课同学们都很害怕，因为你每节课都要提问，每个同学都提心吊胆的，虽说你不打骂人，但你自带威严，我们都很怕你，每当物理课，我们都在看你脸色，如果你是笑着进来的，就表示这节课没事；如果你不笑，就说明这节课要小心，生怕惹你不高兴。""同学们怕你，但同学们都喜欢你，你讲课思路清晰，讲解清楚，同学们跟着你确实学到了很多知识。"听了这话，我感到欣慰的同时也感到不安，我想要扮严师，可我不想让我的学生在我的课上感到恐惧，我想要他们学有所长，不负年华，因此，我决定转变自我模式。

古人云"亲其师，信其道""感人心者，莫乎于情"。我们所面对的学生是有人格尊严、有思维、有情感的人。有情的投入，情到深处，学生的内心世界才会向你打开，他有事才想和你交流，有困难才愿意请你帮忙，有苦闷才愿意找你诉说；你的爱他才能领悟，你讲的道理他才能理解，你指出他的缺点他才愿意改正，从而产生强烈的感情效应。

从那以后，我开始注重自己的言行举止，一点一点地拉近与孩子们心灵之间的距离。从心底里关注他们，关心他们，站在学生的角度思考问题，碰见学生主动跟他们打招呼，课余时间跟他们谈心聊天，努力走进孩子们的世界。

有一次当堂检测，我选择的是以前做过的一份试卷，要求学生当堂做完并上交。个别学生在说："这不是做过的试卷吗，为什么还要做？"正想说明一下，忽听有学生说："做过的你就能全做对吗？能保证拿一百分吗？""做过的再做肯定是这张试卷重要。""老师让做就做，老师肯定有老师的道理。"刚刚说话的学生不再说话，教室里恢复了往常的安静，只能听见"唰唰"写字的声音。多么可爱的孩子们啊！学生自己解释好过我们老师解释一千遍一万遍。亲其师，信其道，不过如此吧。

为了将知识点落实到位，每节课之前我都会抽十分钟抓落实，写前面讲过的知识点，并让学生做五六个题目，概念公式写了一遍又一遍，难免有学生抱怨，但他们还是照做。学期后期，时间紧张，学习任务繁重，为了赶教学进度，这项工作有所搁置。有一次我去上课，班里一个平时比较活泼捣蛋的男孩子站起来说："老师，我们怎么不写概念、公式，做几个题目了啊？你以前让我们写概念、公式，做题目非常好，每次章检测我都可以考九十几分，甚至满分，现在你不让写了，我只能考八十几分了。"这时又有学生附和着说："老师，你以前的那个方法真的挺好，让我们将概念记得更清楚了，理解更加透彻。就是因为您的教诲，让我纠正了错误，不然我都认识不到自己的错误。"听到这些话的时候，我的心暖暖的，我也更加确定学生是认可我的做法的，多好的定位啊，多么可爱的孩子们，你们能这么想，能这么定位，让老师感到无比欣慰。

教学路还很长，需要我不断地探索，相信我可以走得更远。

# 教育无声

深圳明德实验学校　邓君兰

**德**国著名的教育家第斯多惠说：教育的艺术不在于传授知识，而在于唤醒、激励和鼓舞。

由于对教育的懵懂，几年前，第一次接触到这句话时，我难以理解其的精髓！如今，作为一个接触教育事业近八年的青年女教师，我热爱讲台、热爱学生，正行走在努力去唤醒、激励和鼓舞学生的路上。

小婷，女孩，点子多，情商极高。开学初，她是班级里一个并不起眼的学生。记得第一次注意她，是一次她在课堂上瞌睡。当时我态度生硬，当堂点了她的名！后来是她作业没写或是没交……当然，我没有忍住对她的批评。跟班主任聊起小婷，我们共同的印象是她不合群，似乎总是一个人。经班主任了解，小婷的家长对当前教育状况不是很赞同，听上去有些太过理想化的味道。

我冒昧地约了小婷妈妈，希望能尽自己的微薄之力让家长知情教育现状，促使孩子尽快适应"作业多、任务重"的中学生活。那天在电话沟通中，小婷妈妈先是一通抱怨，大致包括回家晚、作业多等问题。我深知作为母亲，疼爱孩子是不争的事实。在我大致可圈可点地对小婷在校数学学习情况做了点评后，小婷妈妈提出让孩子在学校完成数学作业再回家的想法。这种转变让我感动不已！其间，我跟小婷进行了第一次约谈，基本以唤醒、激励和鼓舞为主。也就是在那次，冥冥之中，我能感受到小婷是一个内心善良的姑娘，虽外表大大咧咧，实则内心脆弱。她在意自己的进步和退步，也在意老师的点滴评价！

紧接着是数学分层。期中考试，小婷的数学成绩不是很理想，被分到我的B层。大概是分层前，在我教班级所有学生心中，我已有了些许影响力，分到B层的学生普遍认可我本人和我的教学方式，小婷也是其中之一！也因为分层后，数学教学从代数转向几何，孩子们感到新颖，不再被代数中些许计算困扰，做题准确率高了很多。同时，分到B层的孩子，基础都有些薄弱。在教师对上课进度和难度做了调整后，孩子们的心理压力顿时降低了很多。种种迹象表明，小婷像是换了一个人，变得很积极地学习数学，课堂上主动记笔记，积极回答问题，课下会利用拓展课找我补习数学。这种转变让我兴奋不已！

在B层的学生中，小婷是我的"得意门生"！积极性高，进步显著，在第四单元的单元测试中，18人中排名第四。得知成绩的瞬间，她高兴坏了！先是在办公室大跳，然后是告知班主任及所有她能告知的人。我第一次见学生这样大尺度地对自己满意，也很幸福！当然，数学不是一天两天就能学好的，因为基础较薄弱，因为不良习惯的作祟，孩子们总是会不知不觉地跟自己做斗争，他们好的状态和不好的状态会反反复复，似乎这是事态发展的规律！例如，期末考试前，小婷在学习上有了懈怠，因不认真完成作业被其他老师找去谈话，考试前几天感冒发烧等。这就是教育反复性，而教育的意义也在于此。

教育无声，无声于孩子们的发展是无形的。在无声中，作为教师的我们需要选择时机去唤醒、激励和鼓舞。当然，在短短一个学期中，很难看到孩子的质的改变。但我坚信，种子一旦发芽，就开始了生长。

愿我和小婷都加油！

# 有的花是这样开的

深圳明德实验学校　周　群

每个孩子都是一朵会开的花，只是花期不同而已；有的花入春时节就灿烂坚定地绽放，有的花则需要经过漫长的等待才能初绽芳蕾。真正的园丁不会在意花开的时间，只会默默耕耘，静待花开。

## 一、冬雪下的蛰伏

杰，是我的班里一个腼腆羞涩的男孩，母亲在国外生活，父亲平日里忙于工作，他的生活起居全靠年迈的祖父照料。因此，杰懂事、独立、乖巧、敏感，学业上较刻苦认真，但也许是学习方法不对，成绩丝毫不见起色。

初识杰，是一堂三角函数的认知课，我们学习了三角函数的名称、符号及其表示的几何意义。杰，坐在第一排，认真专注但表情痛苦地听完了这堂课。接下来的作业是"春蚓秋蛇"，他不知所云。课后辅导时，我发现他的作业不是名称与符号对不上，就是名称与直角三角形三边关系对不上。我顿感茶凉心冷，学习如此认真的孩子却没有做对练习题，是基础不好、天资不够，还是与数学无缘？概念课听得尚且如此迷糊，那么圆的证明、二次函数曲线那些难题又该如何学习？我不禁对他的数学前景担忧起来。

公交车上的偶遇拉近了我与杰的距离。原来，我们住在同一个片区。杰歉意地向我表示，自己过于愚钝，努力了却没有改变数学成绩不好的现状。我赶紧安慰孩子，随即分享了自己二年级数学得零分，后来在老师的帮助下醒脑开窍，鬼使神差地爱上数学的故事和我的一位高中同学没考上大学，却通过自考等方式不懈努力，最后成为江西省中医学院博士生导师的故事。我传递给他的信息是："人的潜能是无限的，不要轻易否认自己，只要坚持，没有什么是不可以改变的。"孩子慢慢舒展了眉头，笑了笑。我与他约定，从此刻开始，上课认真听讲，作业认真对待，不放过任何一道不懂的数学题。

杰履行了承诺。次日课堂上，我引领大家分析一道几何证明题，讲完后，杰立马站起来表示自己听不明白，想让我再讲一遍；为了鼓励杰，我特意让同学们举手发言，为杰重讲一遍解题思路。下课后，杰跑到办公室告诉我他还是不明白此题，我又耐心细致地给他讲解了一遍，并称赞他精神可嘉，做学问就是要有这种打破砂锅问到底的精神！第二天一大早，他居然再次向我请教此题，我微笑地向杰投去赞许的目光，并在班里大张旗鼓地表扬杰的学习态度与决心。接下来的日子里，杰越问越勤，越问越有劲，我几乎天天"遭遇"一道题讲五六遍的"待遇"，心中纵有"教一个学生等于教五个学生"的无奈，也仍然坚持鼓励、表扬杰。

通过我们的共同努力，杰的数学成绩明显提高，有时居然用"贼简单"来形容题目的难易程度。他也变得开朗自信起来，喜欢与同学交流探讨，喜欢尝试一题多解。

## 二、生长期的艰难

然而，学数学的道路是曲折而艰辛的。

当备考复习全面展开时，几次测试，杰连连失利，有一次竟然考了班级倒数第三。杰号啕大哭，"夙兴夜寐，靡有朝矣"，付出那么多努力居然是这样一个结局！

杰心中燃起的希望被无情的事实给浇灭了。他彻底地认为是自己笨，笨到无药可医；开始自暴自弃地混日子，上课不认真听讲，也不按时交作业，更不听老师的劝诫，还说一些丧气话。

在班主任的帮助下，我得知杰有摄影的特长，于是想起了家中沉睡一年之久的单反相机。那个周末，我带着孩子邀请杰去公园教我摄影。让人无法预见的是，杰对摄影是如此擅长和精通，他指导我各种摄影技术，拍摄下一张张让人惊艳的美照。我佩服不已，对杰说："你真聪明，老师真想跟你换个脑袋。"杰终于露出了久违的笑脸。

在杰心情不错的情况下，我提出休息一会儿，趁机给他分析了试卷上发现的几点问题：书写过于马虎，自己看不清自己写的数据，导致计算丢分严重。选填丢分严重，说明基本概念、定理、公式模糊，说明见到的基础题型有限，练习不到位。解题方法思路单一，特殊值法、排除法、猜测观察法、联想法、类比法、逆向思维法都要考虑进去。审题不清，缺乏阅读题目的耐心，不能从应用题中读取有效信息建模。时间分配不当，应该合理安排时间，把基础分准确无误地拿下来，不要因在一道题上花大量时间而止步不前。

杰被我分析得心服口服，他和我约定要改变自己。我们互加微信、QQ，信心满满地制订了学习计划：一要整理每一章节的概念、公式定理及解题小窍门；二要做好纠错笔记工作；三要每天多练十道不同类型的选填题或一道中考解答题；四要把老师布置的作业不打折扣地按时完成。

### 三、开花季的怒放

真正的拼搏开始了。

杰是一个坚定的执行者，只要一有空，他就来我的办公桌边做题、问题；晚上很晚了还会拍照、发微信，请教我不懂的题目，我也会不遗余力地帮他解题答疑，在不断鼓励他的同时也不断激励自己努力教学，善待每个孩子。

杰虽在不断进步，可是随着复习的不断深入，他愈发感觉举步维艰，学习吃力，信心不足。此刻，我却信心十足地打起了一张常用牌，那就是把教案中要讲的题提前让杰去做。课堂上，他可开心了，主动承担讲题任务，并且挑战同学的不同方法，有时争得面红耳赤。

功夫不负有心人，杰的进步是显著的，两次年级统考，杰的数学分数都在85分以上，我真替杰的学有所成感到高兴。

接下来，杰要挑战"圆的综合证明题"，同学们亲切地称他为"切线小王子"。我们共同约定，题目做出来时我们全体报以掌声；做不出来时，他给我们一个可爱的表情包……

又是一次模考，试卷改出来之后我有点不敢相信自己的眼睛，前21题杰竟然一分未扣（总共23题）！拿到成绩，自信快乐的他悄悄告诉我："现在做题，有点横扫一切的感觉。"学生的进步就是老师的骄傲，我真为之开心啊！

杰，正是一枝寒冬里的蜡梅，他勇敢地经过了蛰伏和拼搏，傲然绽放在风雪的枝头！

每个孩子都是一朵花，需要我们用心去守候、呵护、陪伴。每个孩子都是一块璞玉，需要我们坚持不懈地去发现、雕琢，使他永焕光彩。学生千差万别，各有各的不同，有的天资聪颖，一点就通；有的思维迟缓，爱钻牛角尖；有的意志坚定；有的思想涣散；有的脚踏实地，有的眼高手低……无论哪一种学生，我们都要去激励、鼓舞、唤醒，以滴水穿石的恒心帮助他们，引渡他们到达成功的彼岸。

# 爱的力量

深圳明德实验学校 王 博

**时**光荏苒，转眼间我站在三尺讲台上已经五个春秋。参加工作以来，我始终怀着一腔热情，用自己的知识、智慧、人格引领我的学生们一同成长，并肩前行。学生因为有我的陪伴而快乐，我因为有学生的同行而幸福。在享受这些快乐与幸福的同时，我对"教师"这一职业有了更深刻的理解——爱是教育的魂，没有爱就没有教育。

作为一名教师，我一向勤勤恳恳，任劳任怨，对学生的教育耐心细致。教学上要求自己做到尊重学生、关心学生、爱护学生、保护学生，以自己的热情、自己的参与、自己的坚定意志，来激发学生的热情和参与意识。同时，我和同学们在相处中也发生了许多故事。

## 一、爱就是了解

爱学生就要了解学生，包括对学生身体状况、家庭情况、学习成绩、兴趣爱好、性格气质、交友情况的深刻了解。

记得一次上课，小可同学在打瞌睡，我发现后提醒了几次，她终于从朦胧中清醒，但明显状态不佳，下课后我严肃地叫她到办公室来找我，准备和她"谈谈人生"，但左等右等不见人影。等我奔进教室，才发现她又趴在桌上昏昏欲睡。我控制好自己的情绪，摇醒她，领着她来到办公室，生气的目光已表明了我的态度，我严厉地批评她，从初中学习压力到她平时无所谓的学习态度；从她优秀的小学成绩到现在的成绩一落千丈，从她不良的举止到在班级中不合群，没有朋友相伴，说的我口干舌燥，她低着头不给予任何反应。直到提到她父母的期待和失望，她回了句"我才不要她管！"这时我才发现问题，我不了解这个孩子——她心里藏着事。我调整语气，慢慢开导她，一方面表达我对她的关心和期许，另一方面表示我愿意帮助她，她才逐渐收起抵触的情绪，承认错误，表示愿意改掉坏毛病。接下来我开始从学生、老师、家长那里收集小可的资料，了解到现在家里只有妈妈照顾她，由于生活压力，她妈妈不得不忙于工作，小可的生活起居经常需要他人照顾，由于妈妈疏于关心她的身心发展，两人经常因为意见不合而吵架甚至到不可调和的程度。再加上孩子迷上网络，平时饮食不当、熬夜，身体状况不佳，所以才导致现在的情形。突然间，我感觉这孩子好可怜，在这个需要享受关注、享受爱的时刻却变得如此孤单。于是我经常课上给她表现的机会，课下询问她作业完成的如何，天冷多穿衣服没有，叮嘱她明天要下雨，不要忘了带雨衣等，力争走进她的内心。一段时间过后，她终于转变了态度，上课能够认真听讲，学习上也刻苦努力了。雅斯贝尔斯说过，"教育是一棵树摇动一棵树，一朵云推动一朵云，一个灵魂唤醒一个灵魂的伟大事业"，教师一个关心的眼神、一句温馨的问候都有可能改变一个学生的未来。

## 二、爱就是关怀

当教师全身心地爱护、关心、帮助学生，做学生的贴心人时，师爱就成了一种巨大的教育力量。正因为有了师爱，教师才能赢得学生的信赖，学生才乐于接受教育，教育才能收到良好的效果。师爱要全面、要一视同仁，特别是对待后进生，他们就像干涸的麦苗，更需要雨露的浇灌。而且他们身上有许多的优点，需要教师不断地去挖掘、去发现。

我班的文炫同学就是不爱学习，上课总是注意力不集中，甚至和前后左右桌同学说话，作业不好好完成，放学就开溜，老师还抓不住，这样的孩子就应该放弃对她的教育吗？不是的，其实她的身上还是有许多优点的，比如说：热爱集体、乐于助人、善于绘画、喜欢唱歌。于是我抓住她的这些优点，作为对她教育的契机，任命她为宣传委员，担任班级板报的重任，推举她组织编排歌咏比赛节目，让她担当美术课代表，等等，让她充分发挥自己特长，为班级争得荣誉，找到自信。从而让她感觉到自己在班级中的价值，一段时间后，她自身的缺点也逐一改掉，变成了积极向上、乐观进取的孩子。

### 三、爱就是尊重

尊重、理解、信任学生是消除教育盲点的基础。尊重学生就要尊重其人格。教师有时要走下讲台，放下架子，蹲下身子，倾听孩子们的心声，这样才能缩小师生间的心理距离，学生才会对教师产生依赖感。

我班的权权同学聪明、个性极强，学习成绩是男生中的佼佼者，但他的身上也有不少缺点，如以自我为中心、极端、偏执等。记得刚接班不久，他就和班上的同学因为一点矛盾打了起来，我当众批评了正在撕对方课本的权权，他很委屈，泪水立马流了下来。我让两人书写事情经过，原来两人都有过错，而权权因为我在同学们面前批评了他，感觉很没面子，非常伤心，觉得老师不公平。后来我向他道歉，也指出了他的不足，他能认识到自己错误，并能与对方握手言和。

这件事情使我明白，对于自尊心较强的学生，批评教育一定要懂得方法，既要让他们认识到自己的错误，又不能伤了他们的自尊心。

为了帮助权权改掉坏毛病，我让他担当值日班长，用班干部的职责来约束自己，同时教他观察和学习，学会取长补短，学会听取他人意见，学会以身作则。经过半年多的磨合，我们之间的关系很融洽，对于他的每次转变，每一点成绩，每一个进步，我都很珍惜，并加以鼓励和赞赏。我相信：在我们的共同努力下，他一定能成为一名品学兼优的学生。

孩子就是未来，孩子就是希望，每个孩子都有自己的优点。作为一名人民教师，要用爱心来对待孩子，用诚心来打动孩子，用热心去帮助孩子，微笑地面对孩子，用自己的人格去影响孩子。我想，只要我们真诚地捧着一颗"爱心"，真心对待每一位学生，用心与每一位学生交谈，那么，我们就可以把那些教学中的小事干得有滋有味、快快乐乐，也定能在平凡琐碎中体味到特有的快乐和幸福！

# "小青蛙"二三事

深圳明德实验学校　郭冰心

"Ber~ber~ber...Ber~ber~ber..."未见其人，先闻其声，只要耳边传来这节奏感和穿透力都极强的特色叫声，就知道我们班欢乐的"小青蛙"同学必定在附近出没。果不其然，伴随着越来越响亮的"Ber~ber"声逐渐逼近，一个胖乎乎的小身影蹦进了我的视线。没错，这就是我们班上的小吉祥物——自爆外号"小青蛙"，人称"BerBer小舟扬"的张舟扬同学。小平头、大眼睛、圆脑袋、白皮肤，还挺着一个圆滚滚的小肚子，只需看一眼就能记住他的模样。

"聪明"这个词，用来形容这孩子一点都不过分。别看他年龄比班上其他学生略小，但人小反应快，话多声音大，说得一口流利的英语，上台演讲一点也不含糊，数学也学得不错，在高手林立的数学S班占有一席之地，电脑方面更是棒棒哒：班上电教平台维护都靠他，电脑出了问题找他鼓捣几下，基本上就能解决问题。

五一的会演，我们班的节目是全班合演《歌声嘹亮》，以军训的《团结就是力量》、校歌、班歌《勇者的浪漫》和最后展望将来《奔跑》四首歌曲串烧的形式唱出入校以来的点滴回忆。歌曲选好了，但节目的背景图片、伴奏等需要剪辑成一个视频，这是个不小的问题。背景图片是在全班同学从军训到校园生活的照片中精选的六十多张，需要根据不同歌曲伴奏进行图片展示和切换，而有些图片找不到伴奏，需要进行歌曲消音的操作，然后给每一段伴奏都配上歌词的字幕。这视频剪辑工程相当重要，制作起来着实不简单，需要一位靠谱的技术支援，于是我找到了"小青蛙"同学，把这个"神圣而艰巨"的任务交给了他。这孩子每天都抽出自己的课余时间来自学视频制作，为了这段十来分钟的背景视频，前前后后修改了十次，在其他同学排练歌曲、走台的时候，他默默地在电脑前根据老师和同学们的建议一步一步完善着视频。可以毫不夸张地说，这个视频是整个节目成败的关键，而平时看似不太踏实的"小青蛙"，认认真真地把他的幕后工作出色地完成了。因为幕后工作而牺牲了"小青蛙"和其他同学一起到台前亮相演出的机会，我内心总觉得对他有一些亏欠，但当我称赞完他的工作并告诉他下一次会让他参与台前演出时，他却丝毫不在意，反而告诉我他很热爱幕后的工作，下一次还会继续在幕后出力。事后，他的妈妈告诉我，这次幕后工作的磨炼和大家对其工作的一致肯定，让"小青蛙"萌生了长大后要做一名出色的幕后工作人员的梦想，这是他第一次对自己的未来有了一些方向感，也是第一次看到他如此有责任感。

除了"聪明"，"邋遢"二字，"小青蛙"也可全力代言，把它在自己的学习生活中演绎得淋漓尽致。首先要说说他写的字，无论是英文还是中文，那字迹大小不一、扭曲潦草的程度简直令人惊呆了。各科老师苦口婆心地劝说引导都没有实质性的突破，直到那一天，我们英语课展示了一个"书写规范"的小视频，一步一步地教学生如何写出阅卷老师最爱的印刷体，准备在初中全面推广，却有一些学生不愿意练习，表示自己永远也没办法写出这样的字体。课后，英语不在我班上的"小青蛙"同学回到教室，蹦到我身边，我见他闲着，就随手拿起一张空白的练字专用纸，说了一句："BerBer，拿回去好好按要求写，明天交。这可是英语的硬笔书法小比赛，写得好的，我要贴出来让大家学习观摩的哦。"原以为这孩子肯定要跟我讨价还价一阵子，没想他眨巴眨巴了几下大眼睛，答应了。那天晚上九点多，他的妈妈在QQ传了一张图片给我，是孩子用印刷体抄写的二十六个字母（大小写）和一篇英语课文，满满的一页，工工整整的。他的妈妈留言说："郭老师，扬扬很认真地练习印刷体，自己还用铅笔画了书写辅助线。我问他为什么要参加这个活动，他回答说因为郭老师对我寄予厚望。"字里行间，感觉得出孩子妈妈的欣喜。第二天，当我拿到那张字迹整洁的书写作品时，满满都是感动。在全班面前展示时，大家都无法相信这书写竟然出自以字迹邋遢闻名的"小青蛙"同学之手，自此，再也没有学生说自己没办法写出我们要求的印刷体了，而"小青蛙"自己的英语书写也有了很大的提高。

除了字，他的座位也是一个小小的"垃圾堆填区"：书桌上是杂乱无章的各类文具、课本、练习册、课后补习资料，抽屉里的书中隐藏着已开封的牛奶三两盒和课间餐、面包包装及塑料袋若干个，桌下铺满文件夹、试卷和书本，脚都没地方摆，储物柜里厚重的书包把柜子里存放的书挤得面容扭曲……每次检查教室物品摆放，他的座位都是重灾区。为解决这个问题，我们召开了一次以"整洁"为关键词的主题班会，警告无效后曝光班上的卫生死角，严抓整顿后，他的"领土"终于有了一些改善——起码没有垃圾存放，桌面和地面重见天日了。

踏入明德校园的这一年，孩子们都在成长，"小青蛙"的二三事，只是其中的一些小片段，但这些小片段，却完整了孩子们的青春。作为老师，作为班主任，作为孩子们成长的见证者和参与者之一，我相信我们的每一句鼓励的话语，每一个肯定的眼神，每一次真诚的对话，都将或多或少带给他们一些正能量。

# 记一次超短的谈话

深圳明德实验学校　陈梦源

七年级第一次期中考试之后，数学就分班了，我带的是B班，而B班是S、A、B分层中最弱的班。拿到新的名单后，我重点留意差点就分到A班的学生，这群学生潜力最大，最有希望，先把他们培养起来，形成B班的"龙头"，就可以带动B班整体学风积极向上了。

留意到当中一个名字，5班庞美霖，挺好听的，期中成绩85分，差1分就分到A班了，看来是可造之才。正式开始教学之后，我发现美霖同学是一个清秀的小姑娘，肤白发黑，安安静静，很有江南女子的气质。

当时我为了鼓励学生们努力学习，在B班实行分层制，模仿分班制给B班也分为S、A、B三层，每次考试后调整层次与座位。连续几次考试下来，美霖果然没有让我失望，稳稳坐在S层。不过她有个特点——安静治学，安静到从来不来找我问问题，但看着她成绩不错，我对她的学习也很放心。

课程很快就进入到下一章，内容是几何知识，美霖听课依然很安静，如湖水一样微微泛着涟漪，不着声响，当然一如既往不会找我问问题。但是，奇怪的事情来了，美霖突然失去了状态，连续几次考试成绩都很差，直接掉到最后的B层去了，排名到了20名开外，下降速度之快着实令我意外。

我为此找她来办公室聊聊，没想到这一聊，竟成为她数学成绩的转折点。

这次谈话其实很短。美霖得知我叫她过来，知道肯定跟最近的学习成绩有关，忐忑不安地走过来，依然很安静，一言不发，静静等待我的发落。我就讲了一句话，语气很平静："你都混到B班的B层了，怎么办啊？"说完，冲美霖微微笑了笑。美霖不好意思地笑了笑，也没有回答。我觉得意思已经转达到了，就说："有什么困难随时来找我，今天就谈这么多吧。"她眼中掠过一丝意外：这么快就谈完了？但她依然没说什么就走了，不知道她听进去没有。

到了第二天，美霖上课还是很安静，还是不发言，不过眼神里多了些认真。我特地提问了她，她对答如流，看来真是认真了。

一周过去了，新的单元测试成绩下来，她这次考了全班第二！从全班20名开外一下就考到全班第二，像开了外挂一样，全班都轰动了。从此就一发不可收拾了，每次考试都稳定在前三，还多次考了第一名。之后，她毫无悬念地在期末以93分的成绩升上了A班，这个分数刷新了B班的高分纪录。优秀的学生离开，心中自然诸多不舍，但是祝福我的学生未来越来越好。

新学期开始，B班就再没有美霖同学的身影了，我依然在讲台上忙碌着。有一天，我收到了一封信。署名是"某个不知名的学生"，还画了一张倒过来的笑脸。这个倒笑脸就是美霖每次画在试卷上的Logo，哈哈哈，我笑了。我把信封拆开，一封字体娟秀的信在我眼前舒展而开。

"陈老师，好像好久没听你的课了呢，听你的课就是感觉时间过得好快，让我从对数学兴趣缺乏变得好有兴趣了呢。还记得那次你找我谈话吗？那段时间的几何知识我确实学得似懂非懂，就以为自己懂了，其实不懂，结果考得很差。那次你找我谈话了，时间我还记得，是11月份的时候，你谈话的语气，不像老师在教训学生，就像朋友之间谈话，让我一下子就听进去了，之后我就发奋了，感谢您，我会好好学数学的，不会让你失望的。"

看完信，百感交集，又分明是幸福的感觉。

# 教育的细水长流，从耐心开始

深圳明德实验学校　林周华

**在**过去的两年班主任工作里，我作为原2016级4班的班主任，和30位同学相处了两年的时间。看着他们从入学、军训、期中考试、期末考试一路走来，看着他们从小学生的模样，到期中考试前的迷茫，到期末考试前奋发努力的模样，我看到了学生们的成长，也有不少的感悟。在这里，我要分享我们班QY同学的成长故事。

QY给我的第一印象是，他很瘦。在军训期间，他穿着一套很宽松的军服，或者说，那套军服对他来说，很宽松，因为他的肩宽撑不起那套军服。他排在班级队伍的最末一个，他瘦弱的身体在军训队伍里显得有点突出。

第二印象是，他对书有狂热的兴趣。他妈妈在军训期间曾经给我发短信，说让我多关注QY看书的问题，因为他很喜欢看书，可能在军训期间会因沉迷看书而忽视跟其他同学交流，让我提醒他注意用眼。果真，当晚我去男生寝室查寝时，发现QY同学真的趴在他的床上沉迷于看书，而其他同学都在聊天和休息。

然而，他那么爱看书，字却写得很难看，连最基本的书写规范都没有。在他上交的日记中，每一个自然段前面都要画两个方格或者是两条竖线，以代表开头空的两格。其他同学写的日记500字以上，他只写了100字左右，而且语言不通顺，内容没有中心思想，这引起了我的注意。开学后的一段时间里，我发现QY除了沉迷看书、不会写文章以外，他的学习行为习惯也很差：经常迟到、忘交作业，行动很慢，坐姿东倒西歪，衣服穿得很邋遢，上课趁老师不注意，会偷看书，课下还会因为玩闹而骚扰到其他同学。但他却很聪明，每次数学小测分数都很高，生物也学得很好，观察能力很强。对于这样一个具有多方面问题的学生，我也很烦恼，我要如何一一解决这些问题呢？我知道，问题的解决不可能一蹴而就，因为教育是一件细水长流的事情，教育学生需要教师和学生努力沟通，需要教师去感染、去引导。

为此，这一个学期以来，我多次找他谈心。初期，他对他平时犯的错误的认错态度很诚恳，他会说"老师你说得很对，我以后不会再犯了"。说完冲我微笑并点了点头，但不久后就重复犯错。于是我就找到他的父母，就他身上存在的问题，共同探讨如何解决。他的父母态度都很好，对我的工作很配合，非常积极地和我沟通。比如他的拖拉导致的早上迟到，我问QY："你为什么迟到呢？"他回答："早上吃早餐时间有点长，妈妈让我吃完再上学。"我从他母亲那儿了解到，他母亲也是为了给他一个教训，希望通过他迟到的教训，给他一个警醒。

当然，QY同学并没有通过这么一件事就改掉坏毛病，这一个学期下来，他犯的大大小小的错误真的很多，每一次，都需要我很耐心地跟他谈话，指出他的不足。

我跟他说过："你需要学会管理自己，只有当你主动管理自己了，你的不良行为才能慢慢纠正过来，成为你的内在品质。"

期中考试之后，我让全班同学写了对期中考试的反思和分析，QY同学在班会课上花了一节课的时间，在我反反复复催的情况下，也才写了一行字。但又经过半个学期的努力，就在期末考试前两周，同样是班会课上，我让全班同学写期末复习计划和期望，他只花了5分钟的时间就把期末复习计划和期望写完交给了我，我一看，顿时觉得特别惊喜和感动：纸张干净，字迹工整，条理清晰，目标明确！在那一瞬间，我突然感觉到，他真的改变了！

那节班会课，我趁机大力表扬了他，他感到特别不好意思，低着头，却笑得很开心。他似乎尝到了坚持努力改变的甜头了，从那节班会课以后，凡是他做得好的，我都表扬他。慢慢地我发现，他的坐姿端正了，精神状态饱满了，还看到他主动帮助同学扫地、帮老师擦黑板！QY同学在逐渐管理好自己的同时，也有能力去帮助他人，为班集体贡献一分力量了！

诚然，教育需要极大的耐心，如果我和他的父母都过于急躁，因他犯了错而批评他、指责他，他可能就会失去信心，我们可能就真的看不到他的变化了。所以，我们就需要静待花开，坚信孩子一定会在某一天给你一个惊喜！

## 尽力，更要借力

深圳明德实验学校　高　健

**初**一年级的时候，班里有个孩子非常叛逆，若有一点事情不合乎自己的心意，就立刻来情绪。有一次我对班级座位进行微调，调了他隔着过道的一位学生，他立刻以质问的语气问我调座位为什么不告诉他，晚上他给我发了一个微信，足足200字，大概的意思是我调他旁边的人为什么不跟他商量，非常不公平，这件事情过了一两天才平息。像这样的事情时有发生，他几乎每天都带着情绪，好像对什么事情都不满意，而他表达情绪的方式非常直接，不注意场合，经常让老师下不来台。这给我的班级管理造成了一定的困扰，一定程度上影响了整个班级的风气。

当时我通过两种方式来转变他的心态：一是跟他沟通，进行引导教育，但是每次的效果都是很短暂的，过不了几天又恢复原样；二是跟家长进行沟通，但还是不能从根本上改变现状。

经过仔细地观察，我发现他身上其实有一个非常大的优点，那就是责任心，什么事情交给他，他都能很认真地完成。另外，他非常在意同学们对他的看法。于是在第二个学期，我决定给他一个组长当。我之所以这样做，是想通过组长这个职务，让他跟同学多交往，多沟通，多磨合，从而让他在遇到事情的时候，能够多站在别人的角度去思考问题。

他的组员是我精挑细选的，其中一个组员比较有个性，比较有自己的想法，我这样做的目的就是希望在小组中有一股力量跟他抗衡。正如我预想的一样，他们两个小矛盾不断，我看在眼里，却没去干预，我希望能够通过不断的矛盾冲突，来促进他们反思自己的行为，让他们在磨合中成长。

他们小组有一位同学学习成绩比较差，作业情况不好，经常扣分。正像我预想的那样，过了三四周，他就开始向我提出调走这个组员，找我说了三次，我都尽量说服教育。他第四次来找我时，直接说老师你也别讲大道理了，我就是不愿意要他，说什么都没用。我说好的，我们叫来其他组长，看看哪个组要他。叫来其他组长和班委，我把这个事情摊开来说了一下，就问大家谁愿意接受这位同学。这个时候有两三个组长举手表示愿意接受，其中四组组长站起来说："老师，我认为组员身上有问题，不应该赶走，而应该帮助他，就算难以改变他，也应该包容他，毕竟组员之间也是有情谊在的。"发言的这个女孩子在班级中一直很正气，是非常好的榜样！我立刻说："我很欣赏这位组长，他们组其实也有两个困难户，他们组中也有组员提出来，但是这位组长果断拒绝了自己组员的提议，坚持留下了这两位组员，你看现在他们组多团结，进步越来越大，这才是一个人人都服气的好组长！"

我想听了这话，这位同学的内心一定是有感触的，我这样做是想通过正面的榜样的力量来激发这位同学对自身的要求。最后的结果是他接受了这个经常扣分的同学，并且愿意帮助他进步，从那以后也没再找我谈换组员的事情。

初中生的一些行为极具传染性，像这样叛逆的思想行为在初二下学期的时候达到了高峰期，于是我在班级开展了一场演讲比赛，演讲的主题有：

（1）团结的力量。

（2）怎样做好一个班干部？

（3）包容。

抽签决定主题，要求是：有实际的例子，例子中要有班级同学，最好有小组同学。每个小组都很积极地准备，收集班级同学的正面行为。

这次的演讲比赛非常成功，感染力极强，尤其是这位同学抽到的主题是"包容"，当他们讲完时，我看到了他眼神变得极其柔和，在那一刻，我感觉到他会发生很大的转变。我这样做的目的是借助学生来表达出班级同学一些积极向上的思想，从而起到一个正面引导的作用。

经过一系列的措施，现在这个孩子变得比以前开朗多了，对老师也变得有礼貌了，不会像以前那样怨气满满，身边的朋友也越来越多。这两个学期以来，经过同学的投票他获得了优秀组长称号，获得了学校学习之星的称号，已经变成了老师的得力小助手。

其实，初中阶段的孩子处于叛逆期，单纯的说教很难达到教育的目的，需要老师有更多的智慧跟他们斗智斗勇，如借力，正如"扶摇应借力，桃李愿成荫"。

初中学生非常在意同伴对他的看法，这个时候，同伴的力量要远远超过老师和家长的力量。只有跟同伴有了思想上的冲突，他才会更深刻地去反思自己。

# 撕掉标签，宽容对待

深圳明德实验学校　张　敏

时光似箭，从一个刚出校门的毕业生、教学新人到成熟老师、成熟班主任，六年时光倏忽而逝。在这六年间，有辛苦的付出，也有快乐的收获，一路走来，汗水一路，温暖一路。

回顾我这六年的教育经历，最难忘的还是工作第一年一名所谓的"双差生"带给我的震撼，这种震撼是难以磨灭的，以至于在以后的工作中，只要提到教育经历，我脑海里第一个就会想到这位学生，想到教他的点点滴滴。

我毕业第一年任教就担任班主任，刚毕业的我还带着学生妹的书生气，怀着一腔热血，总觉得自己有用不完的力气和热情，仿佛能做每一位学生的人生灯塔和生活导师。班里有一位"特殊"孩子，是典型的学习困难症，汉字都写不到一起去，又非常多动，经常被其他学生逗乐，扰乱课堂纪律，常常被其他老师在上课的时候赶去办公室找班主任"交代问题"。身为班主任的我就像一位消防员，时刻准备扑灭他放的各种大大小小的火，面对他"野火烧不尽，春风吹又生"的百出状况，我焦头烂额——要求他学习？他根本不具备学习能力；要求他有好的行为习惯？他根本不知道什么是纪律。这样一位特殊的学生的存在，让我每天都轻松不起来，教育无用，因为他根本就听不懂老师对他的教育中传达的信息。他在班里没有朋友，很多学生都怀着撩拨他犯错的心理去接近他。可能是被压抑、被忽视的太久，他特别希望被注意，别人一注意到他，他就特别兴奋，甚至被兴奋冲昏头脑，跟在其他学生后面犯错，最后又成顶雷背锅的人。我多次尝试去找家长沟通，但是家长的排斥态度很明显：老师，你说的我们都知道，但是我们没有办法，所有能试的方法我们都试了，我们也无能为力，就让他在学校待着吧。

随着时间的增长，我反而没有那么强烈的想在学习上教好他的想法了，我只是心疼他，既是站在一个老师的角度，也是站在一个姐姐的角度，更是站在一个人的角度。一个从小就被带着去各家医院去查ADHD（注意力缺陷多动障碍）的孩子，所有人拿到医生的诊断证明都心安理得地放弃他，把他当作正常小孩中的异类，或者是直接把他归到不正常小孩的范畴里，简单粗暴。他还只是个孩子，他也是疾病的受害者，更是生活群体中的弱势者，有谁真正去理解一下他的痛苦？

我开始不再要求他去做超乎他能力的事情，没有注意力，学习学不好，课堂捣乱，课下惹事，我不能制止和改变，那就换一种思维来解决吧。我经常把他带到办公室，给他准备好水和零食，一首诗一首诗地教他，让他尝试背诵和默写，让他练字；语文学累了，就读一个英文单词，默写单词；英语学累了，就做几道简单的数学题；数学学累了，就看历史书，看完给我讲书里的故事；历史学累了，就观察生物书里的植物和动物；生物学累了，就看地理书，学着画个地图，讲个旅游点之类的……什么都不想学了，就陪我聊聊天，帮办公室老师跑跑腿之类的。想在教室上课了，和我说一下就可以；不想在教室，随时来我的办公室。外界的压力减轻了很多，他表现出了更多小孩子的天性。日子就这样过着，虽然他还是会犯错，虽然我还是要经常给他灭火，虽然我还是会为他疲惫，但是心态却平和了很多。

我的疲惫状态一直延续到他妈妈的一通电话。说实话，电话接通的一瞬间我就非常意外，他妈妈从没有来过学校，一直都是隐身状态，从不配合学校需要家长来校的活动，也从不会主动联系老师问孩子的情况。她第一句话就是道谢，这让我更加摸不着头脑，我并没有做什么，虽然在她家孩子身上花费了大量精力和时间，可是也并没有让孩子的表现真正好转，进步更说不上，为什么谢我呢？她解释说自己从孩子小学时就不参加家长会了，每次家长会就是一次控诉会，来自老师、同学、同学家长的投诉让她无地自容，根本就抬不起头来，干脆就直接放弃孩子了，送到学校读书也只是给他一个安全的环境，不用担心他的安全而已，压根不指望孩子能学到什么东西，能说出什么道理。今天她又在骂孩子无用的时候，孩子很委屈、很认真地说："还是张老师好，张老师就不说我差,张老师还说了,学习差、纪律差都没关系,只要品德好、做好人,一样是个有用的人。"这让她觉得又惊奇又惭愧,经过一番反思,觉得自己一直对孩子过于苛求,因为自己不能接受孩子的特殊性,而让孩子一直生活在指责和否定中,从来没有给过他成为他自己的机会,所以专门来打电话道谢,谢谢我提醒她一直被忽略的智力和能力以外的内容,让她重新看待自己的孩子。

挂断电话,我久久不能平静,我怀着悲悯的心对孩子说这样一句话,只是言语上安慰他而已,并没有想过这句话能起什么作用,说完也就忘记了,我甚至都绝望地想,反正对着这样一个特殊的孩子,我说什么他都听不懂。就是这样一句说完就忘记的话,竟然会对孩子和家长产生如此大的影响!我的内心忽然就有了紧迫感,正确看待每位学生的不足和特殊性,重视他们各自存在的现实意义,其意义和重要性并不亚于知识的传授!

这件事教会了我去反思自己,去重新审视每个学生,尤其是去审视那些被生活中的惯性思维定义的死死的"差生",让我对教育的意义和方法有了更深层的思考,也让我有了更多的耐心和包容心。我们在教育过程中,会遇到这样那样的标签,有好的也有不好的,好的就像一个光荣柱,差的就像一个耻辱架。一个个有血有肉有思想的孩子,被标签给固化或者区别对待,是多么可怕的事情。学校不只是传播知识的场所,更是传播爱和价值观的场所,可是在实际的教育中,因为标签带来的对学生的固化现象或是对学生的刻板印象非常常见。

撕掉标签,用心聆听,宽容对待每个学生,用知识灌溉,用爱感化,无论是知识还是爱,都会温暖他们的余生。这成为我以后教育教学的一把钥匙,一把能打开学生心锁的钥匙。

# 喜欢你，因为你不听话

深圳明德实验学校　庞志伟

小炫是个女孩子，可是性格却像个男孩子，卷卷的头发，小小的眼睛，笑起来一副玩世不恭的样子……说实话，对于这个孩子我真谈不上喜欢，尽管我知道关爱每个学生是我的职业道德。更可气的是，这个"宝宝"经常在课堂上口吐金句，逗得大家哈哈笑，让我的课堂失去掌控。

对于这样的孩子，我自动把她归入需要严格管教的那一类。我一般的处理方式就是课上有问题冷处理，课下严格管教。我想在她面前树立严肃形象，这样她会对我有所忌惮，最起码课堂上纪律会好很多。我也知道这样做的后果是她对我不会亲近，可是权衡利弊之后我坚持着原来的想法。直到有一天……

那天的历史课上我们讨论到了岳飞，我说"岳飞不是民族英雄，因为当时的宋金之间的战争是兄弟之隙"。按照教学计划，本课完美收官，令人窃喜的是，有的孩子还把这句话记入了笔记。就在这个时候，角落里幽幽传来她的声音："秦桧是好人吗？"我刚想回答"当然不是"，又想到不能这么简单下结论，便硬着头皮问："你有什么想法吗？"此刻的她小眼睛贼亮，缓缓站起来说："我认为秦桧并不是一无是处。难道秦桧就没有一点闪光点吗？如果没有，宋高宗怎么会这么器重他？他曾经是北宋的新科进士、南宋的宰相，他还发明了秦体字，也就是宋体字，只不过后来民间及历史把他极度丑化了。"

我惊呆了！没想到她可以表述得这么清晰。但是我也知道，如果她只是认识到秦桧的才华并不能真的理解问题的本质，我需要引导孩子们认识到什么才是真正的人才，对的，我要帮他们树立正确的人才观。于是，我借机发挥，让孩子们接着讨论，慢慢地，班里的孩子有了清晰的思路——德行比才学更重要。虽然这节课没有完成预定的教学目标，但是我很开心。从这件事后，我对小炫的认识开始有了改变。

在准备"中日甲午战争"这节课的时候，我将黄海海战作为一个典型事例典型处理，搜查了大量关于黄海海战的史料。尤其是对黄海海战中以死报国的邓世昌的一些留学前后的事情和黄海海战前清廷的准备情况做了翔实的考证。这一节课我用了很长时间做情感上的铺垫，尔后我用一种非常感性的语言开始讲述这段历史。当讲到邓世昌抱着他心爱的"太阳犬"沉入黄海海底时，我提出了一个自己认为非常"人性化"的问题：邓世昌的水性那么好，为什么要选择死？在他沉入海底的一瞬间会想什么？学生没有交流，大多数学生都在思考，试图将自己变成邓世昌，去人性地解读那段历史。学生好长时间没有说话，但是从学生的眼神中我看到一种别样的东西，那是一种坚定，是一种对信仰的坚定。我知道我的教学目的达到了，此时课也临近结束，我没有让学生说出他们的理解，而是将我的想法给了他们：我并不知道当时的邓世昌在想什么，但我宁愿这样去揣度他，他在想，这个国家太昏暗了，这个国家需要一些有血性的人来换起这个民族的血性，我就做这个有血性的人，用我的死来唤醒这个国家求生的欲望，再振兴起这个古老的民族。课堂到此戛然而止，一切都在不言中了。孟子说过的"舍生取义"，我用邓世昌给学生做了诠释。最后在这节课的小结中，我循例问："这节课我们学到了什么？"小炫同学说："学到了怎么死。"我不禁感到当头一棒，伴随着下课铃声草草收场。

下课后我不禁反思。一节课我洋洋洒洒，将邓世昌的英勇事迹讲得荡气回肠。可是一堂"黄海海战"课之后，学生学会了什么？学生学会了如何走向死亡？难道我讲述这段历史的目的就是让学生学会如何去死吗？没错，不能明白什么样的死是有价值的，其生也就没有价值，但是如果没有了对生的追求，明白了死的价值又有何意义呢？毕竟我不是想将学生送到死亡之路上，而是让学生在现实生活中活得更加精彩、活得更有意义。因为自己对邓世昌已经产生了一种跨越时空的价值认同，这种情绪不但左右了我，也左右了我的课堂，让我的课堂进入了一种我并不期望的价值走向……

我越来越喜欢这个女孩子，因为她的不乖，可以让我更好地反思教学！

# "小卖部"的智慧

深圳明德实验学校　张嘉欣

**前**段时间数学老师跟我反馈，小A同学最近口算能力有了空前的提升，但是让数学老师感到疑惑的是近期并没有给学生们进行口算能力训练，难道小A同学的口算能力是平时课下自学的？

听起来这是一件再平常不过的小事了，但是若是发生在小A同学身上，凭作为班主任对这群孩子异常敏感的"嗅觉"，我觉得这里头应该有个"故事"。那么怎么开展调查呢？若是我主动出击，同样对班主任有着异常敏感"嗅觉"的青春期孩子们肯定会跟我讲一个半真半假、避重就轻的故事。于是我选择了"按兵不动，守株待兔"的策略。一周后，"兔子"果然来"负荆请罪"了。

"张老师，我来跟您坦白认错了。"小A同学两只手紧紧攥着衣角，任凭两鬓的汗珠滴下来。"犯了啥错呀，都主动来跟我请罪了，那我得好好听听了。"我微笑地看着他，毫不掩饰内心的好奇。见我没有板着脸，他便一口气把他开"小卖部"的事情告诉了我。原来小A在同学间开了一个小卖部，平时把他家里的以及自己在外面超市买来的零食悄悄带来学校，以高出零食本身的价格卖给同学赚差价。他还向我透露，不到三个星期的短短时间，他赚了一千多元。原来小A的口算能力是在"小卖部"的经营中得到了锻炼和提升。但是这么简单的故事还是满足不了一个充满无限好奇心的班主任，我决定一探究竟："同学们应该都知道你这里的价格会高，而且他们自己也可以在外面购买，你所赚到的一千多元背后应该花了点心思吧？"听完我的疑问，小A露出了一丝自豪的笑容："老师，我可是分时段分地点来进行卖的，比如我会在上午第四节课课间进行售卖，因为上完四节课后，大家都很饿，而且离午饭时间也比较近，在这个时间点卖零食是不需要怎么宣传的，只需要把零食摆在桌子上，大家就都凑过来啦。还有啊，我会选择在体育课后卖饮料，跑完步打完球，来一瓶可乐，解渴又清爽！对了老师，您一定会想，为什么都没有同学来跟您举报吧，首先我觉得这是一件双赢之事，我给同学们提供了'便民服务'，同学们为我的服务买单；其次，我用了点小心思'收买'了咱班的班干部们，我平时尽力多帮他们干点活，这样他们跟我也实现了双赢，互不吃亏！"我紧接着他的话追问："听起来你挺自豪的嘛，那为什么今天来'自首'了呢？"这时他微微低下了头："其实我做这个'小卖部'并不是为了赚钱，我的初衷是拉近与同学之间的关系，让他们感受到我存在的重要性，但是我渐渐发现这样建立起来的关系是在金钱利益之上的，我就不想做了，所以我决定自己告诉您，让您来关闭我的'小卖部'。"听完了他这番陈述，我当下竟不知道该以怎样的态度面对这个孩子。小A的学习成绩总是让各科老师头疼，尤其是数学。在这件事情中，除去他钻规则的空子，我更多地发现他不仅具备细致的观察力，能站在别人的角度思考对方的需求，而且考虑问题竟如此周到。然而学生从事经商活动的行为在学校是不允许的，也会影响到他们正常的学习生活，作为班主任，我需要树立学生的规则意识，但是这个孩子办"小卖部"的初衷只是交朋友，我并不想惩罚他，内心也一直有个声音在提醒我：这是一个很好的教育契机。

　　我思考了一会儿，跟眼前有点迷茫的小A说道："交朋友的方式有很多种，你选择的这种方式确实不是个好路子。不过，你知道社会上有很多商人赚钱后都会回馈社会吗？比如马云会选择做慈善项目回报社会，我觉得你也可以借鉴一下。"听完我的建议，小A一下子兴奋地说道："对，我可以回报同学呀！我把赚来的钱买一些有用的东西送给同学们，这样，他们就会觉得我是一个懂得回报的人啦！""还是个会感恩的人！"我补充道，"那么，我们就'将功补过'，我这边就不罚你了，不过你要知道你这个经商的行为放在学校是不对的，但是我很欣赏你在这件事上展现出来的能力——善于观察和总结以及换位思考，希望你能将它们发挥在正确的时间和正确的场合。"

后来，当我听说同学们都收到小A的礼物之后，便趁热打铁，在一次班会课上，将小A同学平时做的一些好事以及他为了跟大家交朋友才办"小卖部"的事情告诉了全班同学。

几天后，我也收到了小A送来的小礼物，上面还有一张小纸条：张老师，谢谢你，我现在交了好几个朋友啦！

"小卖部"的智慧还在延伸着，它不仅给小A带来了正面力量，也成为我的教育契机。面对学生的"错误"，惩罚应是最后的底线，我们更应该学会如何智慧引导和化解。

# 教育勇气

深圳明德实验学校　朱　青

2017年9月来明德，眨眼间两年过去，感慨万千。

先聊一个小故事。有个使者给国王进献了一块桌布说这块桌布脏了根本不用洗，只需要放在火里烧一烧就洁净无瑕。我是死活不愿意相信这个故事的，当时我老爸解释说这条桌布是用石棉做的。之后为了给我演示，他不顾妈妈的反对，生生拆了家里的电热杯，掏出石棉，然后放到煤气炉上烧给我看。果然，石棉不仅没有烧着，反而从灰灰的颜色变成白色。所以说，强大的父母可以替孩子打开一个世界。而我，打心底愿意做那个打开孩子们世界的领路人。

天生心大到漏风，教学命运必定多舛。先是经受学生作业未完成的"心绞痛"，接着在他们上课走神时大念魔咒，学生是上天专门派来折磨我的孙悟空吗？无数次在脑海中想象自己暴怒，掀桌，说走就走、头也不回的豪迈。好在，无数个夜晚的辗转反侧没有白费，最终锤炼成既是老谋深算的狐狸，又是随时可以萌你一脸血的"HelloKitty"。

我是如何演变的呢，接下来与大家分享我的教育勇气培养史。

工作后最大的感悟就是：一个人生活在这个世界上，终究是一个人的战役——不断与自我妥协和斗争。接纳和建设自己成了第一要务。千万别拿学生偶然的不懂事舔舐你的心。人海茫茫，无论他是狂抱你大腿的小粉丝，还是冷眼旁观的高冷气质生，我们都要对所有相遇的人说声：谢谢陪伴！

热爱这份工作，并成为一种惯性。加速跑的爱就像点蜡烛，会越变越多，而不是切蛋糕，越切越少。所以，千万别随便痛恨你的工作，这需要你不停地

33

鞭策自己坚持下来。我走心地待每一届学生如初恋，就如同那段歌词："去爱吧，如同从来没有受过伤害一样。去爱吧，像不曾受过一次伤一样。"

王小波说过，一辈子很长，你得遇见一个有趣的人。若我们死去活来、死乞白赖地讲课，学生估计也早已想家1000次了。曾以为，教龄和备课时间应该成反比，事实上并没有。专业越精致就越有想法，那么，一切美好定随之而来。想要成为学生念念不忘的老师，必然是德艺双馨，有多重涵养。单纯的人更有意思，他在做减法的课堂处理中显现了自己独特的深刻认识。所以，会讲冷笑话也罢，上知天文下知地理也好，总得有无法被取代的一面。

我始终相信，人群中那些沉默的人最有力量。他们内心强大，外表温和，小事不纠结，大事有原则。所有爱恨情仇、贪嗔痴慢疑都是我们自己内心的折射，所以，改善外界的方法是建设自己的内心，接纳好的和不好的自己，让心灵变得更有爱，更坚韧，更完整。

我能想到的，就是给你们最好的，只有这样，我才觉得值得。所以，想成为更好的老师？先成为更好的自己吧。

# 父母与青春期孩子共成长

深圳明德实验学校　付华敏

青春期，我们都知道青少年处于身体和心理飞速成长的阶段，这种身心巨变加上社会、家庭、师生关系、同伴关系等环境综合影响，会导致家庭内部尤其是父母和孩子之间的矛盾激化，争吵频繁。烦躁的孩子背后，往往是一张张父母焦虑的脸庞。

小蔻同学是位活泼可爱、乐于助人、才艺满满的女生，但学习和生活的习惯不太好，专注力较低，进入七年级以后，学习成绩退步明显。小蔻父母均受过高等教育，以前以宽松教育为主，面对小蔻日益退步的成绩，非常焦虑。小蔻父母通过商量后，决定由严谨的爸爸来当"黑脸"，坚定地扭转孩子的学习生活习惯。于是某天早晨，矛盾激化了，暴怒中的爸爸威胁孩子不收拾好东西，就去退学。小蔻爸爸由此给我请假，我说："转告小蔻，希望她尽快收拾好后，在学校见到她。"

我的本意有两个：一是支持家长让孩子对自己的事情负责，培养好习惯；二是支持小蔻上学，家长不能以此威胁。结果小蔻爸爸以施压的方式把我的话给小蔻看，得到了她冷漠的抵抗。小蔻爸爸只好硬撑着去退学。幸而小蔻很爱学校，小蔻妈妈依然冷静，在小蔻爸爸去地下车库开车时，小蔻没有去坐爸爸的车，而是折回家找妈妈拿书包照常来上学了。如果这件事持续紧张下去就不好控制了。

矛盾的激化肯定是父母和孩子双方共同造成的，所以问题的解决也应从这两方面着手，而班主任作为有经验、有专业知识的教育者，在其中也应起到调和和指导的作用。

当天中午，我利用午休的时间和小蔻进行了谈话，请她描述早晨的事情经过。

小蔻说："早晨六点二十我爸喊我起床，他喊我太早了，所以我有点生气，说了些不好听的话。"

我说："那几点起不早呢？"

"六点半。"

"10分钟的事，你觉得有必要对爸爸发脾气吗？"

她摇了摇头，似乎知道不太合适。

"后来呢？"

"后来我爸不断要我收拾东西，我们就吵起来了……"

我听出了她的停顿，在班主任面前她不想说她爸爸不太好的一面，看得出来，她在维护爸爸，所以我引导，"你没有推卸自己的责任，也没有说爸爸的不是，看来你还是很爱爸爸的。今天你爸爸把事情跟我说过了，他后来拿退学威胁你，所以你很伤心，就跑出去了对不对？"

她点点头。

"你觉得很难过，尤其是你爸爸把我的话转告给你的时候，你是不是感觉到了好像老师在帮助爸爸对你施压？"

她继续点头，一向笑着的小姑娘非常沮丧。

"如果是我的话让你们误会了，那我给你道歉，老师是希望你尽快收拾好东西，到学校来，老师每天都很期待见到你。"站在学生立场考虑问题，学生会觉得老师理解她，而身为班主任的我的道歉，会让孩子更加信任我，也有利于解开父女之间的矛盾。

她听了，忍不住笑了一下。

"那问题在于收拾东西这件事情，为什么早晨收拾东西，一般来说，是不是头天晚上就应该收拾好？"

"是……"

"所以爸爸是在帮你改良生活和学习习惯，虽然他的方式让你不舒服，但你同不同意？"

"同意。"

"我听你妈妈说，你最近有了一些进步。所以你自己想不想改良习惯、提高成绩？"

"我想的。"

"我会跟你爸爸沟通，爸爸做得不对的地方需要向你道歉。但你要对自己做的事情负责，父母、老师和你自己的目标都是一样的，我们三者不是对立关系。你觉得呢？"见她认可，我继续说，"所以你觉得应该怎么做呢？"

"早点起床，收拾好自己的东西，好好学习。"

"是的，可是自己做不到的时候怎么办呢？你也知道自己的自控能力较弱。"

"爸爸妈妈，还有老师可以管着我。"

"所以当下次你爸妈提醒你的时候，你需要意识到自己该怎么做，克制自己，不要发脾气，他们是在帮助你。尤其是今天跑出家门，你知道爸爸妈妈还有老师多担心你吗？不要再发生这样的事了好不好，你是个小太阳呀！"

小蔻笑了，点点头。

和学生的谈话需要注意技巧，换位思考才能共情。在学生信任老师且愿意开口的前提下，引导对话走向，帮助她梳理思绪，突出正面能量。这次谈话让我了解到这次矛盾没有想象中严重，小蔻对自己的缺点心知肚明，关键是行为的落实和习惯的养成。她依然非常爱父母，父母也在努力积极地关心孩子，家庭情感基础良好，这为小蔻的健康成长提供了良好的环境。

再来看看家长方面。因为家长一向比较信任我，所以小蔻的父母第一时间就向我求助。小蔻妈妈当天早上就给我发了大段微信，里面透露出迷茫与焦虑。我们下午面对面谈话，我从三个方面明确了本次谈话的任务。

首先，要全盘把握本次事情的前因后果。小蔻妈妈给我描述了早上发生的事情和最近一段时间她为改变小蔻而做出的努力。小蔻妈妈说，她知道小蔻爸爸早上说话太过头了，但他们还是立场一致，都想要纠正小蔻的学习和生活习惯，所以没阻止。而且小蔻每天入睡很晚，作业很早做完后，会看书或做其他事情，直到深夜12过后才睡，而这时其他家人全部入睡了，小蔻在睡前的2小时失去了家长的监管。小蔻妈妈曾晚上10点陪她入睡，但小蔻睡不着，调整孩子作息的方法失败了。我这才知道小蔻经常早晨起不来的真正原因，这也是每天睡前应该收拾好东西却没有落实的原因。

至此，我从小蔻爸爸、小蔻妈妈和小蔻三个角度对这场家庭矛盾有了全面细致的了解，三者都对我没有隐瞒，都比较信任老师，都对自己的问题有一定了解，都有共同的目标，所以我对如何解决问题心里有数了。

其次，分析小蔻改变学习生活习惯的有利因素，缓解家长的焦虑。一是和小蔻妈妈分享早上我和小蔻的谈话内容，表明小蔻自我认知还是很明确的，有利于后续问题的解决；二是针对小蔻妈妈对以前教养方式的后悔，指出这培养了小蔻的创造力和善良阳光的品性，也是非常好的；三是小蔻父母立场一致，为小蔻成长提供了坚定的环境。

最后，提供一些具体帮助小蔻改变学习生活习惯的可操作性方法。一是提高作业质量需要确保专注度，可以沿用小蔻一直在用的番茄时间法，但需要注意使用细节，如每天由小蔻自主制定任务计划表，洗漱、收拾东西等任务也可以加进去，每天家长必须检查完成的情况，直至小蔻自觉为止。二是循序渐进地调整小蔻的作息时间，陪伴孩子入睡时间逐渐由晚上12点到11点半再到10点半左右。三是鼓励家长调整好心态，要坚定温和地陪伴，而非暴力沟通，父母是孩子最好的老师。

整个谈话过程中，小蔻妈妈非常认真，时不时记笔记，临走时感谢不断。这让我对小蔻的成长有了积极的期待。果然，到了周末，小蔻妈妈给我发了长长的微信来描述她的这周育儿成果，亲子关系有了明显改善，爸爸在事后也放下自己，与孩子保持了轻松良好的沟通。以下内容我只字未改。

"昨天我和小蔻一起做作业，她开始还比较专注，但是情绪管理略有问题，昨天我没有焦虑和发火，她歇斯底里要手机听音乐时我坚持，平静地说你可以做完了作业，中间休息听并看书，但是她不听，哭啊，号啕大哭，闹，爷爷奶奶都担心她出事，不吃饭，我也不骂，不着急，敲了门请吃饭，不吃也没有勉强，自己哭差不多了，做作业，我进去关心，然后说你休息一下，听一会音乐？十分钟？不。我说好的，那做吧。一直做作业，沟通良好（关键在于我没有焦虑和说教）。我也在做作业，其间她有困难会主动找我。

"然后，晚上又出现一个问题，她喜欢柯南，英雄校园，网球王子，优衣库出联名T，很想去买，我说做完作业去吧，加紧，晚上10点关门，我们9点半前结束作业可以去。所以目标是9点半前结束所有的作业。她同意了。当时间快到了，还有卷子没有做完，而且对她来说有点琐碎和难度时，开始焦躁，耍赖，妈，我不可能做完的啊，什么题啊，这么奇怪，不停按压她的笔，艾玛，我觉得那个声音和抱怨我要爆发了，我轻轻站起来到我房间去做作业，使了很大的劲关住嘴巴，让她自己消化，但是不回应改变计划和目标。慢慢地，她继续做作业，碰到困难叫我，然后叫我过去陪她，我说我心脏不好，你按笔让我几近崩溃，大姐！她笑了，说哎呀，就是很烦呀，但是没按了。一直做作业，24分时说做完了，其实我做好了晚上不去的准备，明天再去，我们都很欣喜，我说我真高兴，你没有持续抱怨，虽然经历了恶魔但是克服把作业做完了！达成了目标，可以做自己喜欢的事了，高兴我自己快被你逼疯了我没发火，她说，是是是，你优秀。

"您是我们家长的定心丸，这么年轻，但是您的力量和格局让我们叹服，管一个公司都没有管一个娃伤脑筋，手足无措。由心而发，您是理智与爱、刚柔并济的领导者，这个年龄的恶魔与天使结合的娃太需要了，碰上您，是孩子和我们家长的幸运，感恩。"

青春期孩子处于人格逐渐形成的过程中，非常重视对自主性的追求和他人的认同，父母只有先调整好自己（无论是知识上还是情绪上），以身作则，尊重他们，温和坚定地帮助他们把持底线，才可以为该阶段的孩子提供一个抱持性的环境。如此，他们即使遇到了困难与挫折，也愿意敞开心扉与父母沟通，

微信对话截图

孩子就不会孤独狼狈地度过这段时间。否则沟通失效，轻则孩子不愿与父母对话，重则会逼得孩子去找能够认同他们的同伴，而这些因素可能有好有坏，具有很大的不确定性，更不为父母所知。很多"意外"和"秘密"就是这样形成的。

　　教师身为教育工作者，既要注重学生这个直接受教育对象，更要注重对家长提供教育方法的指导。孩子是一门终身学问，家长要与时俱进，终身学习，才能与孩子共同进步。

# 那个深爱无人机的少年

深圳明德实验学校　蓝子君

每次学校举办大型活动需要用到无人机的时候，我总会想起曾经的一个学生，韩ZM。

他是那种每个学科老师遇到都会头疼的大男孩：调皮而又聪明，学习总是不上心，爱打游戏、玩无人机，成绩像坐过山车一样忽上忽下，完全取决于心情，遇到事情极不靠谱，还咋咋呼呼的喜欢往人跟前凑。和他的任课老师们一起吃饭聊天的时候提起他都是一头黑线，十分无奈。

但往往这样的孩子都会很喜欢我，准确来说很喜欢我的课：信息技术课。只要是上信息技术课简直就是来到了自己的主场，一方面教材的内容对于他来讲驾轻就熟，另一方面是可以碰到他心爱的电脑，哪怕只有5分钟，可以玩一下都足以让这个年龄的男孩子心生狂喜。

他的特别自然很快也被我发现了。他是真得非常聪明，我开始给他们上课已经是初二下学期，讲VB时，很多人都处于迷茫状态，他是最快厘清楚思路的那一拨人，还乐此不疲地想办法破除我对学生机的控制（尽管没有成功）。失败了也不气馁，觉得这个新老师有点水平，于是蹭过来开始套近乎，诚挚地邀请我担任他所在的无人机社团的指导老师。其实我对无人机基本是一窍不通，但是"信息老师"四个字的光环太大，基本所有人都觉得只要带电的信息老师都懂，韩ZM也不能免俗。他当时一心觉得我是这方面的"大佬"，一定要我参加进来，然而我的内心是拒绝的。我当时已经在带两个社团了，一个是ACG（动漫）社，虽然带这个社只是陪喜欢二次元的孩子们玩一下，但是创客社确实是耗时耗力的一个社团，再带一个有点力不从心，因此我以忙不过来为由拒绝了他，但他资质不错，因此在带创客社的机器人比赛的时候我把他拉了进来。

在培训机器人竞赛和参加比赛的过程中，我们的关系越来越好，我对他的情况也越发了解。他性格其实不算太好，遇到事情容易急躁，急躁起来就开始口无遮拦，因此同学关系一般；对无人机是真爱，常常自己研究，学校一有什么大型活动就拉起他的那群小伙伴开启飞行模式，拍下了许多珍贵的镜头。我最终还是答应成为他无人机社团的指导老师，尽管不能在设备和技术上给他们出力，但是组织活动和找一些适合他们的比赛还是可以的，后来还带着他和几个同学一起参加了无人机比赛，虽然成绩一般，但他和我的师生关系越来越好。有时课间他也会跑来跟我聊天，谈谈他的雄心壮志。

有一次，他很兴奋地跑来问我无人机是不是可以实现编程飞行，灵感来源于我们之前参加的Arduino机器人比赛，他觉得既然开源硬件是可以支持无人车编程，那么现在自组的开源无人机是不是也可以实现编程飞行呢？答案自然是可以的，现在的很多商业无人机最初也是从开源的无人机开始逐步走向商业化的。知道答案的他眼睛闪闪发亮，问我他可以学这个吗。当时我脑子里霎时浮现起前两天和他班主任吃饭，他讲起这个孩子有多么令他头疼：成绩又如何如何下滑已经是老生常谈，和家里人关系又出了状况让他在课堂上表现得更加低沉。其实他的家人是支持他这点小爱好的，家里条件也不差，大疆的无人机虽然没买，但是组装的零配件东一个西一个也买了不少，他手头组装的那架无人机价格不菲，但是也耐不住他的学习成绩始终不稳定，父母也担心他玩物丧志，最近停了他的一部分经费，因此闹得非常不愉快。但是初二的少年哪里会理解父母的这番苦心，他只觉得自己的爱好被无情地打断，他一直认为他组装无人机也是一个非常正经的事情，以后也可以发展成一番事业。他理直气壮地跟我讲哪怕他高中混个职业学校，以后也可以凭着这番手艺和能耐去创业，他才不要走万人独木桥，然后给别人打工，替别人挣钱。

他的想法不是没有道理，但显然偏激了一些。创业有多难？作为一个普通老师来讲其实是无法切身体会的，但是从身边朋友的经历、从日常可见的新闻报道、从当前的经济形势来看，事情哪里有那么理想化呢？哪怕现在的无人机巨头公司——大疆的创业过程也并非一帆风顺，更不要提有多少科创企业前仆后继地崛起与倒下，光凭着他现在的一点手艺和能耐是肯定不够的。但是直接否定他无疑只会让情况更加糟糕。我委婉地问了一下几个他最关心的无人机编程的技术问题和相关的数学问题，他傻眼了。又问他是否了解公司股权、法律相关的问题，他更加一脸茫然。最后我问他你觉得这些问题读一般高职能帮你解决吗？怎么让你的产品更加先进？你了解过成功案例——大疆的初创团队的学历状况吗？你能找到优秀的合心意的合伙人吗？他沉默了许久，轻声问我："老师，那我该学点什么？"我叹了一口气，建议他不如先自己找找资料，强调等他可以创业还要好几年，还要预估一下情况。我给他列了一个简单的计划表，告诉他我也只是根据自身了解的情况大致给个方向，要真想把事情做出来，骨肉还要自己填满，说不定方向都有问题，要自己纠正。他还是慎重地把那个简单的甚至是潦草的计划收了起来，说了声谢谢老师，步履沉重地走了。

  这件事情过后，我有很长一段时间没有听他主任导师抱怨了。突然某日，他拿着表格来找和我一个办公室的主任，说要转到国际部去，说国内现在学的东西不足以支持他实现自己的梦想，和家里人商量之后他打算走出国的路线，高中要出国去读。我们都表示了祝福。到了国际部他还是马上组建起了无人机社团，时不时跑回本部找我跟我讲他现在社团的状况，问我怎么管理和组织同学。慢慢地，他提的问题越来越成熟，自己想好了计划，找老师申请了场地进行培训，去报名参加相关的比赛，请老师带队。他已经从那个让老师头疼的少年变为一个靠谱的组织者，在学校的大型活动上帮了不少忙。学校的运动会，他联合了各个学部有无人机爱好的同学一起进行了全程的拍摄和剪辑，我在家长会的总结视频中，加入了他们参与拍摄和剪辑的片段，现场一片掌声。

  无人机社团还在继续，韩ZM同学后来转到了专门的国际学校。我想，他应该会继续追随着自己的梦想，同他的无人机一样，乘风飞翔。

## 走进学生内心的"捷径"

深圳明德实验学校　向　丽

**很**长一般时间，我都在想有没有走进学生内心的捷径。与大人打交道的经验告诉我：我还是很容易与人亲近的，一般人也愿意与我交往，随着交往的深入，大多数人愿意对我袒露自己的内心。久而久之，我就以为与人打交道是我擅长的事情了。

可我引以为傲的事情，却在学生面前屡屡受挫。记忆最深的是，一个孩子一脸无奈地告诉我："老师，您能不能停止猜测我们，您知不知道您从来没有猜准过。"我清楚这个孩子的话过于绝对，但内心还是被深深刺痛了。什么叫作猜测？我一直以为我跟他们的聊天是基于我对他们的观察和了解。什么叫作没有猜准过？我一直以为自己找孩子聊天，有时甚至长达一两个小时，是聊进孩子的内心了，可现实……令我如此难堪。

有很长一段时间，我不太敢亲近学生，不太敢找学生聊天。我深知与其误解学生，说一些令学生反感甚至抵触的话，还不如什么都不做，什么都不说。慢慢地，我和学生间仿佛竖起了一道无形的墙，我可能要绕很远的路，才能走进学生的内心。我心中清楚，应该是有"捷径"可以到达的，譬如推倒那堵墙，直接跟孩子们进行交流。但我虽使尽蛮力，还是不得其法。该怎么办呢？我苦苦思索。

一两次偶然的机会，我就那么不经意地走进了孩子们的世界。那时，我感到：果真是有"捷径"的啊。

有一段时间，我很苦恼一件事情：学生们用手机聊天的时间太长了。很多时候，都深夜十一二点了，我已上床准备休息了，一瞥学生QQ群，发现他们还在聊天。该怎么劝说他们早睡呢？我很苦恼，苦口婆心肯定不行，他们早听够了大人正确的"唠叨"。不是他们的主任导师，我就不管不问？这我也做不到。

一次偶然的机会，我觉得自己找到了合适方式。一天晚上，我在洗澡，同时也在习惯性地想事情。"啊！"好疼，不知不觉中，我竟然用指甲把下颌的皮肤给戳破了。那一刻，我疼得直跳脚。联想到自己那段时间的工作、休息状况，一计涌上心头。

第二天正式上课前，我一本正经地给班里的学生们展现我下颌的伤疤。孩子们纷纷猜测这是怎么造成的。这时，我用平缓的语气给他们讲述我头天晚上洗澡时的遭遇。我听见有些孩子"嘶嘶"的抽气声，他们仿佛感同身受。时候到了，我的口气开始凝重："你们知道我为什么会发生这样的事情吗？事后我总结，都是晚睡惹的祸。我很能理解你们为何很晚了还不睡，因为我也是个夜猫子。我总感觉白天忙忙碌碌，时间仿佛都不是自己的。只有夜深人静，或看看书，或看看自己中意的节目，才真正在过自己的日子。但是，我忘了，忘了一件事情：健康的身体是人做一切事情的前提。我晚睡，但第二天必须早起来安排你们的早读。长期睡眠不足的一个后果就是注意力不集中，极容易分心和走神。所以才会有头天晚上的悲剧。同时，我相信每一件不好的事情的来临都是一个警示，它告诉我，早点睡觉吧，不要拿自己的身体开玩笑。所以，同学们，我在这里和大家分享我自己的感悟，也想真诚地对你们说：早点睡觉吧，不要在QQ群刷屏了。"

我清晰地看见我说这些话的时候，有些同学听得全神贯注，若有所思地点头，眼睛里闪着光。那个时刻我想，只要有一个学生因为我的亲身经历而愿意改变自己，好好爱护自己的身体，我就成功了。那天晚上快十点钟，我打开QQ，习惯性地翻到班级群，看见有同学说：我撤了啊，向老师说了，早点睡觉啊。隔着屏幕，我笑了。

都说你带的班级的学生会打上你的烙印，他们的某一特性是跟你很像的。可我一直没想明白：我觉得自己是一个很安静而严肃的人，可为何自己带两个班级，其中就会有一个班级，部分学生相当调皮，导致课堂气氛过于活跃。这不，我现在以导师身份管理的这个班级就是。

一学期多的时间下来，我几乎十八般武艺用尽，试图让班里的孩子学会在课堂上松弛得法，收放自如，可收效甚微。很多次，只要我讲了一个笑话，学生的思维便立即发散，或大声接一些与教学完全不相关的话，或两两就自己刚刚想到的话题窃窃私语，正常的教学活动很难再进行下去。所以，我在这样的班级上课总是表现得极其严肃，有些时候甚至表现的像一个警察，如果谁有不认真听课的前兆，我一定会立即严厉地点他的名。这样，我的教学虽可以基本进行下去，但学生却与我渐行渐远。课间他们看见我，只是礼貌性地打个招呼，基本不会有学生愿意主动与我交流，当然，我也无法了解学生。而我，非常不喜欢这种冰冷的师生关系。

拔河比赛开始了。以往的经验表明：班里的孩子们虽然擅长比赛，但面对拔河这种对集体协作要求比较高的运动，他们并不占优势。比赛开始前，我是暗暗盼望他们输的，我想，这样我就可以伺机教育他们要考虑班级集体利益了，譬如上课时不能因为自己口头表达的快乐，就牺牲其他同学听课的安静氛围。果真，第一局，他们输了。但他们的反应超出我的预期："这什么手套啊？太滑了。""我中间都松开了手再去抓绳子的。""别放弃啊，是手套的原因，不是我们的问题。""扔掉手套，我们还是有希望的。""对，丢掉手套！"这帮孩子面对失败的反应，让我大开眼界：没有片刻消沉，没有自怨自艾或彼此抱怨，而是迅速找到原因，果断舍弃不利因素，重整旗鼓，再战。有这样的勇气，这一场比赛怎能不赢呢？我由衷地欣赏他们。

第二天，我本想好好夸他们的。但刚走进教室，又是一如既往地吵闹。我压下心中的不悦，打开我的文档，把昨天自己就他们的比赛写的感慨一字不落地读出来。在我读的过程中，孩子们史无前例地安安静静地听着。我读完了，他们自发地给我鼓掌。孩子们的掌声让我懵懵懂懂地感到：这节课一定会上得很愉快。果真，那节课，不论我提怎样的要求，他们都非常积极地配合。

就这样，误打误撞，我推倒了与学生之间的那道隐形的墙。绕了很多的弯路，但从来没有白走的路，在绕路的过程中，我渐渐明了，所谓的"捷径"是：在教育中看到"人"。看到学生作为一个活泼泼的人，犯错误是在所难免的，所以不要着急批评学生，更不要着急纠正学生，教育需要契机。同时，要相信：人都渴望被发现，看到孩子的闪光点并真诚表扬，比任何说教都管用。更重要的是，也要把自己看成一个鲜活的人，时刻告诉自己：你并不因为学生叫你一句"老师"便成圣人，毫无瑕疵。你是一个人，你也有自己的各种问题。但那声"老师"意味着：你会更自觉地发现自己的问题；正视并改正自己的问题；同时，你更愿意分享自己的经验，引导学生在遇见类似问题时，更好地去解决问题。

# 小鸟终于安全了

深圳明德实验学校　李　程

**刚**接触七（4）班的学生，我就注意到了班上的一个高个儿、声音洪亮的男生。这个男生眼神中透着一股倔强以及执着的光芒。他的一言一行都表现出高于同龄人的成熟以及稳重感。通过一个多学期的相处，我对这个男孩以及他的家庭有了更深入的了解。从小，他的妈妈和弟弟就远在非洲，大多数时候都是爸爸照顾他的衣食住行。所以他已经被培养出强烈的自律意识。在学业上，他认真完成老师们规定的学习任务，也有严谨的学习态度。比如每天回家前一定会将各科作业统计在一个本子上，写文字材料题每道题都要画横线等。同时，他也是个非常有正义感的学生，针对班上一些不合理的现象，他经常站出来及时指出问题并且尝试去解决。但也是他执着刚烈的性格，导致他处事缺乏一些弹性。在和同学的相处中，或多或少会有些口角上的摩擦；在课堂上，针对一些学习内容，他有时也会钻牛角尖并且不太愿意接受他人的意见。所以，这个看似无可挑剔的学优生，有的时候也会成为让老师们头疼的孩子。但是通过一件日常生活中的小事，我从另一面更加深刻地认识了他，并且因为他，也给我上了意蕴丰富的一节课。

某天上午，当我快走进教室时，就注意到门口聚集了一大群学生，我还在想这群宝宝肯定又偷偷打开电脑了。这时，班上的一名女生奔向我，急匆匆地喊着："Olivia，我们教室里飞进了一只小鸟！"接着，一群学生都非常兴奋地冲向我，告知这个消息。我的内心反应是：估计这节课孩子们的听课质量又要大打折扣了！果不其然，走进教室时，所有孩子的注意力全部都放在了那只小鸟上。顺着孩子们的指示，我也注意到了那只小鸟。只见一只翠绿的小小的身躯，蜷缩在电风扇上，并且发出无助的求救声。突然，孩子们的注意力又被窗外吸引。只听到走廊外的花丛中传出一阵阵相似的鸟叫声，鸟宝宝的叫声与窗外的鸣叫相呼应，大家顿时明白了，鸟宝宝的爸爸妈妈来找寻它了。当看到这一幕的时候，我非常心疼这些微小的生物。随着人类文明的发展，我们实现了物质生活水平的提高，大自然的众多生物们却被迫离开了它们的家园，在寸土寸金的现代化都市中，它们中的有些甚至要涉险来和人类相处在一个环境里，这只鸟宝宝就是一个典型的代表。那我们的孩子们看到如此场景会如何反应呢？班里的一大片孩子把这只无助的小鸟当作一个笑话来看。每当鸟宝宝发出求救声时，我都会看到孩子们露出淘气的神色。我能理解，在城市出生的绝大多数孩子眼里，这是一件新奇的事情，所以他们对待这件事的态度也是充满好奇感。于是，我内心打定了主意，何不以这件事给孩子们上一节关于保护大自然的生物的课文？最近我也观看了一部BBC（英国广播公司）的纪录片《野性都市》，刚好是关于在迅速发展的城市里，有一群动物发现了机会，寻找着自己的栖息地，它们和人类有着相似的需求。身为人类，我们该如何和大自然的动物和谐相处？我给孩子们播放了其中的一段，介绍的是来自新加坡的水獭家族。孩子们看了之后感触颇深，也隐隐明白身为都市的一员，自己的职责和使命。

  课后，我们联系了校务工作人员来处理这件事情。本以为小鸟终于能够回归大自然，可是棘手的问题出现了。这只鸟宝宝之所以一直躲避在电风扇上是因为它已经受伤了。所以不管人类如何接近，小鸟还是继续待在原地。过了一个下午，事情还是没有解决，连小鸟的爸爸妈妈也绝望了，它们明白这样下去，失去的可能不止一条生命。最后，它们飞走了。虽然我也很心急，但是又不知道该如何解决。转眼到了放学时间，大家都已经遗忘了这件事情，这名男生突然跑到我的面前，手里小心翼翼地捂着一样东西。走近时，他才非常谨慎地慢慢把手打开，原来他成功救下了鸟宝宝！我开心的同时也有着隐隐的担忧，因为小鸟情况比较严重。我们走到户外，尝试放飞鸟宝宝。经过了几次挣扎，它终于飞起来了！可是仔细观察，小鸟飞行时身体并不是与地面平行的，几番挣扎后，它最后坠落在教学楼走廊旁的花丛里。我们立即冲到楼上，尝试再次救起小鸟。因为我们明白，如果这成为它最后的安身之处，它会遇到多大的威胁。男生再次小心翼翼地尝试把小鸟捧在手心里并且成功了。这时，我们的难题是该把这个无辜的生命放飞至大自然还是带回家好好呵护它。这时，男孩果断地说："老师，我来照顾它吧！原来我在非洲的时候曾经照料过一只受伤的雏鹰。"原来这一切都不是意外，正是因为男孩的怜悯之心，这只脆弱的小生命才能继续存活。在商量该如何照顾这只鸟宝宝的时候，男孩的手已经被鸟嘴戳出了血，但是我从他眼神里能看到那份想要拯救生命的坚持。突然，鸟宝宝挣脱了他的双手，用尽最后一丝力气，飞上了校门口的一棵大树。看到这一幕，我们也很无奈，同样也有一种释然，毕竟这才是它最终该回归的家呀！和男孩交代了几句后，我们就各自回家了。在回家的路上，我突然接到了一个陌生电话，接着就传来了一个熟悉的声音。

"老师！我飞奔回家后取了望远镜，立即赶回学校仔细观察。终于确定了鸟宝宝最后和爸爸妈妈相聚了，并且它们最后飞到了学校的屋顶上，小鸟终于安全了！

"老师你知道吗？我很庆幸我们没有把鸟宝宝带回家，因为我上网搜了下，这种鸟是不适合家养的，如果我们把它带回家，它是很难继续存活下去的！"

挂断电话后，我擦掉了眼眶里的泪水。这是兴奋和感动的泪水，一股强烈的钦佩之情油然而生。

当今人类已经站在了生态系统的顶端，而人类的登顶之路伴随着大量动物的灭亡。人类还在扩张，在人类施加的压力下，动物们的未来更是渺茫。但是，人类也有改变现状的能力，只有从一代又一代的意识形态开始发生变化，养成保护生物以及生态环境的意识，我们的未来才能被拯救！

# 从影响家庭教育环境为孩子注入灵魂

深圳明德实验学校 左心彤

2018年9月2日，新学期开始，35双雀跃而好奇的眼神撞进作为班主任走进教室的我的眼中，一个新的班级交到我的手中。带着几分期待和满满斗志，我自我介绍："我姓左，大家也可以叫我左大大，很荣幸担任我们班的班主任，我教大家语文……"伴随着轻快的开场白，我踏上了陪伴新的一届初中生的征程。

第一个星期，新的学习环境，新的朋友伙伴，孩子们都试图以最好的一面展现给老师和同学，教室里欢快而充满生机，我努力用最快时间记住并熟悉每一个孩子。正如人群的正态分布理论一样，每个群体，总有热情活泼唱主角的，斯文内敛安静看着的，调皮捣蛋活跃气氛的，班上的孩子们性格也百花齐放，几天的观察中，我发现有一个男孩一直默默坐在角落，不参与集体活动，不参与讨论，不与其他同学谈话，总是默默地低着头，视线长久地停留在打开的佯装看的书本上，我很快留意起这个学生。他姓白（后文暂称白子通），椭圆的脑袋上头发根根直立，戴着厚厚的黑框眼镜，脸颊圆鼓鼓、胖乎乎的，身高略高于班上男生的平均身高。白子通自己在最角落里选了个座位，好似有意无意地把自己放在了边缘人士的位置。

很快迎来福田区新生入学统测，成绩反馈下来时我快速检索这个孩子的名字，班上35名同学，手指一路向下滑动，在后五位终于找到他的名字，数学46分，果然！

紧接着，在学校现场作文大赛上，白子通交给了我下面这样一篇感情真挚的作文，突然间，一切原因豁然开朗。

**学生作文**

自此，因为他的作文中涉及"想死的冲动"等敏感字眼，我给孩子建立了一个相关档案：

姓名：白××。

年龄：12岁。

家庭成员：父亲（离异）。

父母情况：孩子跟父亲，父亲经常出差，出差时舅舅偶尔照顾孩子；母亲不在深圳。

成绩：学困。

性格：寡言少语，但在QQ学生群活跃。

背景资料：在军训基地军训期间，其母几次打电话给老师，想跟孩子沟通，孩子明显不愿接电话。

正巧，白子通母亲主动找我沟通，她开口先责备孩子的学习成绩差，从孩子身上找了若干原因，并反映孩子四年级有恋爱行为，她从孩子小学起便回老家做手机零件生意。接下来我分别和孩子、孩子母亲进行系统的沟通，进行如下分析和处理：

白子通性格较为倔强，自尊心特强，对父母有很强的抵触情绪。父母越是反对的事情，他就越对着干，有厌家情绪；对手机依赖非常严重；害怕同学的谈论。行为表象背后必然有自身的心理原因。自卑心强的人，对自己的评价过低，办事缺乏信心，不愿与他人进行沟通，悲观失望甚至对那些学习上稍加努力就可以完成的任务，也往往会因自叹无能而轻易放弃。其形成原因比较复杂，既有个人生理、心理上的原因，也有家庭、学校和社会因素的影响。母亲的长期不关注，增加了白子通的心理压力。白子通母亲不太善于亲自沟通，几年来，母子之间的有效沟通很少，大多仅围绕学习成绩，而孩子表现为消极的自我评价。随着消极的自我暗示不断出现，白子通逐渐形成逃避现实、离群索居的孤僻性格。

为了帮助白子通真正感受到家庭的温暖和关爱，树立积极阳光的心态，融入集体，得到同学们的尊重和理解，拓展看待事物的角度和深度，重树健康、科学、积极向上的人生观和世界观，最终提升成绩，我采用了以下措施：

在整个过程中，共分三阶段进行：

第一阶段解决的是白子通的母亲对"成长陪伴"的认知，建立她对参与孩子成长关键期的重要性认识。母亲在看到孩子作文时心情非常沉重，先意识到了孩子对父母的感受，继而开始正视问题。在问题严重性的认识上，她一开始存在不足，我以亲子成长的典型案例给她分析父母在这一阶段陪伴的重要性，以及缺一不可的理念。同时，针对她总是一开口就批评孩子学习不好，我提醒她刚步入中学的学生的承受能力远不如成年人，批评时要注意场合和尺度，以激励为主，少用批评、责怪为妙。对白子通学习上的任何进步都要及时给予肯定和表扬，让孩子尝到成功的喜悦，这样才能克服孩子的厌学心理。

继而确定陪伴规则，每周至少通两次话，与其父协商好母亲和孩子每月一次的外出见面，2019年春节后克服困难来深圳，尽可能多地陪伴孩子，商定这一步花了两天时间。亲情的呼唤是无法替代的，最关键的问题是让白子通感到他还是受母亲牵挂和疼爱的孩子。除其母亲的具体落实，问题得到基本解决。

第二阶段是处理孩子的状态问题，在与白子通的交谈过程中，他大多数时候是面带微笑的，但这个笑不是发自内心的。因为，在说到家时，他显得很失落、很无助，笑得也很牵强。我给予他信任的目光，拍拍他的肩膀，他的眼神温柔下来，后来聊的过程中他哭了，因为他在我这里受到了应有的尊重和关心。在此后的日子里，我看到他时都会给予温暖的微笑，孩子的戒备渐渐放下，慢慢柔软下来。

其间，我与白子通的父亲进行电话沟通，父亲说他不爱玩，较深沉，老喜欢独自一人，言谈之中流露出一点失意。我与他谈了孩子在校的表现，还与他谈了青少年的心理特征，说明孩子渴望受到关爱。父亲说他不知道白子通有这些想法，可能是因为觉得是男孩不要紧，太不顾及他的感受，但保证以后一定提高对孩子的重视和陪伴。得到了父母的积极配合，我希望能尽可能地为孩子营造一个温馨的家庭氛围。

第三阶段是增加孩子的班级存在感与参与感，并获得自我价值的体现。这一步与前者同时进行。为了尽量排除白子通的孤僻心理，我给他安排了两项工作，即担任体育委员，负责每天下午阳光体育时段的带队和领操；同时担任数学课代表，白子通的数学学习属于稍有吃力，目的是让他找到学习动力。经过一周多的观察，白子通在工作完成上很认真负责，得到了数学老师的肯定和大家的认可，他已认识到自己是受同学们欢迎的，也开始与同学们打趣和参加课间活动。

其间出现过一次小插曲。一次课间，班上活泼的缪同学，下课铃响后主动走到白子通桌前，与他打趣间，言语略带玩笑的嘲讽，白子通较为敏感，身高高于缪同学半个头有余，当即上前一把掐住缪同学脖子，力量较大，使缪同学当场剧烈咳嗽，面色通红，呼吸困难。这件事在我不在教室期间发生，由其他同学向我反映，等我看到两位同学时已间隔两节课，缪同学脖子上仍能见到一些轻微的红肿，但两人向我表示已无多大问题，缪同学表明自己理亏在先，双方已互相诚恳道歉，达成和解，周围同学也表示，两人态度真诚，已无太大嫌隙。此事反映出白子通的情绪管理具有青春期的暴躁易怒的特点，在度的把握上还欠缺一些分寸，但孩子认识问题的态度积极良好，事后的道歉和反思诚恳，此事没有放大处理。

在帮助白子通的过程中，他会主动找我问问题，我经常在放学后和他在QQ上交流，感知他的近期状况。

三个星期后，白子通的学习状态明显好转。上课时会认真听讲，经常在QQ群里询问作业问题，周围同学对他的评价普遍良好。在第一个月的班干部民主投票选举中，白子通以绝对优势继续担任体育委员和数学课代表。

　　11月初的初一上学期期中考试，二十余所学校同一套考题联合考试，七门学科总分700分的测试，白子通总分463，数学65分，一跃成为班上第二十一名，完成了十个名次的突飞猛进。拿到分数条的那一刻，看到孩子微微动容的表情，看到他内心的欢喜和小雀跃压抑不住地被微笑小小地出卖了。

　　总结这一阶段，在帮助白子通进入学习状态的整个过程中，理性地通过行为分析对孩子有一个准确的认识是基础，老师与孩子建立良好的信任关系是第一步，也是最关键的一步。我一直试图平等地和他交朋友，利用他感兴趣的事，赢得他的信任和亲近。

　　学生在学习的过程中，接触最多的长辈就是老师，对学生的学习动机与学习态度产生最大影响的也是老师。因而我们应该意识到，他们在学生的学习过程中所起到的关键作用，努力调动起学生的学习积极性，给他们带来学习的动力。更为重要的是，要给予学生充分的积极关注，不仅要关心学生的学习，也要关心学生的生活和思想，学生人格的健全发展需要老师的积极引导。

　　其次，建立良好的家校沟通，帮助创造良好的家庭环境，鼓励家长对孩子的学习行为给予积极的关注，要注重与孩子进行心与心的交流，同时要注重自己的行为与态度对孩子的示范作用。当孩子没有取得预期的学习成绩时，要注意采用恰当的教育方式，不要强化孩子对自己的学习行为的消极归因。

　　最后，通过选择恰当的干预技术和方法，如认知疗法、合理情绪疗法等，改变孩子自身的认知和行为，转变其对学习的看法和态度，引导其对自己的学习行为做出正确的归因，通过分析自身的原因，从其自身的因素出发来提高自我管理和控制能力，提高学习效率。

　　白子通在他的学习生涯中迈出了小小的一步，背后倾注着家校的关注和重视，每个孩子的情况和面对的问题各不相同，期待初中生群体中的心理问题越来越少，出现问题能尽早、及时得到有效的解决。当然，这一希望的实现任重道远，我们不断试验，希望走得更稳更好。

# 青春次第花开

深圳明德实验学校　张　玥

世间一切花朵儿，都是依照一定的顺序，依次绽放，青春亦如此。

## 一、做对那道题的只有你

芳菲四月，徐徐春风，一树绿起，一树花开。

七年级三班是一个优秀的班级，每次测试，全班及格率近乎99%，剩下的那1%就是易同学。易同学个子较小，有一双清澈认真的眼睛，非常有礼貌，上课很安静，对班级事务属于默默付出型。但是他在学习上好像偏离了轨道，因此每次考试结果都在我的预料之中，我也从未责备过易同学。我始终相信好孩子不关乎成绩，成绩不好的孩子也有过人之处。

果不其然，有一次课代表和天乐同学帮我批改完练习册上第八课的选择题后，非常震惊地道：老师，全班只有易同学一个人选对了，牛。我听着他们俩的话语中更多的是难以置信，因为其他题易同学基本上都做错了，唯独那道题，他选对了，尽管我也知道他是蒙对的。后来课上讲到那道关于"一带一路"的练习题时，我对全班同学说这道题是这课最难的，全班除了易同学大家都做错了，此时全班掌声雷动。我试着鼓励易同学，引导着他给大家讲解此题，易同学欣然接受。我观察到易同学嘴角上扬，看到他那双清澈认真的眼睛里有了快乐、自信与希望。那一刻，我明白了教育的价值所在。

"做对那道题的只有他"，让我明白作为一个老师，应该学会去欣赏鼓励有学习障碍的后进生，鼓励孩子发现自己的能力，给孩子的成长注入力量，把接纳和欣赏每一个孩子作为自己必修的功课。

## 二、你快乐的样子，像五月的种子

五月，晴天会有闪电，雨天会有骄阳。

一如往常，第五节课应该是学生最艰难的时候，无奈七年级六班的道法课都是上午最后一节课。不过有六班的那几位"活泼"的学生在，课堂永不会失去活跃。

我一如既往地整顿了一下纪律便开始讲课，讲到"法律与道德等其他行为规范的区别"时，提问上课不怎么听的林同学，林同学支支吾吾地想要表达什么，却被上课更不怎么听的杨同学抢了个先。全班震惊地望向杨同学，我也惊喜地说道："哇，你回答得非常好，不过这样突兀地打断林同学回答问题不是很礼貌呀。"此时，杨同学很腼腆地咧着嘴笑。我看着杨同学，内心由惊喜变成了惊奇，很意外今天杨同学如此积极，我微笑着走向杨同学，他不好意思地想要合上书，却还是被我看见了书上密密麻麻的笔记，原来他借了隔壁班某个同学的书。我问道："你的书呢？上节课你也没有书，你不是去买了吗？"他不好意思地吞吞吐吐："我在××网上买的，还没送到。"我笑着说："这样啊，那你挺行的啊，还知道去借书！"杨同学坚定地说："老师，我保证下节课之前买到书。"看着他如此肯定，我点了点头……

就在那天下午，学部组织了第二届经典咏流传，林同学和杨同学都参与了节目。看着舞台上的他们褪去了课堂上的"无理取闹"，化身为为国而战的将军，那一瞬间，我觉得他们身上散发着耀眼的光。演出结束后，他们开心的样子，特别像五月的种子，充满生机。

林肯说"每一个人都喜欢人家的赞美"，这件事情让我明白，很多时候简单粗暴并不能解决问题，对于学生，我们需要静待花开。学生是多面的，我们要给予学生更多的宽容、尊重、激励，构建良好的师生关系，激起学生的学习兴趣，提高学生的学习信心，发展他们的爱好特长。

## 三、我的眼里满满都是你

六月，繁花似锦，绿荫如海。

七年级一班的同学时而灵动，时而躁动。课前五分钟几乎都是整顿纪律的时间，让大家沉静下来准备开始本堂课的学习。很多同学听着听着脸上就会浮现若有所思的神情，嘴巴也开始蠢蠢欲动，想要表达自己了。这时，我说举手回答问题，顺便摇晃了一下装满零食的袋子。场面可想而知，大家争先恐后地举手回答问题。当我示意大家安静下来做好笔记时，坐在第一排的郑同学笑嘻嘻地转向后面，不停地小声说着什么。看大家都在认真做笔记，我目不转睛看着他说道："郑某某，你在看哪里啊？"他扭过头来，微笑地看着我，故作坚定地说："老师你这么好看，我在看你啊！"全班大笑，我憣然说道："是吗？你确定在一直看我？我可一直目不转睛地看着你呀！瞧你这话说得我都不好意思批评你了，好像是我耽误了你做笔记一样。"郑同学羞涩低头、笑而不语，全班继续起哄，我静静地看着郑同学赶紧识趣地拿起笔做笔记，现在回忆里全是那一张张灿烂的笑脸。

　　苏格拉底说："在世界上，除了阳光、空气、水和微笑，我们还需要什么？"孩子就好像这个世界的一面镜子，你笑他就笑。他们的眼里有星辰大海，我的眼里满满的都是他们。我希望孩子们的青春不只是堆积如山的作业、宽大的校服和一场场考试，还有那欢声笑语的课堂和成长。德国哲学家雅斯贝尔斯说："教育就是一棵树摇动另一棵树，一朵云推动另一朵云，一个灵魂召唤另一个灵魂。"言传身教、以身作则便是教育的关键词，在教育的路上，我努力在做那棵树、那朵云、那个灵魂，在细枝末节处，用心关照每一个孩子。

　　每一颗被青春浇灌的种子，总会开花结果，惊艳岁月。

# 赏识教育对德育工作的意义

深圳明德实验学校 马 玲

老师们都有同样的感受,做老师难,做班主任更难,学期中途接任的班主任更是难上加难,肩负更多责任,承担太多期待。刚知道要接任七(5)班主任导师的时候,我的内心是极其忐忑的,这是个大挑战,担心自己能力有限,辜负学校和家长的重托,耽误孩子们的前途,荒废他们的学业。好在与学生接触之后,发现班级学生整体还算听话,但是很缺乏自信,也毫无斗志,孩子们给自己班级的定位是学习、纪律、卫生、体育活动等各项评比都是被虐的那个班。所以我想尽快让孩子们感受到被认可,带给班级一些踏实感和安全感,不让这个集体自我放弃。于是我开始了以赏识教育为主的班级管理,归纳起来有以下三个方法。

## 一、给班级营造被重视的氛围

开学前,鲍主任给了我一个好点子——熟记全班孩子的名字。对于一孕傻三年的我来说,真有点难。但要抓住孩子的心,这项工作必须完成。于是我在开学第一天第一节课,就开始不厌其烦地问,你叫啥名儿?有的孩子被问了三四遍,我这老脸都没处放了。在放学前,我终于能够准确无误地将33个名字和33张脸对上号儿了,当我把全班同学挨个儿叫一遍名字的时候,孩子们给了我热烈的掌声,我想这个掌声也意味着他们感受到了老师的重视和温暖。

刚开学那段时间,我想办法找他们的亮点,文静内敛的夸他是个安静的美男子,上蹿下跳的夸他是运动达人。主动为班级做事的,哪怕像挂两幅地图这样的小事,我也会在班会课郑重表扬。受到认可的孩子,内心绝对是开心的,在以后的学习活动中，也一定是乐观向上、积极参与的。

## 二、正面引导，激发潜在的优点

5班名声在外，听说连路队都是走不齐的。本学期第一次升国旗，我想着机会来了，便开始语言引导，把要求明确地告诉他们：两两对齐，保持安静，走出去的形象最能代表班风班貌，也是能让别人最快、最直接地了解我们的途径。果然，大家第一次抱着给人耳目一新的目的，很严格地按照我的要求和指示，完成了新学期第一次升国旗。结束之后，我很快把大家整齐的路队照片反馈给孩子们和家长，大力表扬我们做得跟其他班一样好，甚至更好，孩子们得到本学期第一次来自老师和父母的认可，终于也有了"咸鱼翻身"的勇气。于是，我趁热打铁，在下午第一次阳光跑操之前，提示说，我们做不到跑操最整齐，但是我们可以整队最早、最安静、最快啊。终于，"笨鸟先飞"的我们最早到达场地，我们的张玥导师飞奔到体育老师那里，说七（5）班到的最早！得到了体育老师的表扬之后，孩子们斗志满满，连续几天都提早到达场地，整好队伍。所以，孩子们不是不想做好，也不是做不好，可能只是不知道怎么做，需要老师去引导和激发。

## 三、创设活动让闪光点得以展示

从孩子父母那里得知，我们班有几个女孩唱歌特别好听。于是我就进行了一次歌曲接龙的活动，果然那几个平时成绩表现一般的孩子用丰富的曲库和完美的歌声赢得了全班的欢呼和掌声，也让这几个孩子狠刷了一波存在感。期中考前复习，我无意中听见班级"大学渣"居然知道世界最长的河流是尼罗河！第二天我在检查同学们背书的时候，特别提了这个问题，点了她的名字。全班同学都准备嘲笑她的，结果是一阵欢呼和掌声！接下来几天的复习，她起码会跟着大家慢慢学了，至于考试成绩，14分提高到33分，也算进步吧。每个孩子都有闪光点，哪怕"学渣"也有某一方面是过人之处，只是缺乏展示的平台，需要老师创造让大家认可他的机会。

心理学里有个词"罗森塔尔效应"，教育界叫"教师期望效应"。教师的鼓励、认可也是一份信任和期望，现在孩子们不再觉得自己的班级一无是处，对班级活动也有了信心和动力。后半个学期我也会注意管理策略的调整，没有适合所有的群体的万能模式，也没有能一直使用的一成不变的方法。无论是班级管理还是教学工作都需要我去不断革新，不懈努力，乘风破浪，迎难而上！

# 智慧数学的教与学

深圳明德实验学校　付鹤俊

时间飞逝，转眼间一年的教学工作即将结束了，通过一年的教学研究和教学实践，我对数学教学又有了新的认识。在一次数学课的课间，5班的陈楚仑同学跑过来问我：老师，老师，我们为什么要学数学啊？去超市买东西又不会用到数学，去游乐场玩也不会用到数学，去餐厅吃饭也不会用到数学……这引起了我的思考。其实，数学源于实践，又用于实践。离开了生活，数学就成了无源之水。因此，我认为，在数学教学活动中，教师应选择学生感兴趣的、熟悉的教学情境，激发学生的学习积极性，帮助他们自主探索和合作交流，帮助他们理解和掌握基本的数学知识与技能、数学思想和方法，获得广泛的数学活动经验。

## 一、教学应注重美感与学生的情感

我曾经在《数学课程标准解读》中看到这么一段话：作为学生的一般性发展的数学学习，应该更多地关注学生的情感因素。事实上，健康的、富有活力的学习活动，独立思考与合作交流的学习方式，自信以及相互尊重的学习氛围都非常有利于学生非智力因素与智力因素协调发展，有益于学生健康人格的形成。所以，教学中关注学生情感是非常重要的。特别是对于B层的孩子们来说，情感体验比背几个公式来得更重要。

情境创设的目的是激起全班学生的情感共鸣，通过小组比赛和表扬激励等方法，吸引学生的注意力，激发学生的学习兴趣，引导学生积极思考，发现题目特征，思考题目的解法和技巧。教育家赞可夫说："教学法一旦触及学生的情绪和意志领域，触及学生的精神需要，这种教学法就发挥高度有效的作用。"

## 二、数学教学中应该给予学生更多的鼓励，对S班的学生进行挫折教育

有这样一个故事：一位老教师到市场上买菜，遇到当年他教过的一个做小生意发财的学生。正在卖鸡蛋的学生热情地邀请老师去吃饭，老师说："做卖鸡蛋这样的工作，你不觉得难为情吗？"学生说："这和当年你教育我的情形相比，我觉得算不了什么。"这个故事讽刺了教师对待学困生的教育行为，是值得我们反思的。我们真的应该给学生更多的阳光，让他们不仅可以经受挫折，还能正常地沐浴灿烂的阳光，拥有健康的人格。从另一个层面看：学生得益最大的是老师的关照，他在无数次的挫折和打击面前变得坚强，而这种品质将使他终身受益。学习上一帆风顺的优生很少遭受挫折，所以才会因为一次周测的失利而痛苦，所以挫折教育是人生重要的一课。

## 三、尊重个体差异，面向全体学生

人人学有价值的数学，人人都能获得必需的数学。不同的人在数学上会得到不同的发展。这就要求教师及时了解和尊重学生的个体差异，承认差异，尊重学生在解决问题的过程中所表现出来的差别，不挖苦、不讥讽。相反，在问题情境的设置、教学过程的展开、练习的安排中，都要尽可能让全体学生主动参与，使学生能根据自己的实际情况做有能者有大作为，小能者有小作为的练习。如在B（1）班上课时，我时常会问"两宣一恒"关于公式的口诀和知识识记方面的问题，而对于成绩好一点的同学，我会让他们上讲台给同学们讲解一些比较复杂的题。

## 四、在课堂教学上突出精讲巧练，做到堂上批改辅导和及时反馈

学生的数学层次参差不齐，有针对性地辅导可提高学生学习的参与度，小

组讨论、新知识的交流等合作学习，今后还可适当增加。七年级的学生学习方法较单一，可加强学习方法的指导。

### 五、改变单纯以考试成绩高低评价学生的学习状况的手段，逐步实施多样化的评价形式

既关注学生对知识和技能的理解与掌握，又关注学生情感与态度的形成和发展；既关注学生的学习结果，又关注他们在学习过程中的变化与发展。在一次数学教研活动中，区教研员王建勋老师的话引起我的思考。王老师说：我们可不可以不要单纯以考试成绩来评价学生，能不能把平时课堂表现和作业表现等其他因素加入对学生的评价当中？是的，这样的做法，可以激励那些成绩较差的学生积极参与到课堂活动中来。在数学S（2）班，我开始以平时课堂表现分和周测分数加在一起来评价学生一周的表现。我惊奇地发现，平时上课很少举手上来讲题的陈泓正同学，也开始在课堂上活跃起来了。

# 做学生生命中的贵人

深圳明德实验学校　詹金娜

**佛**说：前世五百次的回眸，才换来今生的擦肩而过。短短今生一面遇，前世多少香火缘。我经常在想，作为教师，我们工作的对象是活生生的具有个性的生命，充满着生命的活力的学生，这是多少次前世的回眸才换得今生与这么多的学生日日相处？

青春期的学生群体，正处在成长的特殊阶段，人生观和价值观具有很强的可塑性，往往表现出一种强烈的自我色彩和主观愿望，而教师能够给予的知识是阶段性的，我们又该如何帮助他们呢？我们不经意地伸手相助，或许能让一个失意的孩子走出人生的低谷，或许能让一个迷途的孩子找到未来的方向。

## 一、弯下腰倾听，让心向阳

德国伟大的哲学家雅斯贝尔斯说："教育意味着一棵树摇动另一棵树，一朵云推动另一朵云，一个灵魂唤醒另一个灵魂。"学生是有自己思想与情感的独立个体。唯有推心置腹地沟通，才能知道学生真正想的是什么。王坤鹏是我接手初二班主任后班里一个蛮帅气的男生，但相貌与精神状态不太协调，特别是学习的状态。各科作业10次有9次不交，好不容易交上来一次，也一定是抄别人的，于是我找他聊天，以下是我和他的真实对话。

我："上课为什么不认真听？"

他："没意思。"

我："作业为什么不交？"

他："没意思。"

我："那跟好朋友一起玩呢？"

他："没意思。"

我："那你觉得什么有意思？"

他："没什么有意思的。"

我（想了一下，孩子们都喜欢玩游戏）："打电脑游戏呢？"

他："也没意思。"

我："玩赢了开心吗？有成就感吗？"

他："没感觉，顺便问一句，什么是成就感？"

我："简单地说，就是成功后的喜悦。"

他："哦，没有什么事情是值得开心的……"

我很不解，为什么一个十几岁的孩子会有这样一种看破红尘的心态，而没有青春的快乐？难道对他们来说，生命本身就真的是一种"无所谓"吗？我陷入了深深的沉思……他在班里基本没有朋友，也不愿意跟人沟通，完全活在自己的世界。我向他初一年级时的班主任了解他的情况，班主任直接说："他是个木讷子，说不出话。"

第二天，下课后所有的孩子在教室里打闹、疯跑，我无意中看到王坤鹏在讲台上忙活着，走近一看，他原来在擦讲台，讲台在他的清理之下闪闪发亮。我不禁走上前去表扬他："你擦的桌子这么干净，真的好亮啊，我自己都做不到这点，你看我的办公桌那么乱。你妈妈一定特别厉害，能把你教成这么爱劳动的好孩子，班里没有一个男生有你这么厉害，实在是太棒了，明天能不能帮我也擦一下桌子啊？"只是几句话，却把一个一米六五的男生说得脸都红了，但他还是接受了这个任务。

第二天，他果然如约把我的办公桌桌面擦得异常干净，我把之前拿出来的饼干给他，他憨憨地接受了，脸上有了一点点微笑。我趁机问他："平时家里是谁做的家务啊，爸爸还是妈妈？"他没有回答，一脸无奈与委屈。他不语，眼泪却在眼里打转，过了好久才说出他的情况。原来他爸爸常年在外工作，家里三个兄弟姐妹，妈妈是家庭主妇，却对孩子不管不顾，整日打麻将，打牌，连早餐都没有给孩子做过，家里一团乱，卫生都是他做的，他妈妈所谓的教育方法就是打骂，回到家他基本不与家人沟通，那个家没有温暖，只有杂乱与冰冷。我对王坤鹏的感觉也由之前的不解变为同情。知道情况后，我做早餐的时候，顺道给他也带了一份，他第一次拿到早餐的时候，一脸惊讶与不解，我告诉他今天早餐做多了，顺道给你带过来了。他一脸惊讶地看着我，我轻松地说了一句："赶紧去上课。"那天，我感觉他特别努力，尽管我知道，他听得很累，而且一知半解。第二天，第三天……我一样给他带早餐，他不再那么诧异，慢慢地也乐于跟我说话了。我趁热打铁，在班会课上，大肆表扬他的劳动能力与责任心，全班同学很惊讶地看着他。接下来的每一天，只要有机会就夸大的表扬他，终于他变得不再那么"没有意思"了，开始跟同学有沟通，开始有点自信了。而我的早餐多做就顺道多做了整整一个学期。付出总有回报，我惊喜地发现，他由10次作业9次不交，变成了10次作业9次交。也许是母亲的本性，他妈妈知道这个事情后，开始反思自己。多次的家校合作、一对一的家长会后，他妈妈开始有所改变，而王坤鹏也终于开始有一个正常的家。谁也没有想到，2年后王坤鹏竟然考上了重点高中。直至现在，每到节假日，我一定能如约接到他的祝福，了解他的近况。王坤鹏的转变让我再次坚定：蹲下身来，你会发现，孩子们有很多的闪光点，如爱打架的刘好，特别有爱心，还能写一手好字。平时沉默不语的钟飞，书读得多，写起作文行文流畅，还出了诗集。下课喜欢和同学打闹的李云，也会流着眼泪说"我妈妈好辛苦，我要努力学习。"

如果一个孩子心里没有爱，没有对爱与美好的向往，那一切都会如同一潭死水般"没有意思"。教育包含着憧憬，而且理所应当给学生以憧憬美好的动力。蹲下身来，当我们触及心灵深处那种美好，就感觉到自己又一次确定了自己应该当一个贵人，当一个学生成长过程中的贵人，我们多么希望学生内在的美好品质都被一一激发出来，以一种友爱光明的态度面对生活的一切。

## 二、抬起头严爱，让情感共鸣

记得有一天下午我在改作业，有个女生过来问我有没有一张A4纸，我头也没抬地说打印机旁边有。第二天上班，办公室的桌面上放了一张很精美的图片，上面画了一位女老师在上课，写了很多感谢老师的话，还署了那位女生的名字,瞬间一种愧疚的感觉侵占了我。如果昨天她过来问我要A4纸的时候,我的头能够在一堆的试卷中抬一下,也许此刻我就不会那么内疚。平时也许我们太忙了,忙得疏于情感的表达与交流,或者总以为获得学生的尊重与理解太自然了,忘记了学生也是有自己思想与情感的人,忘记了老师与学生之间的沟通,有时候真的不只是见面时的一声招呼,还有课后的种种沟通。

我反思自己对学生够好吗?

每次在我们怪那个错过的题目还错的时候,却很少用课后的时间反复考查学生这个错题;上课有些学生走神或者状态差的时候,首先想的不是原因而是看到了结果;作文写得不好的时候,自己又有几次一对一手把手地教?学生对老师的爱除了课堂上的尊重与爱戴外,能够真正产生共鸣的还是心与心的沟通,而不仅仅是见面时简单的一声"老师好"。

记得初一刚开学时,班上的李瑞同学可以说是"恶习满身":对任何人讲话都很冲,作业不交,经常很晚回家。家长拿他没办法,妈妈哭着向我求助。我也觉得无奈:怎么教育好他?几次找他谈话,都感觉不见效果。一次偶然的机会,我听他跟班上同学说自己最希望收到的生日礼物是一个皮卡丘的小卡车。我感觉搞笑极了,一个男生,喜欢这种小可爱的礼物。于是我在网上买了这个小礼物,在他生日那天,把这个礼物送给了他,没想到平时爱跟我顶嘴的他此时却无比震惊、无比感动,好半天才说:"谢谢您,老师!"更令我想不到的是,自那以后,他变了,上课讲话的次数明显减少,作业也能按时交,特别是不再顶撞老师,能够听得进老师的话了。

借此契机,只要有时间我就跟他沟通聊天。也许了解越多,信任越多,产生的情感共鸣也越多,他开始乐于跟我分享他的开心,告诉我他的朋友很多,哪个朋友有不好的行为习惯,喜欢在上厕所时看手机……抬起头,看看学生,原来最普通的学生都有这么多的优点。我在班里大肆表扬他的优点——领导能力强,并选他当我们班的体育委员。事实证明,越是"恶贯满盈"的人,一旦成为"好人"会比好人更好人,更说明教师要用自己爱去融化后进生冰冻的"心理防线",在师生间架起一道情感交流的桥梁,既能让学生感觉到爱,又要严格要求他们。爱是教育的生命,是心与心的沟通交流与情感的共鸣,是教育的催化剂、润滑剂和黏合剂。对待学生，我们要用真挚的爱心与耐心去耕耘学生的心灵，让他们感受到我们的爱，从而激发他们努力的决心，建立起能够学好的信心，帮助他们扬帆起航。

### 三、打开心扉，做引领学生成长的贵人

有一种缘分叫师生，有一种感情叫永恒。一生中，有很多人是你生命中的贵人，在学生人生成长的过程中，我们能够为学生做的，有时候仅仅是打开心扉，改变不好的，成就美好，提升自我、锻造成就自我。

小邱是我们班中最小的一个男生，性格腼腆，成绩不错，在班里跟其他孩子的关系也很好，大家都很喜欢他，父母也是彬彬有礼型的。直到有一次，班里的其他孩子投诉他，午休的时候他喜欢咬其他男孩子的下体。我感到诧异，一个这么腼腆、懂事、乖巧的男生竟然有这种癖好。我一个女老师，跟一个男生直接说这个问题，他肯定会很尴尬的，可是不沟通，这很可能就是一个安全隐患。于是，借助一个班会的时间，我邀请他去楼下散步。问他班里哪个男生最酷、最受人欢迎，跟他聊起班里最受欢迎的男生为什么最受欢迎，他说得头头是道，于是我反问："班里的其他同学喜欢你不？"他也很好奇别人对他的意见。我先肯定地告诉他，大家都非常喜欢他，例如他总是很乐于帮助别人，从来不挖苦别人，老师需要帮助时，他总是很积极地举手参与。只是有一个小小的问题，最近有男生说他有咬别人下体的癖好，他自己可能觉得没有什么，但其他人可能不喜欢，有些人还害怕，因为每个人的兴趣爱好不一样。他懵懵懂懂，行为一样反反复复，偶尔还是会出现一样的情况。小邱的父母也知道这个情况，说因为他从小不在父母的身边，估计是想通过特别的方式来取得安全感。

莎士比亚说："赞美是照在人心灵上的阳光，没有阳光，我们就不能生活。"在爱的基础上，适当地赞美学生，会增强一种和谐、温暖和美好的感情，以鼓励代替批评，以赞美来启迪学生潜在的动力，让学生自觉克服缺点、弥补不足，这种内化的动力远远比外在的强迫作用更加明显持久。它能够使学生怀着一种积极的心态，并以饱满的自信心参与到课堂的各项互动中来，用激

励的方式使其扬长避短。教育的过程曲折而反复，而很多意外的惊喜也会同时出现。我不断地给小邱鼓励，不断地强调他的各种优点，不能因为一点点的缺点而让别人只看到他不好的，而让这么多的优点全部消失。我跟他说每次想要去咬别人的时候，就写一封信给老师，说说自己内心的想法。第一个星期，基本天天一封信，记录了他内心的各种挣扎，一个月后，他写信的次数越来越少，而同学的投诉也越来越少了。这一个月推心置腹地沟通，严格地要求，让我更加理解了他，也让他对老师多了情感，这些情感反转投入到学习中的时候，不就是我们一直希望学生能进一步提升的学习成绩吗？细想，其实老师在这些问题出现的时候好像也没有多做很多，只不过是多了一些关爱、要求与鼓励，而结果却是与学生产生情感上的共鸣。对教师来说，这只是我们的工作，但如果我们处理得好，却能够让学生改变一生，能够成为学生成长路上的贵人，是多么的幸福！

我对教师的这个职业，感到无比神圣，因为能够陪伴这么多的孩子共同成长是多美幸福的事情！愿每一个孩子都被温柔以待，哪怕是来自老师的一句鼓励的话语，一个关切的眼神，甚至一个热情的拥抱。愿每个孩子都能遇到自己生命中的贵人，愿每一位老师都能成为学生生命中的贵人。

# 告诉孩子星星在哪里

深圳明德实验学校　杨金锋

**初**一开学不久，我就发现在班里上课时总有四五个孩子接话，而且一唱一和，此起彼伏，于是，课堂上出现很多和教学没有任何关系的内容，而且全班被这种浅层次的话题搞得哄堂大笑。并且，这四五个孩子沾沾自喜，其他孩子似乎还很享受。经过调查发现，这几个孩子不仅在语文课上如此，在其他课上亦如此。我也私下找这四五个孩子做工作、指出问题，但涛声依旧。很明显，这种习惯绝非一两年了。

从内心上讲，我很痛惜甚至同情这几个孩子，因为他们连最基本的底线教育都没有学会。不难想象，如果不做改变，未来是什么样子。其实，现在我们教育面临的对象智商越来越高，情商越来越低；分数越来越高，能力越来越低；物质越来越丰富，精神越来越空虚。一句话，这一代最缺乏的底线教育就是规则意识、敬畏之心、感恩情怀，这些如天上的星星，一旦失去就没有光明。而规则意识是底线，是这些星星中最亮的一个，更是不可或缺的。

我不能看着他们这样蔑视规则、践踏规则，一步一步走向深渊。为此，我首先约见班级家委反馈班级的课堂情况，在取得家长的支持后，便开始实施我的计划。

## 一、在明理中认识规则

我把语文课拿出来，以"有规则的自由"为课题上了一节班会课。在班会课上，从梁晓声在法国经历前车主动停下来让路给后车的事讲起，再到国内因不遵守规则在动物园被老虎咬死、因自己迟到大闹机场的女博士事件以及震惊国内外的重庆万州一女子因乘公交车坐过站与司机吵架打斗而葬送15条人命的事件，进而引出规则的内涵及作用，从传统的文化故事讲解中，希望同学们怀有一颗敬畏之心、仁爱之心、是非之心、羞恶之心，敬畏规则、守护规则。我讲得很庄重、很严肃，同学们听得很认真。

## 二、在仪式中敬畏规则

在同学们认识到规则的重要性后，我话锋一转，谈到了语文课堂存在没有规则意识的具体表现：①随意接话，旁逸斜出；②欺名盗世，越俎代庖；③幼稚言行，暂停课堂。而"欺名盗世、越俎代庖"的主要表现为假管理、伪鼓掌和肆起哄。每讲到一点，我都把那四五位同学扫视一遍，他们都显得不自然。最后，我让同学们提出解决的办法。很明显，学生没有任何准备，于是，我在PPT上提出自己的解决办法——以后凡是出现上述三种违反课堂纪律者，我们进行套餐式"奖赏"，以培养规则意识。

套餐A：阅读并推荐一篇不少于800字的美文并说明推荐理由（抄袭者不算），并且获得班级80%的认可算通过，否则一直重复，直至获得班级认可。

套餐B：5分钟之内背诵课外古诗词8首（之前学过的不算，部编教材有的不算）。

套餐C：写一篇关于扰乱课堂之后的反思稿，并在课堂上演讲，获得班级80%的认可算通过，否则一直重复，直至获得班级认可。

然后，我郑重地拿出自己打印好的《关于七年级六班维护课堂纪律的决议》让大家一一签名。令人感到意外的是，那四五位同学都选择同意，其他同学中一人不同意，一人弃权。我当场宣布，决议有效，从下节课开始实施。

## 三、在契约中维护规则

第二天上课不久，小翀就违反了昨天签的维护课堂的决议。下课后，我找他过来，问他怎么办，他表示愿意服从决议，选择套餐A。

周三的语文课一开始，我就来处理小翀昨天违反课堂纪律的事情。他给大家推荐林清玄的《心田上的百合花》。从U盘展示的东西看，小翀只是从网上把这篇文章复制下来，格式也没改，甚至根本就没有读，因为他读得结结巴巴，而且没有推荐理由。

待小翀推荐完文章，我再次展示套餐A的标准：推荐美文并有评语，而且班级80%的认可算通过。然后，我请同学们举手表决。班内共35人，只有12人举手同意，而且这12人还包括他的4个盟友。我当场宣布不通过，明天继续。小翀很沮丧，他的4个盟友也显得很失落。我再次申明，既然大家签名了，就要有契约精神，坚决执行决议。

下课后，我又找到小翀。他显得很无奈，一再表示他错了，请求给他机会。我说，既然是大家的决议，我们每个人都要遵守，这就是规则，没有商量的余地。然后引发他思考为什么这一次没有通过。他说自己没有准备好。"除此之外，还有其他原因吗？"我问。他说"别人针对他！""为什么？"……在我的一再追问下，小翀慢慢明白，其实很多同学对自己在课堂上的做法是很反感的。最后，我告诉他如何写推荐理由，并一再鼓励他要敢于面对自己的错误，更要改正错误。

小翀在再次给大家推荐美文之前，先给大家深深鞠上一躬，坦言自己过去的错误。然后给大家推荐丁立梅的散文《风会记住一朵花的香》。小翀读得很认真，很动情，分析很到位。最后表决，33人同意通过。

就这样，在这种契约的维护中，慢慢又让其他四位同学认识到规则的重要性，课堂的规则逐步建立起来。我知道，接下来还会有反复，但至少我们要让他们知道星星在哪里。

规则是底线，有规则才有自由，有自由才有人格，有人格才有未来。遵守规则，呵护人生中最亮的星星；守护规则，守护生活中最耀眼的星星。

# 成长的路上，有你有我

深圳明德实验学校　李丽敏

  A同学，我们班乃至小学部都赫赫有名的人物，跟同学、老师都多次发生激烈的矛盾，可以说从低年级一路打到高年级。经过这几年的教育，虽然打同学的情况有所减少，但始终不能与同学友好相处。学期初，A同学就总是嘲讽、讥笑同学，经常对同学做一些小动作，骂同学，以各种形式"欺负"同学；上课经常不拿书，不听课，有时还会离开座位、讲话，做各种小动作，影响课堂；午休不遵守午休纪律。

  老师过问时，他每次都"狡辩"，能把黑说成白，把责任都推给别人，揪住其他同学的一点错误不放，给自己的行为找借口，不承认错误。即使经过长时间的还原场景，讲道理，他也是表面认错，但心里并不服气，道歉后还是该怎样就怎样，连班里同学在接受道歉时都会说"道歉有什么用，他以后还是会这样"。

  跟父母沟通后，家长表面上说会跟他说，但他的行为还是没有任何改进。通过前几年跟他父母的沟通交流，也了解到他父母都把这些当成不值一提的小问题，觉得没有必要大动干戈去管理，基本上是放任的态度。

  本学期初，A同学基本上每天都会被投诉，我每天都要找他好几次，但是他的行为并没有明显的进步，照样我行我素。每天处理他的问题让我心力交瘁但又毫无效果，我也渐渐失去耐心，跟他的关系也有点紧张，他心情好时还会听我说，有脾气时，完全不理我说什么。对其他老师更不放在眼里，经常顶撞老师。

  在处理A同学的问题上，我自觉已经陷入了僵局。如何帮助班里同学？如何帮助他？以后如何处理他的问题？如何突破目前的僵局？我一直在思考，也一直在尝试。

## 一、悦纳

因为前几年一直在处理A同学的问题，我们互相都有一些偏见，他觉得我有点针对他，偏袒其他同学。我也有点怒其不争，在处理他跟同学的问题时，特别是在他狡辩时容易动怒。因此，学期初在处理他的问题时也感觉比较吃力，两人的沟通并不顺畅。基于此，我要改变的第一件事就是端正自己的态度，调整好自己的心态，尽量用宽容、平和的态度接纳他，当他犯错误时，告诉自己他只是一个需要帮助的孩子，我要竭尽所能地帮助他，尽量增加他对我的信任。平时也要多看到他的进步，多用发展的眼光看他的问题，尽量心平气和跟他交谈。

## 二、制造机会，多正面肯定、赞扬和鼓励

哲学家詹姆士说过，"人类本质中最殷切的要求是：渴望被肯定"。在教育中，肯定表现为对学生的赏识、赞扬和鼓励。如果你总是批评教育一个学生，他肯定会抗拒你、远离你，甚至仇视你。只有多肯定、表扬、鼓励学生，才能让他喜欢你、信任你，他才愿意听你的，你对他的教育才会有效果。因此，我很早就开始寻找和制造机会，让A同学尽量多参与教育教学活动，想在活动中多发现他的闪光点，多正面肯定和激励他，希望通过赏识教育慢慢改变他。因此，学校有活动时，只要他表达出想参加的意愿我就尽量让他参加，有一次学校征集早操管理员，他也报名参加，虽然学校强调要纪律意识强的学生，我还是推荐了他，一再跟他强调这个岗位的重要性，教他如何做好这项工作，但他只坚持了两天就不去了。班级管理中，我也多次尝试让他负责某一项工作，比如卫生、整理图书角等，他也是刚开始踌躇满志，但总是忘记去做，均以失败告终，老师想要肯定、表扬和鼓励他都找不到机会，我甚至想过赏识教育对他是不是也没用。

事实证明，只要不放弃，总会看到转机。在他又一次违反午休纪律，并且造成了非常不好的影响后，我花了大量的时间让他认识到错误，然后很平静地

问他，他自己想怎么解决这个问题，他说想不出，让我来说，我就抱着试一试的心态让他每天午餐后负责打扫卫生，并且每周给他两个明德币的工资，他同意了。第二天，吃过午饭我特意早点去教室，提醒他该打扫卫生了，并指导着他做，做完之后表扬他说话算数并且做得非常好。第三天，我也去教室提醒他并陪着他打扫，然后表扬他，跟他约定第四天打扫完，主动去办公室叫我来检查，第四天他真的主动来办公室叫我检查卫生。

一周后，我抱着试一试的心态，请他一起管午休纪律，并承诺如果能管好，每周给他5个明德币的工资，他也很爽快地同意了。午餐后，我在班里再次强调了午休纪律，然后公布从今天开始，由A同学管理午休纪律，同学们午休时有事要跟A同学申请。然后跟A同学说，如果有同学违反午休纪律要小声地、好好地提醒，不能因为管理跟同学发生冲突。第一天午休结束后，我先是偷偷问女同学午休纪律，同学们反映A同学在讲桌上边写作业边管午休，午休秩序也非常好。然后，我又问A同学今天午休纪律怎么样，有没有同学不遵守午休纪律，他说都挺好的，有不遵守纪律的，他提醒后都会遵守。我先表扬他做事负责，然后又跟他强调要好好提醒同学，不要与同学发生冲突，如果有同学不听，午休结束后要告诉我。

从那天起，就一直由A同学负责午餐卫生和午休纪律。后来有同学跟我反映他管理午休时吃水果，我提醒他后他也会马上改，每天问他午休纪律时，如果他反映哪位同学顶撞他，我也会马上找那位同学问清事情缘由，然后当着A同学的面告诉他，A同学在管理午休，如果不小心违反纪律要听A同学的提醒，树立A同学的权威。自A同学管理午休后，我再也没有因为午休纪律而频繁地去教室灭火，当然原来的午休纪律问题也多是A同学不遵守纪律引起的，现在他不但能自己遵守午休纪律，还能提醒其他同学。看到他如此大的进步，我一遇到机会就肯定他、表扬他，也主动向他父母表扬他午休的表现。校领导在过问A同学最近表现时，我也大力表扬他管理午休纪律认真负责，校领导也多次表扬他。

### 三、约法三章，制定规则

自让A同学管理午休纪律后，我与A同学的关系缓和了许多，在处理他其他纪律问题时，明显感觉更好沟通了。一方面，我还是尽量心平气和地跟他交流；另一方面，不时给他一些小零食，并请他帮我做些事情，比如发作业、找人等，尽量拉近与他的距离。

A同学虽然午休管理方面做得很好，但其他纪律问题仍然十分突出。我们关系缓和后，在一次处理他纪律问题时，我仍然让他自己想解决办法，他还是让我来说。我先表扬他在午休纪律管理方面的表现，表明相信他能处理好与同学的关系，然后顺势跟他提了三点要求：第一犯错后不能狡辩，做了什么就是什么，勇于承认错误；第二有同学招惹他，他要马上来办公室找我，我帮他处理；第三不能主动去招惹同学。并立字为证。我也知道A同学不能马上做到以上三点，但此后，他再违反纪律时跟他沟通起来效果好了很多，我也不断跟他强调男子汉要敢做敢当、说话算数。

经过一个学期的相处，虽然A同学还是小错不断，但大多是一些没有收桌面，没有提前做课前准备等小错误，在班级纪律和与同学相处等大的方面都有了很大的进步，最重要的是老师说什么他都愿意听、愿意配合，很少出现跟老师对着干、对老师的提醒置之不理的情况。

每个学生都是一朵含苞待放的蓓蕾，都有自己的"闪光点"。通过与A同学的相处，我深深认识到，正面肯定、鼓励和赞扬对学生的积极影响。好孩子都是夸出来的，平时要多挖掘学生的优点，大力表扬，没有优点，就制造机会多让他表现，找到与他沟通的密码，才能事半功倍。教育不是一蹴而就的，在与学生相处的过程中，学生问题也会多次反复，这需要教师花费更多的耐心和精力，所以，教师一定要调整好自己的心态，尽量心平气和地处理问题，多思考，多尝试，方法总比问题多，只要不放弃，总能看到转机。最后，教师在处理问题时一定要有原则，不能对学生一味宽容甚至纵容，要宽严相济，通过"宽"让他不排斥老师，愿意跟老师沟通，通过"严"给他树立规则意识，帮助他不断进步。

教育是慢的艺术，每个人的成长过程，都是点滴错误、点滴成绩、点滴感悟积累而至质变的过程。成长的路上，有你有我，只要我们一直在进步，慢一点又何妨？

# 春风起时何处拦

深圳明德实验学校　刘肖月

**立**夏已过去大半个月，北方的朋友已开始经受热浪洗礼，深圳的天气却依然不够火热，早上出门时清清凉凉，晚上散步时也清爽得很！有凉风，有明月，有啾啾鸟鸣，有婆娑疏影，这样的日子，当真惬意！倘若我们的教育生活也能如此，该是多幸福的事！难吗？其实我觉得不难，道理大抵和杜甫的"润物细无声"差不多。没有太多大道理可讲，像农夫一样，只要不错农时，用心耕耘，何愁见不到金黄麦浪，何愁遇不上融融春光？

**2018年11月5日　　多云　　好心情指数：**☆☆☆☆

因为明天要讲《少年闰土》，吃过晚饭我又打开了放在床头的《故乡》，看完已经很晚了，但我还是想把这次运动会的事儿记录一下。无论是近20年的求学历程，还是这短短的4年教学时光，我始终是有些慢热的，或者用现在一个很流行的词语来说，有点儿"佛系"，这种性格让我避开了很多琐事带来的压力，但有时也会觉得少了点儿什么。上周学校如期举行了运动会，这是一年一度的盛会，但我班的孩子们似乎提不起兴致，毕竟从一年级开始我们班的总积分几乎都是第四名，听起来这个名次似乎还可以，但我们年级只有四个班。几个男生课间在教室互相调侃，"能保住第四名就可以啦""我们就是去玩一玩"，但我知道这些嘻嘻哈哈的话其实在掩饰着些什么。对此，我准备开始行动了。

第一步——加大奖励筹码，顺便来碗鲜美"鸡汤"。于是班务时间我抱着我的海豚盒子进班了，孩子们都知道里面满满都是海豚币，十几分钟下来，跑步男团、跳绳女团已经在"眉来眼去"了，放学后他们仍没有散去，叽叽喳喳紧急商量着什么。第二步——做足"面子"。"咸蛋"同学一大早就在移动小黑板上写好了当天的赛程，标出了参赛小伙伴的学号和比赛时间，在班级大本营前一摆，倍儿有感觉，毕竟拿过省奖的字可不是盖的！另外，我觉得特别骄傲的是操场一水儿的蓝色帐篷，咱班的不一样，帐篷上挂着几个心灵手巧的小姑娘一针一线做好的"六（3）加油"字样。第三步——时刻保持疯跑状态。以前我大概是守在大本营的时候多，这次我满操场跑啊，提醒他系好鞋带，悄悄告诉她对手现在很紧张……广播里是茜同学写的热情稿件，跑道旁是比起跑线上的Kate还紧张的啦啦队，大本营处是守候在中途准备护航的小伙伴，空气中回荡着我喊破音的加油，终点处是给孩子拥抱的家长，这一幕幕，让人难以忘怀。

不知是因为这是我们小学阶段最后一次运动会，还是因为我的小心思起了作用，赛场上每一位同学都比以往更加拼尽全力。两天的比赛，值得记录的瞬间太多。阿宝发烧37.2度，依然坚持500米比赛，比赛中又被其他同学撞倒，忍着腿伤的痛冲刺，拿到第四名的好成绩，冲到终点时我一把抱住了他，坚强的男子汉泪流满面，老师心疼不已啊。直到比赛当天，我才得知最近筱每天晚上都自己练习1000米，第三名的好成绩都是用汗水在拼搏。Orlando今天四场比赛，第一场比赛拿了冠军，腰部受伤，上场前妈妈帮他冰敷喷药，带伤又拿到一金一银！Kevin下午接力赛也是带伤参加，赛前的紧张和压力没有打倒这些男子汉！最后50米，Orlando的冲刺赶超让在场的每一位家长、裁判看到了我们三班的拼搏精神和毅力！今年我们的奖牌比之前任何一年都要多，今年我们的总积分创历史新高，我们是第三名，而且和第二名只有12分的分差。虽然我们仍然不是冠军，但每一个参赛的孩子在我心里都是冠军！运动会结束的那天下午，我们一起在教室吃的鸡翅、喝的可乐大概是我吃过、喝过最美味的了，孩子们，爱你们！

**2019年4月24日    晴    好心情指数：**☆☆☆☆☆

小R长得胖胖的，每天都是一副笑呵呵的样子，我因此很长一段时间误认为他眼睛很小,其实还好。他上课的时候偶尔会出神,但作业完成得还算认真,唯一一项他一听到就要长吁短叹的作业就是作文了。每次我布置作文的时候,话音还没落,他饱含无奈的"啊啊啊"声就传过来了。他苦恼,我也苦恼,尤其到单元测试的时候,当别的同学开始奋笔疾书写作文的时候,他就开始放空、转笔、发呆,后来甚至发展成在试卷上吐槽作文、吐槽语文。看着那些包围着空白作文格子的抽象符号,我又生气又无力,毕竟已经六年级了。但让我不解的是他在课堂上很活跃,思考问题的角度也很独特,他不是思维能力不行呀!午休的时候他一动不动看书的样子也告诉我,他不是不爱阅读啊!怎么偏偏到作文这儿就不行了呢?

上次单元测后,我压住火气,把他叫到2栋和3栋的休闲连廊处,近一小时的促膝长谈后我发现了一个惊人的事实:他不写作文,是因为没有安全感。这句话看起来甚至像个病句,写作文怎么会和安全感有关呢?事实的确如此,他和作文就像一条河的两端,河床在地底下紧密相连,河两岸的稻谷和麦穗遥相呼应,但是,这条河暂时没有桥,他过不去。至于这座桥为何没建起来,说来话有点长,这里不再赘述。谈话之后我俩都轻轻松松地离开了,我是心里有数了,他可能是因为连廊的座位很舒服。这期间我们"相安无事",就像什么都没发生一样。当然,有意无意间我给了他许多支持,这支持中只有一小部分是关于写作的。期中考试很快来临了,监考老师不是我,考前我若无其事地走到教室唠叨了几句,然后走到他旁边,跟他说根据老师的经验,期中考试的作文一般都不难,老师很看好他之类的话,说完还拍了拍他的肩膀。考试结束了,我进班组织阅读,一向不太主动找老师说话的小R走过来跟我说他这次作文写完了,而且他写完的时候环顾了一下教室,还有很多同学没写完!他说这句话的时候眼睛里是有光的,声音是兴奋的,我当然更是高兴得很!马上把这个好消息告诉了他的妈妈,我知道,这座桥想要建起来,老师、家长、他自己,缺一不可。小R同学,老师期待你下次的A++作文。

2019年5月30日　　　晴雨无缝衔接　　　好心情指数:☆☆☆☆

今天我想记录两件小事,一件是语文课上我和Albert的短暂对话,一件是下午发生在办公室的一段无意聊天。

今天语文课的任务是以"我想感谢您"为主题，讲述自己前两周参加的毕业课程之感恩职业体验的故事。孩子们很快进入状态，课堂上常常有点儿坐不住的Albert也在认真地写，我走到他旁边轻声问他"你这篇是要写给谁的呀"，他说是要写给在后门值守的那个个子高高的安保叔叔，"在后门值守""个子高高的"，他居然加了两个修饰词，我有点儿好奇，为什么他的感恩范畴这么精细，我追问，他说："因为这个安保叔叔很细心地帮我喷了防蚊液，我觉得他很善良，我很喜欢他。"他说出这句话的时候，我的心瞬间被击中了，孩子的世界真的比我们想象得纯粹太多。另外，羡慕Albert能敏锐地感到身边的细微幸福，我觉得这是一种不可多得的超能力，愿你我都能拥有。

上午三节语文课连堂，作业拖到了下午才改完。J上完了公开课，Judy和Sunny在认真评课，不知怎的就提到了公开课备课的事情。我和Sunny隔着不高的书柜在回忆这几年一起备课的时光。我是语文老师，她是英语老师，但我们常常晚上一起备课，讨论到深夜十一二点都是常有的事。备《祖父的园子》的时候，我跟她讲萧红的《呼兰河传》，备《天蓝色的彼岸》，我们跟对方分享对待死亡的态度；她准备全英文的课堂依然挡不住我们的讨论热情，我会去看她的英文绘本，她会跟我讲她卡住的某一个点，灵感迸发时音调不自觉提高，几乎无法熬夜的我，在每次一起备课的时候都毫无睡意，甚至越聊越兴奋，这种加班，我俩都心甘情愿，乐在其中。我见她凌晨还在做教具的样子，她知道我为了备一节课看了哪几本书。开始这个话题的时候，我俩隔着书柜，聊着聊着两人兴奋地站起来对视了一下，确认过眼神，我们是最佳拍档，故事未完待续。

谢谢我的故事里，有你。

春风起时，无须拦。

## 让尘埃在爱的阳光中闪亮

深圳明德实验学校 伊璐莎

**她，**静静地坐在教室的一角，沐浴在阳光下，像朵刚刚苏醒的睡莲，又好似苏东坡笔下那"淡妆浓抹总相宜"的西湖，美好安静的她与喧闹的课间形成了鲜明的对比。

依稀记得，她五年级时躲在厕所间痛哭流涕、拒绝沟通、大声咆哮的样子，让人不敢接近，又不好劝慰，活生生一只浑身带刺的刺猬。

"F，出来吧，厕所里空气不好。""F，不要哭了，同学们都很担心你。""F，别难过，我们已经告诉了伊老师。"……一声声真诚的关心都被挡在了门外，她只是安静地哭泣，不愿意走出那个狭小的空间，更不愿意敞开自己的心扉。同学们看到我急匆匆地来了，都围过来说着她的疯狂表现……

我知道，她又失控了。

收拾好备课本，调整好心情，我快步走向厕所。

"F，我是伊老师。你怎么了？乖，不开心吗？和我聊一聊好吗？""你走吧，伊老师，我平静一会儿就好了！""F，我知道今天的事情你一定很难过，看到你躲在这里哭，伊老师很担心你，也替你难受。如果你相信我的话，我一定帮你解决问题。我们出去聊聊天好吗？"

在我的感情攻势下，F犹豫了一会儿，打开门，走了出来。脸上还挂着泪滴，眼睛已经哭得红肿。我顺势给了她一个拥抱："傻孩子，为什么那么傻？"

搂着她来到四栋的连廊，我们面对面坐着。从她一边抽泣一边断断续续的话语中，我知道了她和同学之间的矛盾。同学因为她在午休时间说话、下位，记了她的名字，F据理力争，说明情况，也无法改变被记录的事实，一气之下，她和那位同学发生了争吵和冲撞，自己也气得跑到了厕所。

听了具体情况后，我想，此时和她分析谁对谁错，告诉她处理问题的方法，或许会再次刺激到她敏感又脆弱的神经。不如先和她聊聊天，拉拉家常，既能转移注意力，又能慢慢走进她的内心，慢慢了解她，之后再慢慢开导她。

原来她每个周末都有很多课外补习班要上：主持、唱歌、英语……

原来她来自单亲家庭，妈妈是个女强人，一直忙于事业，无暇顾及她的学习和生活，对于情感的沟通，两人更是零交流。

原来在她坚强的外表下，心灵却如此敏感、脆弱。

原来她口口声声说着不在乎、不喜欢妈妈，心中却需要她的爱和拥抱。

我一边听她发泄着心中的不快，一边思索着：这样的一个孩子，心中缺失的爱，需要怎样弥补呢？怎样在不挫伤她自尊的前提下，给予她更多的关注和爱呢？面对F的问题，我想：帮助她和妈妈修复关系，搭建一座沟通、理解、关爱的桥梁，是化解她的心结的关键。

我通过面谈、微信和电话与她妈妈进行了几次有效的沟通，她妈妈认识到了自己的问题，由于忙于事业，对孩子的关爱和交流极度缺失，使得孩子长期处在缺爱的环境中，形成了敏感、自尊、叛逆的性格，对于孩子青春期的成长、交友和处理问题方面造成了很大的影响。她妈妈意识到了问题的严重性，请求我的帮助。我真诚地提出了几点要求和建议，希望她回归家庭，每天和孩子有语言的交流，有情感的沟通和身体的接触，孩子需要妈妈的陪伴和理解。她妈妈听后，惭愧地笑了笑：确实很久没有和孩子如此亲密地相处了。

作为一位老师，一位母亲，看到孩子因为得不到父母的关爱而出现种种问题时，我很难过。为家长的不负责任着急生气，为孩子缺乏关爱造成性格变化而担心，也为能及时发现问题并进行调解而略感欣慰。还好，这位妈妈采纳了我的建议，一直保持着与孩子的良好沟通。

令人欣喜的事情接二连三地发生：她脸上的笑容越来越多了，和同学相处也日渐和谐友善了许多。此时，及时反馈和沟通更如一种催化剂，暖了心灵，润了眼眶。

经过一年多的坚持与爱的滋养,现在的F让人眼前一亮:

她笔下的苏东坡如"人间有味是清欢"一般潇洒;

她眼中的同学各个都充满阳光与活力;

在同学哭泣时,她真诚地给予拥抱和安慰;在同学失落时,她时时陪伴、鼓励,直到同学破涕为笑……

课堂上,她的发言金句频出;作业中,她的书写与文采俱佳;辩论赛场上,她引经据典、口若悬河……

点点滴滴的变化,汇成一股暖流,阳光般滋润着她。

苏霍姆林斯基说过:当学生发现你是在教育他的时候,你的教育是苍白的。正如齐白石作画"妙在似与不似之间",教育的至境正在教与不教之间。

她,又静静地坐在教室的一角,沐浴在阳光下,如一只画眉,抖动着翅膀,转动着灵巧的小头,显出十分得意而陶醉的样子。

# 我是你的"护林员"

深圳明德实验学校　何盛艇

有人说班主任就是一名消防员，不是在救火就是在去救火的路上。而一个班上的各项事情就好比这火苗，此消彼长。而这些火源绝大部分来自班上调皮的孩子。

大家对于"问题学生"的态度总是不一的，身为班主任的我倒是觉得帮助这样的孩子找到自己的目标，真确落实自己的理想是一件非常有意义的事情，还会收获不少的惊喜。

**镜头一：看似"学霸"，实为"学渣"**

"移动图书馆"，我想这么称呼我们的主人公小刘同学。记得在二年级他刚入学不久的时候，他在课堂上为大家普及各种知识。无论是宇宙起源还是圣诞节习俗，不管是第四季冰川还是苏联的卫国战争，似乎没有他不知道的知识，他每次为大家详细讲解之后，总能赢来许多羡慕的眼光。我还真相信了他的阅读面很广、阅读量很大、记忆力也很强。刘同学让我看到了一个"学霸"诞生的惊喜，只可惜在转入班级后的几个星期里，这样的惊喜立马变成了惊吓……知识面宽广的刘同学，完成一个作业竟然要磨蹭到晚上11点，经过家访才得知，小家伙竟然是为了完成英语作业。不交英语作业、迟交英语作业基本成了刘同学的专属标签，呆呆的刘同学也成了同学们眼中的"学渣"了。可能那个博学的刘同学只是昙花一现吧，对他而言只能是勤能补拙了。

**镜头二："学渣"的爱好让全班女生"闻风丧胆"**

四年级的孩子最喜欢去探索未知的事物。"明德法布尔"是我们二班给刘同学的专属称号。他对小动物的痴迷已经人尽皆知，明德为数不多的小动物应该都和他"交过手"了。刘同学对它们有时充满好奇,想要去探个究竟,同时对它们充满喜爱,制造出"舒适的小窝"供它们休息。刘同学的爱好"特别",有时候有的小动物会吓到班里的女孩子。而且刘同学和小动物一样:似乎不喜欢听课……

**镜头三:朴实的理想**

在一次班级春游中发生了一件趣事,彻底改变了我对刘同学的看法和一些做法。调皮的刘同学在露营的时候逮住了一只二十多厘米长的蜥蜴,入夜之后带着几个小伙伴开始"训练"他的新宠物。正轮到我巡查,平日里我接触这种爬行类生物还是很少的,只能问他,"有毒吗?"只见他非常自信地说这个蜥蜴是没毒的,还把界、门、纲、目、科、属、种近乎所有有关这只蜥蜴的信息全部告诉我。此时的他像一个老师、一位研究员。他眼中流露出的那种热爱深深打动我了。我又追问了一句:"刚才查的?""不,我前几年看的。"他不经意的回答震撼了我,此时我非常确定这个小家伙还真不是"学渣",他只是还没有被唤醒。

春游回来后我跟他回家家访,路上我问他有没有理想。他倒是非常果断地就回答了我的问题:"护林员。"我跟他开玩笑:"整天看林子吗?"小家伙也是无话不说,开始给我解释护林员是在山林里研究动植物的。我趁热打铁地告诉他要成为这样的护林员一定要非常博学,尤其是基础学科一定要非常优秀。同时也邀请他每天下午留下来,让我来帮他改改一些坏习惯。

**镜头四:"学渣"即将蜕变成"学霸"**

一晃,几个月过去了,他每天跟着我晚上7点30分才离开学校。作业问题得到了不少的改善,至少现在他不再厌烦学习了,每天作业基本在学校就完成了。但这也是一个过程:从一开始只能完成数学,到能完成数学、语文,最后各科都能完成,小伙子的心态也跟着一起成长了。

记得一次晚自习,当天留下了好几个调皮小男生,正好我也去开会了,留下了晚餐给几个小朋友。结果等我回到教室的时候,几个小男生玩在一起了,但其中却没有刘同学的身影。我当时就觉得这是一件多么不可思议的事情,向来不自觉的他竟然没有跟着其他小朋友去聊天。更让我吃惊的是他后来的那一句话，"你们几个别说话了，何老师在这里给我们上课还不收钱，关键是还要自费管我们的晚餐，不要再调皮了！"其他几个小男生沉默了，看得出来有些不自在，更多的是惭愧和自责。

还有一个月就要毕业了，刘同学的习惯改变了许多，他的数学成绩也渐渐有了起色，还开始每天主动完成一些课外作业，也开始主动阅读，如读《墨菲定律》。

我跟他的故事还有很多，时间长了，才发现原来师生之间将心比心可以收获一份真挚的情谊。希望在他去守护他的那片树林之前，我们老师也能够帮孩子守住他心里的那一片"树林"！

# 小 胖

深圳明德实验学校　韩　睿

**春**去秋来，转眼从事教学工作已有六个春秋了。在我的教学工作中，可能因为教副科，接触的年级、班级实在太多，铺的面太广，基本每个孩子都能接触到，但是我一般会最快关注到两种学生：一是特别优秀懂事的，二是行为习惯极其不好的。

记得五年前有个男孩胖胖的，平时十分可爱，可以很好地和老师们交流，就是行为习惯不太好，自己完全没有一个标准概念，我行我素。例如，上课想讲话就讲话，不拘小节，老师或同学无论谁纠正或者告知他的行为言语不好，他就会马上摆出要和你"战斗"的架势，情绪来得快退得慢。很快这个胖小就进入了我的视线。刚上小学一年级就被挂上了"问题小孩"的烙印。

2014年，他三年级时来到我的乐团报名学习低音号，见到他时我看到了他身上的优点，不发脾气时他也是个非常懂事有礼貌的小男孩。我看出他很喜欢音乐，对音乐很有激情，所以他很顺利地通过面试，成为我的乐团团员。

我的印象里，第一年没少批评他，他还不能很好地遵守乐团的纪律，因为他习惯了我行我素、不拘小节，老师说他几句他就会发脾气，总是振振有词地和老师辩解。我发现就像前面所说的，只要你不去"惹怒"他，他身上还是有闪光点的，他练号时是很认真、很专注的，还会变得很随和、很有礼貌。

第二年他四年级，开始文化课经常不按时完成作业，老师们也经常约见他家长，他妈妈到我这里来，说他总和老师们发脾气、不听话、学习成绩下降，就不学习管乐了。我感觉到他很喜欢音乐，在乐团学得很认真，不学习管乐很可惜。和他相处的一年里，他慢慢地变得非常听我的话，不会对我发脾气，而且我说什么就是什么，他都能很好地遵守并完成。我把这些告诉了他妈妈，他妈妈说她也感觉到了，他每天就是喜欢来我这里，非常听我的话。于是我和家长想出来一个办法来制约他，如果不完成作业、上课不认真、学习成绩没有进步、再和其他老师发脾气，就不可以来学管乐，我就会开除他。起初，我这样做了几次，没写完作业我都没让他上我的课。别说，这招真的见效了，这一年里老师找他谈话次数变少了，他发脾气次数少了，学习成绩有进步了，作业基本都能按时完成了，每次到我教室上课的同学中他总是前几个。

第三年他五年级，明显地，在学校里再也找不到那个当时脾气很大、随便讲说、不拘小节的小胖了。他跟任何老师说话都是彬彬有礼，每件事情都非常积极地完成。五年级第一学期期末他妈妈给我发信息，告诉我他这学期学习成绩全部都是A，我替他感到高兴。更惊喜的是他在第二学期里应聘了学校的大队委，这些都是他点点滴滴的改变。

我想他今天的表现和成绩可能源自他的兴趣，源自他对音乐、对管乐的热爱，不想离开乐团，迫使自己把其他事情做好，认真学习各科知识，从而一点一点地变化，把三年前身上的"烙印"换成了三道杠！可见，孩子的潜能是无限的，每个孩子都有他可挖掘的潜力，我们应该去激发他，让他自然地成长！加油！小胖！

## 亦师亦友，叹回首，赋别离

深圳明德实验学校　卢　婷

**亲**爱的佳琪：

虽然你改了名字，但还是习惯叫你佳琪，因为从我接手你们班英语时就喊习惯了。前几天收到了你给我的毕业信，没敢当着你的面读，偷偷带回家，小心翼翼地读完。毕业是我一直不太想面对的话题，前两天，被刘老师和伊老师拉着商量毕业课程事宜，一听到你们即将拿着书包挥手告别的时候，我又不争气的眼泪一直打转。当我读完这封信时，我才突然感觉到，哦！我们真的要离别了。

离别意味着什么？对我来说意味着那些幸福时光一去不复返。

早上，再也不会有人在办公室里向我汇报谁谁谁没有交作业了。

上课时，再也不能重现我们之间的默契配合了。我一说发作业，你和Maggie就跑过来把作业接过去了；电脑一出问题，你马上就跑来帮忙，虽然总以重启解决；课堂学习纸忘记拿，一个眼神你就冲到楼下办公室去了。

午餐时，再也没有人溜来告诉我今天谁带了拌饭酱了；也不会有人吃完饭在六（4）班外溜达，等着我说作业，等着我说需要帮忙下发什么作业。

放学后，再也没有人趁着打完电话的空当和我聊天，帮我收拾桌面，帮我去文印室拿资料了。

相处4年，你慢慢长高长大，现在个头已经比我高出好多，也常常在背后和同学们取笑我的身高，哈，别以为我不知道。玩笑归玩笑，我发现你越长大越懂事，我居然有点依赖你和诗楠啦！哈哈，能有人依赖，这是件多么幸福的事。下课后我常常会询问你有关这堂课的感受，你的分享总会让我豁然开朗，拨云见日。我只要一点，你便能理解我要表达的是什么。对于Jigsaw reading，你持有自己独到的见解，在你的一日小老师课堂，还将自己对于拼图式阅读的理解付诸实践，上得很成功！从备课、上课到课后，我们默契十足，俨然已是相处了几年的好朋友。师生如此，夫复何求？

但是回想起刚教你的时候，我们的关系可谓有点"剑拔弩张"。那时，你们三年级，纯真浪漫；而我，刚毕业，血气方刚。我们就这样硬碰硬干上了，擦出了不少火花。上第一节课，我做了充足准备。可当我踏进教室那一刻，心跳止不住地加快，声音也跟着颤抖。还好你配合着积极回答问题，第一印象，你就是那个别人眼中的"好孩子"。可是有一次上课开小差被我批评提醒，你很不屑，甚至还翻了一下白眼。我气不打一处来，这就是别人所谓的好学生吗？自那时起，我更加关注你的课堂表现。如果因为被点名丢脸就可以随心所欲地释放负面情绪，这不是最好的教育。只要你课堂松懈了，下课就会被我请去"喝茶"。把你叫到办公室后，我会埋头做事，故意不理你，觉得也该杀杀你的锐气了。随后再让你自己解释清楚。记得有一次，你大退步，只考了93分，我对你"归案捉拿"。你很不解：93分为什么要去办公室！因为，在我眼中，你有能力冲刺100分，而不是在90分边缘徘徊还沾沾自喜。我帮你仔细分析了卷面失分原因，并附赠了抄写单词50遍的"大礼包"。再后来，你的英语成绩直线上升。渐渐地，你明白，课堂上不是要小聪明的地方，是一个充满敬畏和需要脚踏实地的地方。高要求才能换来好结果，不负所望，你的英语成绩一直稳步提高。

当然，恩威并施才是最后的出路。下课后我会释放天性，和你们玩在一起，问问班里的小八卦。也常常叫你去文印室拿资料，还美其名曰：锻炼身体，运动减肥。当然，只要你拿出了零食，自然是逃不出我的"魔爪"。

我们在教学互动中加深对彼此的理解，配音比赛让你对英语学习更加自信。五年级时我们参加福田区配音比赛。为了演出《寻梦环游记》里的伊梅尔达一角，完全没有舞蹈基础的你下定决心，苦练舞蹈，还反复练习西班牙歌曲。比赛当天你没有因为话筒失误而乱了阵脚，临危不乱，急中生智，交了一份完美的答卷。我始终相信，经历的就是最好的。

佳琪，马上要毕业了，想要叮嘱你的还有很多。记得有一次你跑来和我讨论一个辩题：家长是否应该替孩子报各种学习班、兴趣班？我几乎毫不犹豫地告诉你：应该！工作几年后的我深刻体会到社会竞争有多激烈。而将来，等你们走上工作岗位的时候，竞争压力只会更大，不会减小。我希望你用功读书，多学一些才艺技能，多参加各类比赛，利用所有机会提升自己。你若问我分数到底重不重要，经历小升初报考的你怕是感受到了每一分的重要性。分数不是所有，但是从每科的学习中，你能获得的不只有分数，更重要的是学习能力和思维方式。英语学习更是如此，它不只是一门语言。上了初高中，你会接触更加系统的语法学习和阅读提升，但这并不是全部，请记得多做泛听、泛读，广泛涉猎，走出国门，去感受西方文化。将来，希望你和好友畅谈塞纳河畔的浪漫，罗马众神的历史，西部牛仔的不羁。愿你拥有一双世界眼，一颗中国心。

　　我虽然没有孩子，但教书几年，我越来越有一种"老母亲"的心态。我慢慢体会到了：不是孩子离不开我，而是我离不开孩子。我慢慢地、慢慢地了解到，所谓教师学生一场，只不过意味着，你和他的缘分就是用几年老去的时光换他/她长高长大，陪着他/她在远行的行囊中不断往里放累积的人生。你站立在小路的这一端，看着他逐渐走向人生的十字路口，心里默念：请高飞，勿留恋。

　　祝毕业快乐！

爱你的Sunny<br>2019年5月27号

# 投射作用的影响

深圳明德实验学校　林晓璇

美国有一则寓言是这么说的：在一间漂亮的、四面都是落地玻璃窗的大房子外面有一只小鸟，它很想进到屋子里。每天它都锲而不舍地往玻璃窗上撞，可一直没有成功，每次撞完之后，这只可怜的小鸟都会重重地跌落到窗台上。其实，旁边明明就有一扇开着的窗户，可小鸟总是闭着眼往玻璃上撞，完全没有发现那敞开的窗口。路人看见小鸟笨拙的行为，都嘲笑地说："你看，那只笨鸟，难道它不知道旁边就开着扇窗吗？它怎么能这么笨呢！"有一天，有位老先生拿着望远镜出门，无意间把望远镜的镜头对准了小鸟。当他从望远镜里仔细地观察了那只小鸟的行为之后，才愕然发现，原来那只每天闭着眼撞玻璃窗的愚笨小鸟，其实并不是想进屋子里去，而是在快乐地啄食黏附在玻璃窗上的小昆虫，并且满足地躺在窗台上享受美食呢！这就是心理学上所说的"投射作用"，指的是日常生活中我们在不知不觉的情况下最常表现出的心理机制。在心理学上，是指个人将自己的思想、态度、愿望、情绪等个性特征，不自觉地投映于外界事物或他人身上，进而造成认知上的影响。

生活中，我们是否也经常遇到这样的情况，"我知道他很聪明，但他就是不好好学！""我知道他有兴趣，但就是故意和我作对！""我是他妈妈，我难道不知道他喜欢什么吗？"每个母亲都希望自己的孩子成龙成凤，但问题是，父母自己心目中的龙凤，是不是也正是孩子心目中希望成为的龙凤呢？

同样的，作为教师，在教学中，是否也会出现"投射心理"，理所当然地认为孩子就是这样？当我们认为了解自己的孩子时，我们是真了解，还是在投射心理的作用下自以为了解呢？

　　想起曾经教过的一个小朋友，他很喜欢玩乐高机器人。有一次他在课堂上玩乐高时被我没收了，之后被我放在了办公桌上，有一次，小孩刚好进办公室看到了，说："老师，这是我的乐高机器人耶。"我说："是啊，可能要到期末再还给你了。"他在我面前表示出了这是他最喜欢的乐高玩具，对于我期末是否会还回去表示怀疑。结果第二天我办公桌上的乐高玩具竟然不翼而飞了，我没有动过，其他老师也表示没看到过，而我想当然地就认为是他偷拿的，所以当我问孩子是否来办公室拿过老师的乐高时，他说没有，当我反复试探时，他仍说没有。对这件事的处理我是很矛盾的，一方面，我觉得是孩子拿的，因为他知道东西放在哪，那天他也确实去过办公室，而且这是他最喜欢的东西，当不肯定老师是否会还给他时，他很可能采取这种方式，但是当孩子说不是时，我又犹豫了，因为我不能想当然，若是误解了孩子，那自己伤害的可是一颗幼小的心灵，那么我们之间的信任也将就此瓦解；另一方面我又怕真的是他所为，而且欺骗老师，这种行为不教育的话，会让孩子"错上加错"，养成不好的习惯。最后我怕自己因投射作用而误解孩子，选择了沉默。或许行为的养成不是能一蹴而就，可在不同的场景下给予教导，但是伤害孩子的心灵将是很难弥补的。

　　因投射作用而产生"误解"的例子有很多。例如，有一次，在美国一档脱口秀节目中，主持人林克莱特采访了一个小男孩。他问："你长大以后想做什么呢？"小男孩不假思索地回答："我要当飞行员。"林克莱特为了考验这个小男孩的反应速度，也为了增加节目效果，接着问："如果有一天，你的飞机飞到大海的上空时，突然所有的引擎都熄火了，那个时候你会怎么办呢？"小男孩想了想说："我会告诉飞机上的所有人都要系好安全带，然后我会背上我的降落伞跳出去。"小男孩说完之后，观众席上立刻嗡嗡地响起了不同的声音，有的人被他的童言童语逗得哈哈大笑，有的人为他的胆小自私摇头叹息。但在这些声音稍稍平息下来之后，观众却突然看见小男孩噙着眼泪继续说："因为我要赶快跳下去拿燃料！"

　　教学中，我们一定要避免"投射心理"的影响，要真正地走近孩子，和孩子交流，了解孩子，而不是因为刻板印象去想当然，说出或者做出一些不理解孩子、伤害孩子的行为，不要让这种"误解"在孩子内心扎根，让孩子失去对你的分享和信任。每个孩子都是独立的个体，他们有自己的想法，我们要学会尊重他们，了解他们，发现他们，这才是真正地爱孩子。

## 爹与子

深圳明德实验学校　宋慧俊

"**爹**！"嘉宇这小子服了我，倔强的羽毛球高手，自以为个性成熟的幼稚小子，虽然成绩不差却口无遮拦的头疼家伙，在体校训练的筋骨强健却输不起的爱哭鬼，终于，服软了。他叫我"老爹"，他自己说他还有个"爸"，为了区分，所以叫我"爹"。我知道，教育的契机来了，我得抓住，改变一个孩子的因素太多、太复杂，但这个我得试试。我征得了他父母的同意，那咱们就修一修这段"父与子"的缘分吧！

"亲其师，信其道！"我们的师生关系，从他每每犯错后用一些自以为头头是道的歪理跟我解释，从对他严厉批评之后他的貌恭心不服，转化为可以玩笑的"父子"关系。从这一刻始，我可以把他拉在怀里揉搓他新剃的、毛茸新鲜的脑袋；当他犯错的时候，我当众批他，无须顾忌他那"面子"上的难堪；从这一刻起，他得做众人的表率，做不到时得接受加倍的惩罚。然后还要被我打趣，给我当"儿子"可不容易，以后你想投诉都无门，别人还可以投诉体罚，你只能算"家暴"啦。同学们哄堂大笑，他就故作一副肠子都悔青了的表情。

拉近了距离，也提高了标准。他开始跟我分享他爱看的书，分享他长大后的愿望是当一名外科医生。当讲到《童年的发现》这一课时，课文里涉及胚胎发育的规律，我就请未来谢医生给大家科普一下，他一脸得意又严谨，一改往日顽劣的模样。他爸妈出差，晚上都不在家的时候，他就发视频来，让我检查他的作业完成情况，跟我秀他的肱二头肌，分享他外出比赛的经历。我呢，边跟他开着玩笑，边把那些本该父亲讲给他听的道理说给他。他嫌我唠叨时，我就问他:"懂了?"他颔首,我点头,就这样培养着彼此的默契。

后来,爱看书的他做了班级的图书管理员,把班级的书管理得井井有条;后来,他又做了体育委员,同学们不服气,换掉了,好在,他没有输不起;后来,书读得多了,他的文笔秀丽、俊逸起来;后来,他开始有追求和思想了,表现的成熟靠谱起来;后来,他担任了语文课代表,干得起劲儿又负责。后来呢?后来啊,交给时间、机遇、汗水和运气……我尽量弥补着他爸在他成长过程中的缺失,让他走失的父爱,从爹这里得到补偿。

那后来呢?

后来,我又收了个"二儿子",林森,那是在得知他父母离异以后。他父母之间的不断争执严重伤害了他,伤害了这个还不懂事的高个子男孩儿。林森开始暴戾起来,用拳头解决同学之间的矛盾。老师找他谈的时候他总是歪着脖子,不服气,表达着对任何沟通、协商、处理的无所谓和不满。耗得久了,他就无助地呜呜哭,宣泄着对不公平降临在他头上的悲愤。于是我告诉他,"宋爹"这里什么都可以倾诉,然后告诉他,他"哥"也能帮他。他看到了我和嘉宇相处的方式,他向往,这次机会也刚好。于是,他跟我无话不谈了,他脸上又有笑容了。

起初他很兴奋这个角色,后来,他发现当我"儿子"挺辛苦的,既得努力学习,又得承受加倍的惩罚。虽然,他还是小毛病不断,但是那个热情似火的小子回来了。被老师批评,他也能欣然接受了,虽然答应的多,改得少。不过,老爹能做的就这么多了,弥补你爱的缺失,对你提出要求。直到有一天,你对自己有高要求,那么你就优秀。也许以后一直都平凡,至少你对待自己的儿子和家庭,知道什么是责任,知道怎样当一个好爸爸。

再之后,我又收了老三、老四,他们各自的爸爸,我从没见过,家里也总是各自的妈妈在忙前忙后。又是一对父爱缺失的孩子,博星与泽楷,那么来吧。虽然宋爹才三十出头,但儿子都有四个了。看着他们四个原来起冲突,现在亲兄弟的样子,瞧他们互相督促努力的样子,瞅他们一个犯错三个着急的样子,爹挺开心的。

其实,有些微妙的教育瞬间需要用心去捕捉。同样的问题,同样的处理方式，不同的师生关系，结果截然不同，甚至相反。只因为，这个孩子信任你、亲近你。虽如此，但"亲而不亵，近而不狎"的道理我懂。我知道这"父爱"不可滥施，更不能让其他同学觉得老师偏袒他，不公平。

继哥儿四个之后，也有些调皮小子凑过来，玩笑似的叫我宋老爹，我也不应承，只是笑笑。那些家庭幸福的孩子可不需要这份弥补缺失的"父爱"，他们想要的不过是老师对他们的关爱罢了。关爱若是均等的，那不是教育公平。每个学生身上需要的关爱不同，他们都是思想丰富的小人儿，我小心翼翼地把握着这种微妙的平衡，等待他们长成。

回顾初心，不过是我的小圈套，而现在也被他们感动着。我越发明白了来明德时面试条款下写的第一句话——热爱教育，喜欢孩子。

# "哆啦A梦"的便笺纸

深圳明德实验学校　张　艺

十几年前，当我还是一名小学生时，最羡慕《哆啦A梦》中的野比大雄，因为小叮当总是会从口袋里拿出各种新奇的道具，帮助同为小学生的大雄解决种种困难和问题。十几年后，当我成为一名班主任时，面对着一群朝气蓬勃的小学生，我多么希望自己能成为他们的"哆啦A梦"，帮助他们克服学习中的困难，化解成长中的烦恼。

## 一、初次亮相，一丝惊喜

2019年2月，来到明德后的我初任班主任，心中的忐忑与兴奋可想而知。开学第一天，为了快速认识与了解班上的35个孩子，我带去了一个哆啦A梦笔袋。

犹记得，当我从笔袋里拿出一沓便笺纸时，35张脸上露出了好奇的神情。我默不作声地把蓝色的便笺纸发给了男生，把粉色的便笺纸发给了女生。等每一位同学都拿到之后，我说道："请同学们在便笺纸上写下你的姓名和希望老师了解你的3条信息。"这时，这群疑惑不解的孩子才明白过来，原来老师是想让我们做一次不一样的自我介绍呀。

通过此次活动，我了解到小W同学在记忆字词方面有困难，小Z同学是从北京来的转学生，小L同学在班上年纪最小，小Y同学想有机会自己选同桌，小F同学负责班级的黑板报，等等。孩子们不仅告诉了我他们的外形特点，还告诉了我他们广泛的兴趣爱好，喜欢的游戏、颜色、食物，甚至他们的理想。

神奇的便笺纸让我初步认识了这群性格各异的孩子，我想这真是一个不错的开始。以后，我和孩子们与它见面的机会应该还有许多。

## 二、再见欢喜，满怀希冀

2019年4月，不知不觉我已和孩子们相处一个半月了。在这段不算长的时间里，我们一起经历了不少事情，有喜有忧，有笑有泪，同时我们彼此之间的了解也在加深。

当我再次从孩子们不陌生的哆啦A梦笔袋里拿出便笺纸时，全班同学露出了了然的表情。这次我精心挑选的便笺纸是绿色的，代表着希望，并且每张上面都贴了一张笑脸贴纸。不同的还有，这次的便笺纸上并非一片空白，上面的内容已经由我完成了一半，剩下的一半需要学生自己认真填写。

通过一个半月的接触，我发现了这35个孩子身上的闪光点，同时也有一些不足之处急需提醒。于是我在便笺纸上一一写下了他们的一条优点和对他们的一句寄语，也期待着他们写下自己的反思与目标。比如，对于各科取得进步的小Z同学，我希望她能更加自信大方；对于文静内敛的小C同学，我希望她上课能更加专注；对于表现优异的小Y同学，我希望他能不骄不躁，继续精进。此外，"学霸"小G同学写了他希望自己能保持优秀，保持对世界的好奇心；小L同学写的是希望在提高成绩的同时享受学习的快乐。我还意外地发现那些让我和各科老师头疼的"小调皮蛋"纷纷写了希望自己上课认真听讲，作业按时保质完成，和同学和睦相处等。

这次借助便笺纸的无声交流让孩子们知道了我这位新班主任的良苦用心，也让我看到了所有孩子那颗积极向上的心。我想，他们是否也开始期待再次见到便笺纸以及会有什么内容了呢？

## 三、三见真心，共同成长

2019年5月，最近班上的气氛较为紧张，好几个调皮的孩子与我的关系十分紧张，甚至有男生与我当面起了冲突，严重影响到班级纪律。情急之下我想到了便笺纸，这竟与级长宋老师的建议不谋而合，顿时淡定了不少。

还是那个熟悉的哆啦A梦笔袋，这次我拿出了明黄色的便笺纸，希望同学们匿名写下对我的建议。当我收上来后，看到孩子们真挚的话语和期盼的眼神时，被深深感动了。

　　我选择了其中一些当场念出来，并且一一做出了积极的回应。有的同学写道"希望您严厉惩罚那些课堂插嘴的男生"，我向他们耐心地解释"有时候沉默是最好的语言"，经过反复的课堂实践，他们逐渐认同了这个观点，我们还一起制定了相应的惩罚规则，现在课上插嘴的情况少了许多。有的同学写道"希望您上课时能多带一些笑容"，自觉平常表情严肃的我不好意思地笑了笑，并答应他们一定做到。还有的同学反映当他们向我解释时，我总是急着用"不要说话"直接否定他们，我承诺之后多听听他们的声音，让他们把话说完再做决定。不少同学看到我如此诚恳地接受他们的合理建议，不仅松了一口气，还露出了笑容，班上的氛围也逐渐好了起来。

　　放学后，我再次拿出了那一沓"沉重"的便笺纸，边看上面的内容，边审视自己过往的言行。我看到了一位焦虑的班主任，她初出茅庐，用力地成长，但她很幸运，有一群孩子陪着她共同成长。

　　我想，在未来的时光里，打开哆啦A梦笔袋，拿出一沓便笺纸，一场特殊的交流就此开始，会成为我和孩子们之间心照不宣的默契。我是多么感谢这些小纸条啊，它们拉近了我和孩子们的距离，让我去观察，去倾听，去反思，与他们一起进步。

# 二班一二事

深圳明德实验学校 朱穗彬

依稀记得自八岁开始，我就对"教师"这个职业怀着一种骨子里的崇拜和信仰。从教以来，我一直相信，这份职业会是我人生的升华。每当我走进教室徜徉于学生中间，望着一张张童稚的脸，听着一句句真诚的话语，感受着心与心碰撞交流的快乐，就仿佛进入美妙灿烂的时刻，时时品味着为人师受信赖的幸福。小时候听的"长大后，我就成了你"成为我从"求学"生涯到"教学"的经历的概括与诠释。正因为这份难以割舍的热爱，十几年来才安于默默耕耘于一线教育教学之上，可谓，"幸福源自热爱，快乐根于教育"。

始终相信，与一帮孩子的相遇伴随着一种冥冥注定的缘分。班里各式各样的孩子受先天遗传、后天性格和家庭养成的综合因素影响，总呈现出不一样的色彩，有的个性强烈、光芒夺人，有的个性温和、春风袭人。一个班级就如同一幅色彩斑斓的油画，每一色块的不同特性，才能勾勒出整幅巨作的炫目多彩；而班主任像是一个画师，用画笔和颜料等工具在这张精彩的画纸上做适度地修改和调整，帮其不断改进以趋于完善。透过以下两个案例可窥一斑。

## 一、治治"大嗓门"

班级里总有几个嗓门特别大的孩子，在小学尤以女生居多。"大嗓门"的特点是语言表达能力强，无论有理或无理一律嗓门先行，说话声音很大；领导能力强，是老师得力的小帮手，可以帮助老师管理班级；时常对同学（尤其男生）指手画脚，言辞直接，不经意间易伤害同学的自尊心，影响同学之间的关系。

我们班的小婷就是这样的孩子，说话声音很洪亮，上课时积极主动发言，下课时音量更高。为人爽朗，说话直接，时常对同学指手画脚，会给人一种颐指气使的强势感。这样的小婷同学课后能帮老师做事，什么活交给她都能干得妥妥帖帖，让老师省了不少心，但是我却对她有着隐隐的担忧。这样直白的孩子到了社会上会不会得罪很多人？这样强势的女孩子以后在人际交往中会不会常受到挫折？教育不仅仅是我教她这几年的事，身为人师该为她以后的发展奠基，该为她的人格更完善而助力。班主任需关注每一个孩子的人格健全，这是成长导师的职责，是班主任的育人情怀。性格是长期形成的，不是简单的批评指责就可以改变的，这个学生并无故意伤害的动机，不属于动机性的道德品行问题，而是习得性的心理行为问题。

于是，我采用了以心理健康知识为基础，以助人自助的心理教育和心理辅导方式来帮助她逐渐实现从自我认识到自我反思，再到自我完善的目标，以多种训练方式，引导其健康发展。

### 1. 以"积极美文"破冰

一天，小婷又在语文课堂上大声嚷嚷，不顾老师的劝阻，引起了一场不太愉快的小风波。课后我请她到办公室来，她清澈着大眼睛，满脸急促地望着我，我没有像往常一样跟她理一理事情的经过，也没问她是否知道自己的错误。对于这样的孩子，既然她是我办公室的"常客"，也必定熟知我师生谈话的一般套路，说的道理她一定都是自认为懂得的。于是，我改变自己的战略：拉了把椅子请她坐下。我拿出手机递给她，让她仔细阅读一篇公众号的文章——《别让你的音量暴露了你的修养》，对于自我感觉良好、口才极佳的孩子来说，你说一句她有十句等着你，谈话就变成了斗嘴，低效甚至是无效！所以我尝试着"请美文替我说话"。她坐在椅子上专注地看着，我"专心"改作业，偶尔偷瞄几眼。

### 2. 以"阳光心理"暗示

几分钟过后，她把手机还给我，低头沉默。

"有什么想说的吗？"我问她。

小婷是一个情商高的孩子，她马上明白了我的用意。抬头对我说："我觉得自己有点自私，很少顾及别人的感受，平时太张扬，不注意说话的场合。"她微微红了眼，不时咬一下自己的嘴唇。

"以前为什么感觉挺好？"我继续问。

"我一直觉得嗓门大了点没啥关系，我性格就这么爽朗直接，平时与我爸爸妈妈说话就这样，我完全没有意识到这样说话的影响。"

这就是问题的根源了。家长教育的忽视、周围人的纵容使这个孩子觉得大声说话、颐指气使挺好的。

"那么过去有没有对同学们说过什么伤害性的话？"我继续问。

"我都不记得了。"她的这个回答在我的意料之中。她看起来比同龄人长得高大，其实内心是一个那么单纯的孩子，没有意识到自己语言的攻击性。

我拿出班级的花名册，引导她反思自己可能给别人带来的伤害。反思越细致，以后相处起来越和谐。她终于想起来三件事：第一，某同学大声问问题的时候，她斜着眼睛鄙视她；第二，她总是嘲笑好朋友长得矮；第三，她在某同学面前炫耀妈妈给自己过生日，而这位同学的妈妈因太忙没给她过生日，伤心地哭了。

**3. 用"自己人效应"拉近**

所谓"自己人"，是指对方把你与他归于同一类型的人。就是说要使对方接受你的观点、态度，你就要同对方保持同体观的关系，即要把对方与自己视为一体。"自己人效应"是指对"自己人"所说的话更信赖、更容易接受。有道是："是自己人，什么都好说；不是自己人，一切按规矩来。"

我对小婷说："我和你一样，都是性格直爽的人，都会在无意间伤害到别人。我今天找你谈话不是想批评你，而是想把我走错的路、说错的话告诉你，不想让你长大后像我一样得罪人，不停地给自己树敌，把自己的光明大道堵死了。我和你一样，应该做一个有实力但低调的人。"这正是运用了"自己人效应"的方法。学生最喜欢什么样的老师呢？我觉得，是和自己一样的人，尤其是拥有相同缺点的人！因为喜欢，所以接纳。对一个迫切求独立、内心却未成熟的十岁孩子而言，并不十分情愿听取大人的建议。利用"自己人效应"可以有效消除孩子的逆反心理，拉近与孩子的心理距离，使其更容易接受你的观点和情意。

**4. 用"还原情境"训练**

我问："刚才你说的三件事，如果再给你一次机会你会怎么做？"她一一说了自己的做法，我针对每一种做法进行了指导。

我问她："对于你过去已经伤害的人，打算怎么弥补？"

她很诚恳地说："我要让自己沉静下来，用实际行动让同学们相信我，对我改观。"

我们一起商量了很多弥补的措施：写信给某某同学道歉、亲手做礼物给某某同学、放慢语速……

**5. 设"心理闹铃"强化**

最后，我给小婷一个建议，在课桌上贴上警示语，在口袋里揣着警示卡。

对于像这样的心理行为问题，需要时刻提醒，而其他人不懂怎么善意提醒，也不一定随时随地关注她的言行，所以我运用心理自我警醒的机制帮助她，命名为"心理闹铃自我提醒法"。比如"今天我的音量大了吗？""我的表达得到大家的认同了吗？""我的行为给别人添麻烦了吗？"让她不断进行自我提醒和纠正，提升被人接纳和悦纳他人的情商，与人为善，尽量不给别人添麻烦。

对于已形成多年的说话方式问题，可能已演变成稳定的性格。作为老师，能够改变的可能性非常小，但我还是希望尽力一试，从改变公众场合说话的音量这样的小事做起，从教会孩子看到别人的优点做起，从改变说话的思维习惯做起……过了两个月，原来咋咋呼呼大嗓门的女孩出现了点滴的改变，主要呈现出以下四点：

第一，提高了关注别人感受的意识。不给别人添麻烦，与人为善。

第二，增强了顾及别人感受的能力。

第三，掌握情绪行为管理的方式和情绪行为表达的方式。也就是在适当的时候对适当的人进行适当的情绪行为管理和表达的智慧，习惯上称为情商。小婷有表达的习惯，但没有恰当的情绪管理的能力，所以才会无意识地干扰到别人。

第四，通过助人自助法提升人格自我完善的意识和能力。

## 二、拯救"大兵"

宽容"问题学生"，表面看来是"退一步"，实质上是"进两步"，使教育真正深入学生心灵。每个班都存在着学习后进生或有行为偏差的"问题学生"，受家庭因素和先天影响他们，他们无论是学习还是交往方面常常处于弱势，长期缺乏自信，个性要么自卑怯懦，班内存在感较弱；要么肆意张扬，调皮得让人头疼不已。作为一位"班头儿"，面对班级中的种种问题，宽容和耐心的教育远比潮水般的训斥来得深入人心。

个子壮实高大，一脸憨厚腼腆，皮肤黑黝，笑起来一口大白牙，亮晶晶的特别显眼，这是我班小进同学标志性的外貌特征。最令人"难忘"的是，各科作业总是完不成，或者干脆一点儿也不写。"四大金刚"（四学科的课代表）最头疼的就是收齐他的家庭作业，一周学习日中，他的名字至少三天会出现在课代表的便利贴上。课代表最常说的一句话就是："又是他不写作业！"

接手这个班之前我就对这个孩子了解一二，父母的教育观念不统一，母亲长期出差鞭长莫及，父亲更愿"静待花开"（不作为），孩子从入学至今大多是自己管学习，自理能力倒是训练得甚为优秀。与家长沟通了多次，父母仍无法达到相对一致的观点，家校沟通形成合力这条路暂时宣告不通。我思考了几天，决定从孩子本身的心理特点入手：课堂上从不举手发言，但始终注视着老师；愿主动帮助老师做事，在任何场合都友善有礼；不善言辞但心地善良，愿帮助弱小。

经过观察和与班上同学的聊天发现，他身上有许多优点却不自知，对学习的自我认知常是："我不会写，我不懂怎么做。"渐渐地，我发现他各门学科确实存在基础薄弱、跟不上学习节奏的状况，需要各科老师在学业上细致而耐心地辅导，更需要的是，那份对待学习的正确态度以及迎难而上的积极心理。利用他喜欢当老师的助手这一特点，在班干部换届选举前，我让全体学生填写了一张"我是班级小主人"的职位申请意向单，每位同学可预申请两个职位，他申请了卫生委员。我想他在卫生方面的管理自信源于同学们和我对他平时值日时的鼓励和信任，每次值日他总是十分细致地打扫每一个角落，因此常受到鼓励和表扬，值日组对于这位学习不太好的值日小组长甚是服气。当他光荣上任后，我单独请他到办公室聊天，以荣任班干部为起点，协助他立下一个短期小目标：晚上加各科老师的微信号，有不懂的作业及时私信老师，尽量将作业写完。他点点头，答应了。第二天，交齐作业。第三天，作业全齐。第四天，故态复萌：两科作业没写完。当天我留下他将作业补完了才回家，不带批评也没有呵斥，因为我知道，目前对他来说，实现完成作业这个目标还需一点时间，不宜操之过急。

接下来的一段时间，他不完成作业的情况渐渐减少，但漏写一些作业条目的情况还时有发生。一天放学后，辅导他补作业持续到五点半，我略显疲惫地调侃他："大哥，老师这几天特别忙呢，能否让我早点下班呢？你没完成作业，老师之后还得加班补上工作任务呢。肩膀有点酸疼酸疼的。"小进看着我，笑了，点点头说："好！"我说："谢谢你啊，那就这么说定了。"小进给了我一个坚定的眼神，点点头。我其实也不以为意，觉得孩子自由惯了，也许不会把承诺放在心里。出乎我意料的是，接下来的一周，他每天都把作业整齐地交上来了，忽略作业的正确率，他的字体是很工整大方的，于是在评讲练习时，我总不忘捎上对他书写的几句表扬和鼓励。他越来越愿意待在教师办公室，有时早上办公室门一开，就听到他响亮的报告声——主动跑来帮办公室的老师烧开水、倒热水。

这是一个令我没有想到的结果，宽容是阳光，让学生感受到温暖的关怀和理解，不正是"教师"这一职业的意义吗？小进并没有"童话"般地突然转化成一名学业优异的学生，但至少他能以一种善待他人的态度帮助别人，以一份对自己负责的态度努力去完成自己的学习任务。孩子还在成长的路上，也许会跌倒，也许暂时驻足不前，也许有很多不足，但在人生的初始阶段，教师和家长应该成为孩子的导航员，给予他信心和鼓励，才能促使他慢慢地学习和提升自己，一味地呵斥和批评，可能更易使其偏离航线。

真心地付出，再加上时间的灌溉和智慧的生成，终将换来教育诗意的收获。

# 难忘的排队游戏

深圳明德实验学校　成　杨

体育课是一门锻炼孩子身心健康的课程，也是孩子们意志品质形成的一门教育课程，所以上好体育课，是体育老师最基本的职责。

上课铃声响了，我伴随着铃声快步走到二（3）班教室准备接孩子们去操场上体育课。上课热身前我向他们介绍了本课内容："今天，我们练习排队和花样跳绳大众一级动作的开合跳。下面，老师先给大家安排位置，同学们一定要记住自己前后左右的同学，再集合时找到自己的位置站好。"接着，我把学生们按照高矮顺序排好，然后让同学们看看前后左右都有谁，学生们很顺从地按照我的话去做。一分钟后，我问道："记住了吗？""记住了。"学生们爽快地回答道。游戏开始，"解散！"我的口令刚刚发出，学生们就迫不及待地"哄"的一声散了开去，瞬时间操场上"沸腾"起来。"嘟……集合！"随着集合哨的响起，只见学生们像炸了窝的蜜蜂一样"嗡"的一声跑了过来，胡乱地挤在一起，嘴里还不停地嚷着："这是我的位置！这是我的！"……转眼间学生们乱作一团。这场面使我有点意外，我赶紧喊道："别跑，想想自己前后左右都是谁！"可是我的喊声效果不大，最后只好用哨声平息。望着这场面，我只好无奈地摇摇头，重新把队伍排好。"你们怎么搞的！"还没等这句话从我嘴里蹦出来，"老师，能玩游戏吗？"一个声音突然从拥挤的人群中传了出来。"游戏"这个词让我火冒三丈，但一下子激起了我的灵感。对呀！我为什么不换个方法来练习排队呢？"好！现在咱们就玩游戏，玩什么呢？"学生们马上活跃起来，也露出了开心的笑容。"玩切西瓜、老鹰捉小鸡、开火车……"学生们七嘴八舌地嚷了起来。说玩"开火车"的学生提醒了我，对呀，开火车不正可以用在排队上吗？

"好！咱们就玩开火车。那先听听老师讲游戏规则。"只见学生们一双双小眼睛紧盯着我，顿时鸦雀无声。"你们现在站的位置就是火车站，刚才报几就是几号车，可以自己单独开，也可以两三个人一起开，哨声是火车进站的信号，听到哨声就把火车开到自己的'车站'，好吗？""好！"学生们异口同声地回答。接着游戏马上开始，学生们行动起来，开始设计自己"伟大"的工程，动作慢的还直被其他学生催："快点！快点！"不一会儿学生们就准备就绪了。接着操场上只听见"呜、呜——""咔嚓、咔嚓——"的声音，学生们都十分专心地开着火车，我又一次拿起口哨放到了嘴边，准备再次吹响集合哨，同时也担心"火车"不能准确"进站"。"嘟——"随着集合哨的响起，我的眼光洒向了学生，咦！学生们这次竟然没有一窝蜂地跑回来，而是"稳稳当当"地把"火车"开向自己的"车站"，更让我惊喜的是，这次排队的效果出奇的好，只有五、六列"火车"站错了位，但是在其他"司机"的帮助下也准确地找到了自己的站位。于是我们接下来又玩了几次，操场再次成了欢乐的海洋。

看着这欢快的场面，我一下子领悟了，在教学中一定要掌握方式方法，要以孩子为中心，去挖掘孩子的潜力，让孩子去喜欢，这样才能达到事半功倍的效果。在以后的教学中，我也会不断提升自己，多从孩子的角度去考虑教学，让孩子们喜欢上体育课。

## 人艰不拆的植物园

深圳明德实验学校　任静

**初**入明德学校时我担任三年级的科学教学工作，对好奇心满满、精力充沛的小朋友一无所知的新手教师正在焦头烂额时，遇到了来自明德的新挑战——管理植物园。为了让孩子们有更多的机会接触大自然、体验种植过程，学校在两栋教学楼之间专门开辟了一片植物园。爬满佛手瓜藤的竹篱笆、园内搭满的黄瓜架子、被压的弯了腰的茄子都在显示着这片植物园满满的生命力。但是作为一名本科化工与制药，研究生科学与技术教育的标准工科女汉子，在人生的前半辈子我从来没有接触过种菜这件事，确切地说，我连做菜都不会。接手后的工作如何展开，在我眼里难如登天。

每学期都要安排一、二年级所有班级在植物园内轮流进行采摘活动，还需要配合拓展课、社团课进行种植观察活动，园内还需种植跟小学科学、中学生物教学相关的植物。划分种植区域、家委换届、安排家长义工值班、确定播种植物、种植等任务，不等我反应过来，就咣咣地砸过来。每天没课的时候，我都蹲在植物园，嘴里念念有词，看起来一本正经，其实内心连这个季节深圳适合种植什么植物的谱都没有。这时，学部德育主任龚老师向我伸出友谊之手。

她建议我首先召开家委会，认识家长，向家长宣传植物园以及植物园需要家长提供帮助的各项工作，寻找可以支持自己的力量。这个提醒，让我茅塞顿开，植物园元老级的家委朱佩娴爷爷将往届资料发送给我，我先自己梳理了一遍植物园家委会大致需要哪些职位，每个职位的任务是什么。就这样，初生牛犊不怕虎的我直接安排第一次植物园家委会换届会议在一（1）班教室召开。龚主任看到我发出的通知后，认为会议地点安排略有不当，学校非常重视植物园并且大力支持植物园的各项工作,我应该选择会议室或者书吧等人流较少、安静不被打扰的地方召开第一次会议,从会议地点和会议环境向参加会议的各位家长展示学校对这项工作的重视。时间已经不允许我临时去校务办申请会议室了,龚主任带先到达的部分家长去到梦想教室,我在一(1)班教室等待其他家长。吃一堑长一智,坐在教室里的我明白了每次活动中的每个小细节都会影响家长对学校的印象。

小插曲后,在梦想教室顺利召开了家委会换届会议,我站在台前自信满满地向各位家长展示了经过两天加班已经背背滚瓜烂熟的植物园所需岗位以及各岗位工作安排,但是在我介绍结束之后,教室陷入了尴尬的沉默,一年级几位刚刚参加植物园工作的家长尤其沉默,会议在这种气氛中草草结束。精心准备却没有收到家长的反馈,植物园所有的问题仍然存在,心情低落的我跟着龚主任来到了小学部办公室。已经下午六点多了,早就过了下班时间,跟着我一起加班的龚主任拿出一大袋坚果让我吃点东西平复心情,然后跟我一起分析为什么没有太多家长愿意加入植物园工作。原来在会议过程中,我在台上的讲话用了太多专业术语,把一些简单的工作任务描述得太难,让家长有了畏难情绪。家长所受的教育水平层次不同,与家长沟通,应该尽量采用简单易懂的日常语言。找出了问题的原因后,我建立了植物园的微信群,拉进各班植物园家长管理员,进行第二次沟通,对表现出兴趣的家长私信了解。在第二次会议中,家长的表现积极了很多,黄和妈妈是一位全职妈妈,对种植有极大的兴趣,毛遂自荐成为植物园家委主任,宋宇轩妈妈、杨亦诺妈妈担任财务、采购,许云驹爸爸负责植物园各项安全工作,朱佩娴爷爷担任管理委员顾问,帮助我开展植物园工作。

有了强劲的家长助力,家委担任职务分配、统计年级家长义工、安排家长义工排班表等任务都顺利完成。接下来就是选择要种植的作物,黄和妈妈向我推荐了应季蔬菜,朱佩娴爷爷推荐了适宜深圳气候的本地作物,通过统一筛选,结合科学、生物学科的教学任务,选择了豌豆、黄瓜、西红柿、上海青等蔬菜品种。

那一学期,孩子们收获了好几茬比胳膊还粗的黄瓜、观察了孟德尔观察过的豌豆花,还成功获得播种除草的小技能。而我,收获了一大堆细致入微的观察日记,一些跟家长沟通的技巧,还有植物任老师的称号。

## 愿你长成，宛如初见

深圳明德实验学校　许翠翠

　　**第**一次见她，惊叹于她的身高，已与我齐肩。一双狭长且小的眼睛滴溜溜转着，头发总是胡乱扎在脑后，和她说话的时候她或扣手或翻白眼或扭动身体。这一刻我便明白我们俩可能注定是冤家，在往后的日子里会相爱相杀。后来发生的事情让我彻底相信一个道理：每个人成长过程中都会遇到"坎"，我们是彼此的"坎"。

　　第一次跟她正面交锋缘于她分别用剪刀和美工刀在一位憨厚男生的手背上留下两道血痕。初闻此事，我大惊失色，连忙找到家长，家长却不以为然，为孩子辩护说是不小心留下的，殊不知，我问过其他学生，也查过监控，证实两道伤痕都是她有意为之。在震惊之后便是揪心和气愤，但我要克制。找到孩子，我让她聊自己的想法和感受，她低着头，说她是不小心弄的，我问她是怎么界定不小心的。她没有回答。继续问。依然没有回答。我换了个角度，问她看到那两道血痕时的感受，她说觉得可怕，继而让她分析为什么可怕，她又不说话，只是揪着自己的衣角不停扭动身体。其实我们都心知肚明，她也不是不明白这些道理，只是很少站在别人的角度考虑，没有顾及别人感受的意识。我摸了摸她的衣角，说："你看你的衣角，原本非常漂亮，是你这件美丽衣服的一部分，你用力揪过之后的痕迹永远都在，即使用熨斗熨平，它也会一直记得自己曾经受过伤。"她是个聪明孩子，从她的眼神里我知道了她明白我说这番话的用意。我接着说："无论你是出于什么样的原因做出这样的行为，你对同学已经造成伤害，即使他的伤会慢慢痊愈，他也会记得，其他同学也会记得你曾经伤害过他。"第二天，她主动跟那位男生道歉，真心诚意地道歉。当然，我也有惩罚，罚她成为"纠察组长"，关注班级内有没有故意伤害的行为，有没有不认真做眼保健操的行为，等等。

时间就这样一天天过去，我们相安无事地度过了一段时间。

下学期开学，她仿佛进入了叛逆期，在我制定各项班纪班规后她逐一打破并在班级内炫耀我的无可奈何。我说不能带味道较大类似于辣小鱼之类的零食，第二天就有孩子跟我说她吃辣鱼的味道很大；我说不可以起外号，第二天就有6个孩子来说她为自己起了难听的外号……诸如此类，不胜枚举。

总结了她开学以来的种种表现，我觉得自己有必要也有底气跟她父母谈一谈。我把她叫来办公室，让她自己拨通她母亲的电话逐一讲述自己的问题。她母亲挂了电话，随后又打过来，指名让我接："许老师，您这是什么意思，在家该管的我们都管了，她在学校的所作所为我们又管不了，您想怎么样就怎么样，我们不会去举报您的，实在不行跟校长汇报，让她停课。"说完就"啪"一声挂了电话，我脸上还挂着惊悚的表情……这一刻我明白了，她的父母也是我成长道路上的"坎"。

两个星期后，我拨通家长的电话，告诉家长我要家访，家长惊讶之余迅速表示欢迎。晚上8点我如约而至，因事前做了充足的准备，和她父母面对面交流的整个过程非常顺利。这次我并没有一一列举孩子身上存在的问题，而是以撒谎和学习态度不端正两个方面为主娓娓道来，重点聊了这两种品质对孩子以后的发展会产生哪些不良影响，无论父母为孩子的将来做何种打算，正直的对人品质和端正的对事态度都是不可或缺的。父母表示早就知晓孩子身上存在这些问题，这样一来就和家长有了情感上的共鸣，我顺势说："孩子身上或多或少存在一些问题很正常，我们的职责不是追究孩子犯错的责任，而是帮助孩子分析犯错的原因并且采取措施以杜绝此类错误再次发生。"以往和家长沟通的经验告诉我，他们会让我分析原因，果不其然，他们问我在家他们已经严格管教的孩子为何还会存在诸多问题。我不紧不慢地说："她有撒谎习惯是因为撒谎的代价太低，她认为撒谎是一件无所谓的事。她不爱学习是因为没有意识到自主学习的重要性，您二位总是跟孩子说以后实在不行就去国外留学，没有给孩子制订一个合理的目标。"这番话说完，家长脸上有一丝难以察觉的惊讶，可能是觉得我这个年轻老师说话太直接了，不过随即点点头，仿佛他们明白自己的问题出在哪里，但就是不愿意承认，现在有个人戳破了这层窗户纸，他们终于看明白了。和我预料的拒绝、反驳甚至恼羞成怒不同，家长陷入了短时间的沉思，我顿时松了一口气，喝了点水，抿了抿嘴唇以滋润因紧张和不安引起的双唇干涩。其实，这次家访我没抱太大希望，因为我深切地明白短时间说服一个人改变早已根深蒂固的观念是一件难于登天的事，但我相信她父母这短短几分钟的沉思是有用的，哪怕只能给孩子带来一点点改变，我也会觉得此行不虚。

今天看到她写的作文，题目是《我的老师》，一眼看到她选择的老师是我，我觉得不可思议，饶有兴趣地继续看。我没有完全失去理智，明白她的作文有"艺术加工"的成分，但最后这一段着实让我眼睛热热的，鼻头酸酸的。还是那句话，我不奢望孩子的成长和成才一蹴而就，但我看重每次的起步和转折，我愿意引导孩子选择自己感兴趣的正确的道路，更愿意在每个转折点扶着孩子，让他（她）不致一摔不起。坚持，或许很难，但一定要迈出第一步。

学生作文

# 真心换真心

深圳明德实验学校 曾 婕

"**我**不喜欢这个老师。"刚踏上讲台的我,上完第一节课获得了一个孩子这样的评价。生气吗?反倒没有,无意中听到这句话的那一刻我最大的感觉是哭笑不得。孩子的情绪是最直观的,很多表情言语都是当下最直白的体会。天哪,虽说是中途接手这个班的英语教学,但是为了第一节课我可准备了好长一段时间啊,难道真的有那么差吗?

慢慢地,我开始注意起这个给我"不喜欢"评价的孩子来。有一次上课时,我选择了一个常规的是非题让她回答,想通过课堂上的交流建立起她对我的"好感"。想着等她回答完这个问题,我就给她一个大大的表扬,这下她就不会不喜欢我了吧?可没想到,我心里的小算盘就折在了这道是非题上,这次互动没有帮我在她心里积累任何好感,却让她彻底不与我交流了。当时她丝毫没有准备,对被我叫起来回答问题感到惊讶,大大的眼睛透过刘海看着我,眼眶慢慢地红了。我开始耐心地引导她,告诉她不要害怕,没有对错,只要表达自己的想法就行,重复了一遍问题后我再次用期待的眼神望着她,这一下,我自以为满是爱意的目光可真是刺穿了她心理最后一道防线,周围的同学都在小声地鼓励她,让她大胆说,可是她嘴角和双眼都紧闭着,似乎想要与当下的状况完全隔绝,泪珠缓缓地从她脸上滑了下来,下课后她趴在桌上一直抽泣。才接触学生没几天的我,面对这种情况也是不知所措,纵使心里有满满的疼惜也不敢轻易靠近她,只能等她慢慢平复情绪。

缄默不语的她就像一颗蚕茧一样,将我隔绝在她的天地之外。通过观察,我发现下课后她与同学交流正常,会和好朋友分享有趣的事,逗得大家咯咯笑，也会被无聊的男生惹到生气抗议，唯独对老师满是抗拒，不管嬉笑怒骂都不愿意在老师面前显露一丝一毫。我查阅了很多案例和资料，想要了解如何与她或者说是与此类抗拒害怕老师的孩子进行交流，获得最多的建议就是——"了解"以及"时间"。

通过与她父母联系，了解到从小学开始，父母就将她的学习交由只大她一个年级的"学霸"哥哥负责，当她有不明白的问题时，哥哥会用较激烈的言语批评她，实在无法给她讲清楚时甚至会直接替她完成作业。这样的学习氛围导致了她作为"被教授者"非常惧怕有人以"教授者"这个身份出现，也导致了她习惯性地认为只要坚持表现出不懂，被骂一顿后，答案自然会出现。她缺乏安全感，对陌生的人表现出本能的排斥也是情理之中。

了解过她后，剩下的就是"时间"和那个进入她的小天地的契机了。环境的刺激会让一个没有安全感的孩子产生应激反应，所以给予她安全无压力的交流环境可以让她尽快适应一个陌生人的出现，于是每一次与她对视时我都点头微笑并迅速把目光移开，只让她感受到我的友好，但不给她多余的关注与压力，慢慢地，她的眼神不再对我显出害怕的逃避，开始表现出文静小女孩正常的害羞了；上课时，对于某些她非常非常有把握的问题，也敢主动举手回答了。她敢于分享了，但还是害怕出错。我在班上开始推行"分享错误"的讲解方式，每到一个较难理解的部分时，都会让孩子们分享自己的错误，分享自己出现错误的原因，让孩子们在没有任何压力和责罚的氛围中暴露自己的错误，改正自己的错误。这种鼓励错误分享的安全模式让她也跃跃欲试，当我问道："这里有谁出现错误了呀？"有时也能看到她从躲躲闪闪的遮掩变成了小心翼翼地举手。而我一边为她的改变感到开心，一边在等待那个契机。

有一天上学，她红着眼眶上楼，我赶忙上前询问发生了什么事。原来在进校门时她与哥哥吵闹，被值周老师误会，但她没有勇气解释，满腹委屈的她只能一个人默默走上楼来。我手放到她肩膀上的那一刻，她居然在我面前大哭了起来，从初见时的默默流泪到现在的号啕大哭都让初出茅庐的我一脸茫然，只能安静地陪着她。唯一能自我安慰的就是，这哇哇大哭至少表示她信任我了吧。等她平复完情绪后，我原以为她会选择沉默，但她居然断断续续地讲起了事情的原委。我认真地听她说完后询问她："我懂了，老师去帮你解释这个误会好不好？"她却摇摇头说："老师，这不是什么大事，我现在好多了。"从那一次相对来说较"近距离"的接触后，她的课堂表现更加自信大胆了，在面对不懂的问题时不会再附和其他同学，假装懂，而是敢于举手表示还是不懂。我和同学们有时还一起帮她中英文转换着解释，直到她露出豁然开朗的微笑。很庆幸班级的友好和团结也给予了她一个安全的氛围。

每一个孩子都有这个年纪该有的调皮和古灵精怪，沉默也许代表着在与社会融合时出现了一些小插曲，导致他们没有办法很快接纳这个环境或周围的人。他们会放大交流时的不友好，同样也会放大友好，真心换真心，所有的有效交流和教育都建立在安全感上。给予孩子们足够的安全感，一定会换来他们破开茧壳，向你张开翅膀的那一瞬。

# H同学的"偷窃癖"

深圳明德实验学校　范潮宜

　　**某**一天下午，搭班的语文教师×老师找到我说："范老师，我在教室上课的U盘下课就不见了。"我开玩笑说："这么粗心大意呀，U盘最后见到是在哪里？"×老师说："就插在电脑上。"我又问："然后呢？""然后就不见了。"×老师很肯定地说。我不在意地回答："年轻人，怎么总是丢东西呢？自己好好想想放在哪里了。"

　　第二天，×老师居然还在为这个U盘发愁，不过我在教室里问了同学，大家都说没看见。下午第二节课的时候，我的微信突然收到一条信息。打开一看，是×老师发过来的一条翻拍监控的视频。视频里面，下课铃声响了，×老师刚刚上完课，转向右侧和学生谈着什么，这时候，在讲台左侧，坐在第一排的H同学，以最快的速度爬到了讲台，拔下U盘，然后又回到自己座位，时间不过3秒。原来，U盘就在老师的眼皮底下被H同学拔走了。

　　第二节下课的时候，H同学和他的家长已经被请到了办公室。H同学低着头不说话，H同学的家长一脸的无奈和羞愧。×老师流着眼泪，觉得是H同学在针对她、整蛊她。我看着H同学，想起了一个词——"屡教不改"。

　　H同学是我们班一个比较特殊的孩子，他说话含含糊糊，表达不清晰，学东西很慢，总是学不懂，写字歪歪扭扭，读课文或者题目总是读不清楚，让人无法理解。一年级的时候，每天中午午托吃完饭一定要到处跑，拉都拉不住。二年级的时候，既无法理解也无法画出指定长度的线段，比如用带刻度的直尺画出4厘米的线段。他看不懂这句话，演示一遍给他看，他照着也画不出来。就这样一个孩子，在同学们和老师们的细心呵护下，坚持到了五年级。但是，从三年级开始，我渐渐发现，H同学喜欢拿别人的东西。最开始，他拿了自己班同学的海豚币，放到自己的铅笔盒里。直到同学们发现他突然多了那么多海豚币，才和前几天同学丢海豚币的事情联系起来。四年级的时候，他在学校图书馆同学们放书包杂物的地方"捡"到了一个篮球，当图书馆老师和篮球的主人追到他的时候，他吞吞吐吐地说，以为篮球没有人要，他抱着篮球是要送到保安亭去。第二天和家长沟通，家长也认定孩子只是不懂事，想送篮球去保安亭。

U盘事件还在处理中，H同学一贯地不吭声。我和家长询问许久，H同学含含糊糊地说了几句，大意是："我想先藏起老师的U盘，过几天她找不到的时候，我再拿出U盘，英雄救美。"面对这个解释，家长似乎松了一口气，觉得孩子本质不坏，就是贪玩。但是我心里觉得没那么简单。

过了不久，我校的六一儿童节美食嘉年华就要开始了，活动开始的前一天，两位学生一早就在我办公室门口等候，看到我就慌张地说："我们昨天放在抽屉里面的70元美食兑换券，今天上学时发现不见了。"确定了失主最后和兑换券接触的时间段，我调取了监控。监控显示，果然又是H同学。他在放学后返回教室，从失主的抽屉里面拿走了兑换券。我把H同学带到了办公室，好言安慰，给他纸笔，请他写出原因。H同学磨蹭了许久，用歪歪扭扭的字写出了他心中的4个理由："①我有一点兴奋，忍不住就偷了。②我有一点神志不清就去偷了。③我管不住自己。④我手欠。"他又写了一句："以后，我再干这种事情就办退学手续，或者副科和任何活动都不参加。"

看着这些理由，我陷入了沉思。我认为，对于特殊儿童的行为问题，常规的教育手法效果不强。家长甚至曾经因为H同学类似的行为，把他送到了某小区的警务室，由现役警官进行了批评教育，然而没什么效果。作为老师，在保护他的自尊和隐私的同时，对他可以进行常规的批评教育，但是也无法真的停止他的行为。

如何分析他的问题呢？有两个角度。角度一，如果从细节来分析，他的几次偷盗，都是在一个特殊时间段。最开始偷班里同学的海豚币的时候，正好是海豚币开始在小学部发行了一段时间的时候；偷篮球的时候，正好是班级之间

119

的篮球比赛阶段；偷U盘的时候，班级有几个同学参加了编程拓展课，老师给他们发了U盘，而U盘成为孩子们之间交换游戏的一个工具；偷美食券，是因为六一美食节即将开始了。也就是说，每次都是有特别需要的东西而无法满足，他就采取"偷"这个方法。角度二，他就是天性顽劣，喜欢小偷小摸，加上思维比较狭窄片面，更加无法控制自己。一碰到有需要的东西就动手拿了。而且，偷东西的过程给他带来了某些刺激。

做H同学的班主任已经是第五年了。我认为，人的部分好习惯是可以通过后天的养成来塑造的。但是对于某些特别的行为，可能需要进一步的心理分析。偷东西可能是一种病。心理学上说，偷窃癖与小偷不同，其主要特征是反复出现不可克制的偷窃冲动，事前无长期计划，有逐渐加重的紧张兴奋感。行窃的钱物不是因个人实际需要，也不考虑偷窃物的经济价值，他们常将偷窃的物品丢弃、偷偷归还或收藏起来。他们都是独自进行偷窃，在体会到偷窃过程的刺激后紧张得到了缓解，精神上得到了满足。偷窃癖是病理性的，致病因素和机理较为复杂。当他们的快乐取向与某些不良行为联在一起，在潜意识中成就了一种自我精神补偿，因为偷东西老师、同学和家长指责批评他们，就意味着压制了他们的精神需求，不但效果不好，随着年龄增长反而会形成心理障碍和人格缺陷。

H同学才五年级，他的未来是光明的。六一过后，我要和他的家长再沟通一次。希望家长能够用科学的态度去对待H同学的行为，让他能够在老师、同学、家长和医生的关爱下，顺利地改掉自己小偷小摸的坏习惯。

# 和学生"斗智斗勇"

深圳明德实验学校　吕相振

## （一）

开学第一天，学生做自我介绍。第一排进门第一个坐了一个矮矮黑黑的女孩子，当我问她叫什么名字的时候，她平静地望着我，一言不发。追问了几次，她都抿着嘴不说话，最终我只好拿起她桌上的课本，看到三个秀气的字——宁芷萱。

第二天，数学课上，我提了一个数学问题，她非常积极地举起手来，我刚好留意到她，于是叫她起来回答问题，我再次看到了什么叫泰山崩于前而面不改色，最后我小心翼翼地问了句："你要不要上来写"？她抿着嘴干脆利落地点了几下头。以后，我们就达成了一种默契，只要能写的东西，她基本上都会上黑板写。

偶然的一次机会，我安排几个同学核对口算本的答案，又想到了这个小家伙，于是让她帮助我。当天晚上，她爸爸就给我发了一条信息：芷萱同学非常乐意，非常积极地完成了吕老师的任务，一整天心情都非常好，您的方法真棒！好招不嫌多。

从孩子的成绩也能看出来她的进步：82→86→93→98，现在的作业基本都是全对。

## （二）

接手二（5）班时，原来的班主任吴老师就跟我说，班级里有一个非常调皮的学生，叫王羽明。初次见到这个孩子的时候，他个子矮矮的，坐在最后一排。正式上课后发现，这个孩子有些近视，坐后面看不到，上课的时候独自在座位上看书，每次考试的成绩也非常糟糕。通过聊天发现这个孩子爱看书，思维特别活跃，口才也很好，调位置的时候我特意把他调到了第一排，自从坐第一排之后，课堂表现完全变了样，老师提一个问题他马上就会举手。有一次在学习估算《有多少个字》这节课的时候，他第一个总结出估算的方法：先估计一行有多少个字，再数一数有几行，最后两个数相乘就可以了，全班报以热烈的掌声，我们把这种估算方法称为"王羽明法"。

某个周一的下午值日生做完值日后，张承林哭哭啼啼地说王羽明骂他"乌龟"，原因是每次张承林都最后一个完成值日。这时我想到每天下午放学，班级路队总是等王羽明和张承林两位同学。这时候我问张承林："如果不想被骂乌龟应该怎么做？""做快一点。""如果比王羽明快一点是不是可以说他是乌龟？""是的。"

接下来的几天放学时间，我特意把他们俩进行比较，"王羽明，张承林快收拾完了，快点，要不你就变乌龟了！"最后两个孩子都没变乌龟。在学习上也让他们俩比学赶超，通过最近的几次考试和各科老师的反映，两个孩子课堂表现、作业都有很大进步。

## （三）

4月23日早上7∶46，徐浩淼妈妈发给我一条信息："今天淼迟到的话使劲罚啊，罚啥都行，不急啊，气人！"果然，这个孩子8∶05才到校，刚好可以利用早读的几分钟找她聊了聊。

"猜一猜，吕老师找你什么事？"

"迟到了。"她眼睛瞄着窗户平静地说。

"为什么迟到？眼睛看着我说。"

"弟弟每次都赖床，我每天都要等他。"她有点气急败坏地说。

"弟弟会不会受惩罚？"

"老师会罚海豚币。"

"那么吕老师也罚海豚币。"我一脸坏笑地看着她。

"不要嘛！"她拿出惯用的撒娇手段，无辜地看着我。

"那么我们这么约定：一学期不迟到可以奖励5海豚币，但迟到三次则扣10

海豚币，怎么样？"

一听不迟到有海豚币奖励，这可是前所未有的，她马上欣然同意。于是我们约定每天7：50前到校。

第二天，早上7：30我吃完早餐来到办公室，她马上来找我说："吕老师，今天我第二个到的！"

又有一天，她满头大汗地来到学校，问我："老师，我迟到了吗？"

"没有呢，才7：40。"

"老师，您知道吗，我跑过来的。"

与学生"斗智斗勇"，其乐无穷，就让我和我的学生在这种乐趣中共同成长吧。

## 菜鸟老师家访记

深圳明德实验学校　李金璇

转眼，来到明德已经快两年了，现在想起2018年9月的那个夏天，一个初来乍到的愣头青的战战兢兢，觉得仿佛昨天才发生。想起了初为人师的第一个夏天，我的家访之旅。明德是我走出学校获得的第一份正式工作，那时，我才经过三个月的实习期过渡，正式报到后，学校就让我担任一年级四班、五班的英语老师和一年级四班的导师。明德信任地将重任交给我，我虽表面轻松内心却是忐忑不安的。我能教好我的学生吗？学生会喜欢我吗？学生会听我的吗？作为导师我能胜任吗？……

开学后，我对四班学生的课堂表现和学习状态进行了观察和了解，两周后我发现班上李国沔同学在英语课上注意力特别不集中，多次指出也不见改进，而且拒绝我的主动沟通。经多次教育无果后，我就李国沔的情况通过电话同他爸妈进行了沟通，孩子在校的情况和表现让他爸妈非常震惊。他爸妈说孩子的英文非常好，他们也很难理解孩子为什么在校会呈现这样反常的状态，妈妈无助地急哭了，最后爸爸说：Ally老师，您如果有空可以来家里看看吗？这样可以更多地了解他其他方面的情况，或许能找出原因和解决办法。

李国沔爸爸的话点醒了我，通过家访去了解下学校以外的李国沔，或能找到其注意力分散的原因。基于此，我决定先去李国沔家走访。2018年9月14日下班后，我来到了李国沔家进行家访，同他爸妈就孩子的学习情况、成长经历、性格爱好、生活习惯等方方面面进行了交流沟通；他爸妈也主动谈了他的趣事、个性和兴趣特长，并拿出一直给他看的绘本，phonics的书籍，我惊讶于他这个年龄就已经读了这么多的绘本，惊讶于父母对于孩子早期教育的重视。

通过家访，我认识了一个与在学校时完全不同的李国沔，也清楚地感受到了李国沔家的家庭氛围。同时，我了解了李国沔更多的"点"和"面"，对于怎么"收服"这个学生已心有良策了。

家访结束当晚，我就将家访的收获、启发及我个人的想法同搭班的主任导师郑老师进行了交流，一致认为对学生进行家访，有利于全面了解学生情况，可针对性地解决学生在校问题，这点对一年级新生十分重要。

我与郑老师同为教师新人，学校将一（4）班交给我俩，教学与班级管理压力巨大，但我们还是制订了家访流程和计划。郑老师因任主任导师，班级事务繁重，我们一起走访了两个家庭，其他的家庭只能由我独自走访，每次家访完，我再将家访情况、信息与心得向郑老师通报、分享。

为了家访顺利与提高效率，我专门制作了家访记录卡，对家访获得的情况与信息进行分类归纳，并将每次家访控制在20~30分钟。从9月14日到10月12日，通过一个月的课余与假期时间，终于在家长会之前对所有一（4）班34个学生的家庭进行了家访，并给每个学生建立了信息"档案"。

家访虽然辛苦劳累但确实对我们的教学与班级管理工作起到了重要作用；目前全班教学工作、课堂纪律、学生成绩都较家访前有了明显改善与提高。

通过切身体会，我认为家访必要性在于以下几点。

## 一、改变了交流沟通方式

新生入校，学生、家长、老师都是陌生的，增进了解、建立沟通渠道，是让新生平稳融入校园环境、平稳过渡到学生阶段和学习状态的重要基础。常规的做法是老师与家长通过家长会或电话沟通、家长课余到学校找老师沟通了解学生情况、出现问题老师请家长到校沟通。无论何种形式，老师都是主导者，多数情况下是"家长和孩子在听、在点头"，家长和孩子被动地配合老师并根据老师的反馈和意见做出调整。而家访是老师有目的与主动地到学生家里沟通交流，更多的是听家长和孩子说，这种转变使得访谈内容发生了变化。通过与家长轻松随意的交谈，老师能了解到学生更多很重要但易被忽略的信息。

所以通过家访，一来老师能对学生的了解更全面、深刻、客观，二来家长能全面了解孩子在校情况，从而缓解家长对孩子初入学校的焦虑、担心。家访让老师对学生出现的问题心中有数，可以有的放矢。

## 二、建立了老师、学生、家长之间的信任沟通纽带

家访可以让家长和学生感受到老师对学生的关注、重视，这点对一年级新生尤为重要；老师主动家访的确迅速拉近了老师与家长、老师与学生之间的距离。我每到一个学生家家访，都能看到和感觉到孩子的兴奋与高兴；很多家长跟我说"知道老师要来了，孩子已经把着门半个小时了"。每当看到孩子那么兴奋、那么欢喜地等待老师的到来，我都觉得很感动、很意外。每家访完一个学生，我都觉得跟孩子的距离更近了，好像跟孩子建立了"连心结"。家访后我明显感觉和学生交流顺畅多了，原来见而避开的学生也主动和我交流了，也愿意和我玩，我的课也越上越顺。

## 三、加快了对学生的全面了解

家访让老师看到和了解到学生在学校之外的一面，如性格特点、兴趣爱好、生活习惯、家庭环境等，从而为老师因人而异、因材施教地"育人"起到事半功倍的作用。随着对学生的全面了解，老师也能理解到学生在校的不妥行为背后的原因。比如对李国沨家访后，我得知他非常喜欢读绘本，于是我便和他约定，让他每周带一本自己喜欢的绘本到学校来读给我听，得到我的点评和称赞后，李国沨也愿意主动和我交流了，我便要求他上课必须认真听课，起带头作用，他很爽快地答应并做到了，课堂上注意力不集中的毛病自然改好了。又如"上课长期神游"的黄子轩，针对他英语有基础所以上课不认真的情况，在家访时我便和黄子轩及他爸爸达成了"好好听课，赢取明德币，送给爸爸"的契约。家访后黄子轩在我的英语课堂上的表现真是脱胎换骨了，当然也赢了很多明德币。我从家访中获得了34个针对我们班34个孩子的独一无二的锦囊，这是我最大的获益。

家访确实为老师因材施教创造了条件和基础。

## 四、扩大了明德的宣传和知名度

原以为一次普通的家访，只是老师的个人行为，没想到家长看到老师来家访，普遍对明德学校好感度增加，认为明德的老师有责任心、有爱心，这样的老师让他们把孩子交给明德很放心。

通过家访，也能听取到家长对于学校的看法。我从家访中了解到，家长们对于明德的教育充满期待和欣赏。几乎所有的家长谈及选择明德的理由都提到了对于我们的校训——自由人格的欣赏，对于我们的校长程红兵的仰慕，对于学校开设多样的拓展课和选修课的期待。黄科齐的爸爸说道："我们专门考察了附近的几所学校，之所以选择明德，一是我非常欣赏陈一丹先生和程红兵校长，二是我看到了校园里'健康、阳光、发展'的标语，这就是我对孩子的期待。"庄荏婷的爸爸表示，选择明德就是认同明德的理念。家访了34个家庭，收获了对学校的34个称赞，让我感到无比的幸福和自豪。

## 五、增进了对一（4）班学生背景的了解

（1）一（4）班共有34名学生，学生家庭条件普遍优越，父母特别注重对孩子教育的投入与培养，一半以上的学生入校前都上过各类兴趣班，学生入校前的基础条件普遍较好，但因家长、家庭环境及外部因素的影响，学生个性与兴趣、特长方面的差异性大。印象很深刻的是对黄山月家访时，山月妈妈说"家庭是土壤，孩子是在土壤中发展起来的"。不同的家庭环境和氛围，必然塑造出孩子不同的个性。如何因人而异、因材施教是一年级老师帮助新生融入学校生活的关键因素。

一（4）班学生的家庭氛围可被划分为传统型和民主型两类。传统型的家庭父母与孩子之间的分界明显，通常是"虎妈猫爸"，爸爸主导宏观方针，妈妈负责执行和细节，往往养成了比较好的行为习惯，孩子对父母既有敬畏又有爱，父母对孩子恩威并施。这样家庭氛围下长大的孩子，在学校表现得更为自律、更为听话，适应学校生活与节奏也快些平顺些，学生普遍没那么"个性鲜明"。民主型的家庭父母与孩子之间没有界限、讲究平等，父母尊重孩子做出

的决定，孩子在家"无拘无束"，或者用庄恩葆妈妈的话说，"放养型"，在这种家庭氛围中长大的孩子，明显表现出自我意识强，自制力弱，不服管理，较难融入集体的特征，在遵守纪律这方面存在很大的问题，但思维活跃、个性强烈，创造性比较强。

（2）一（4）班34个学生在英语学习方面存在的三种情况：入校前完全没有接触过英语的有16名、入校前父母给孩子报了英语兴趣班的10名、入校前父母自己为孩子进行英文启蒙（带孩子读绘本）的有5名。我通过对学生在校英语学习状况的比对发现，第一种情况的学生大多数都能保持与教学同步，学习情况较为正常；第二种情况的学生令我十分意外，原本我认为兴趣班会起到很大的作用，但事实上英文学习吃力的学生中，大部分是上过兴趣班的；第三种情况的学生表现出的英文能力最强，入校前获得的英文语境对他们的英文学习很有帮助。看来兴趣是学习的老师，潜移默化的氛围对于语言学习才是至关重要的。

（3）一（4）班家长普遍重视孩子学习能力与综合能力（素质）的提高。通过家访，我了解到90%以上的家长，并不过分看重孩子一时的学习成绩，更强调的是老师要培养提高孩子的学习能力（方法、习惯）和综合能力（素质），让孩子快乐健康地成长；家长对于孩子的成长期待已不再局限于学习成绩，而是多维度的，全方面立体的，这与我家访前认为素质高、能力强的明德学生的家长，应该更看重孩子学业成绩的想法相左。但家长的想法和期望，同明德"健康、阳光、发展"的教育理念不谋而合。家访中，大部分家长都表示，这也是他们为孩子选择明德最重要的原因。很多家长也表达了国际化的愿望，也为孩子规划好了出国的意向，表示只要孩子有意愿，就会全方位支持。

选择从教入职明德，是我的幸运，也是我的机遇，这次计划之外的家访经历，让我感受良多、体会深刻、收获颇丰。作为一个教龄为"零"的新人，我愿向优秀前辈学习，低身进取，尽自己所能，成为学生喜欢、家长信任、学校放心的教师，为明德的教育发展事业贡献自己的力量。

# 教育故事之明星学生

深圳明德实验学校 吴誉兰

去年去美国访学的时候，发现每个教室门口都有一张自己制作的海报。海报上贴了一个学生各种情境下的照片，有自己在做什么事情的，有和自己喜欢的动物拍的，有在某些地方游玩的，还有和自己家人的。海报的旁边还贴了很多班上其他小朋友给他写的信。当时觉得好奇，就问了他们的老师。老师跟我们解释说：这个是一个星期的明星学生。每一个星期都有一个孩子是明星学生，这是根据他们的生日来决定的。每个明星学生都在周一把制作好的海报带来跟大家分享，这个星期中，其他的同学都给他写一封信。周五的时候，明星学生再带一些小礼物来分享给大家。

当时听完就觉得这个活动不错。其实班上的大部分孩子平时很少被大家关注到，而有过亲身体会的人都知道，每个人都是喜欢被大家关注的感觉的，这能帮他在这个集体找到存在感。既然这么好，何不借鉴过来呢？回来后，我把这个想法说给年级组的老师们听了，大家都觉得可行，于是整个二年级开始了"明星学生"的活动。

我们班第一个星期的明星学生是辜沫同同学。他就是一个平时被关注度不太高，还有一点腼腆的小男孩。周一的时候，在同学们掌声的鼓励下，他终于走上了讲台，给大家介绍他的海报。第一次站在同学们的面前，小伙子更紧张了，满脸都涨得通红，但还是坚持介绍完了整张海报。相信这对他来说，一定是记忆非常深刻的。这个星期中，同学们陆陆续续地给他写信；或站在门口看贴着的海报，有时找他来问某张照片是在哪里拍的，有时他远远地看着同学欣赏他的海报。到了周五，他一大早就拎了一大包小礼物，迫不及待地想跟大家分享。我感觉整个星期他都特别兴奋，特别开心。相信这个星期，对他来说是一个特殊的星期，意义非凡的一个星期，是只属于他的一个星期。

有了辜沫同的例子之后，再开展这项活动就顺畅多了。每个周一班会课上，我们都会按例抽出几分钟的时间，让明星学生做分享。同学们的海报也做得越来越精彩了。而还没有做明星学生的同学都羡慕已经做了明星学生的同学，都非常期待自己做明星学生的那个星期，期待属于自己的那个星期，甚至早早地就想好怎样制作自己的海报，要和大家分享什么小礼物。虽然一开始要上台分享海报的孩子会紧张，但他们最后都会战胜自己，鼓足勇气，大方地向大家介绍自己的海报。在读到同学们写给他的信时，他会觉得很开心、很幸福！记得我们班一位大大咧咧的男同学做明星学生的时候，到了周四偷偷地跟妈妈说："今天都周四了，怎么还有那么多人没有给我写信呢？"看来小朋友们还是很期待看到其他同学写的信的。而写信的同学一开始觉得麻烦，不想写，但感受到了收信的快乐后，越来越多的同学主动地写信了。其实文字所表达出来的和说出来的，感觉是不一样的。文字带给人的感觉更温暖一些，持续得更久一些！

通过此活动，班上的孩子们学会了主动去关心身边的同学，会特别注意每个同学有什么优点，好给他写信；而且学会了分享，还学会了通过写信给别人带来快乐！也希望通过此活动，同学之前相互了解得更多，越来越亲近，每个同学都能感受到班集体就是一个温暖的大家庭。

# 夸奖的力量

深圳明德实验学校　陈美言

作家马克·吐温说："只凭一句赞美的话我就可以充实地活上两个月。"第一次听到这句话时总觉有些夸大其词，但成为教师以后，我发现这是一句创造惊喜的金玉良言。

第一次认识周牧昀这个孩子是一年级刚开学时。作为班主任，我站在讲台上给班级的孩子做介绍，余光看到一个跷着腿趴在桌上的孩子，我提示他坐好，他回应我一张天真的笑脸，然后继续趴下跷腿。这之后的相处中，我发现这个孩子是班级的"小麻烦"，隔一节课就要被告状，捅捅这个人、戳戳那个人，上课时更是晃来晃去，而每次面对批评他都是扬起天真的笑脸，后来跟家长沟通发现，"他的笑是他的保护色"，这么小的年纪就掌握了"嗔拳不打笑面"的道理，已然是一个"老江湖"。

这个孩子对批评的记忆只有七秒，七秒过后该怎么样还怎么样，这使我一度非常头痛。后来一次合唱排练时，他有一瞬间的安静，我表扬了他一下，结果神奇的事情出现了，漫长的一个小时的排练中，周牧昀站得笔直。在这个过程中，我也不吝惜辞藻地赞美了他一番："如果你不知道怎么站好，就看看周牧昀，站姿像棵小松树一样挺拔！""咱们班最懂得坚持的人是周牧昀，你们看他从练习一直到现在都认认真真！""表扬周牧昀，我要奖励他一个小贴纸，还有一块糖！"……在一句一句真诚的赞美和夸奖中，周牧昀仿佛开了挂，站得笔直，即便是中途休息时也不松懈，谁能想到他是当初在班级里惹是生非、令人头痛的熊孩子！

在这之后的日子里，我开始见缝插针地表扬他。慢慢地，周牧昀的早读变得越来越认真，书写也越来越美观，变化虽然缓慢但却是实实在在发生的，让人欣喜。

我开始把这个"夸夸"法应用在班级管理上。每周一升旗仪式，班级的队伍总是需要老师像推方块一样指挥，很多时候我都感觉自己几近发火的边缘，直到开始使用"夸夸"法。"今天我们来比一比男生女生哪边站得更好""男生有三棵笔直的小松树，真棒！""女生我发现有1、2、3、4、5、6棵小松树""没想到二班同学星期一一大早就这么精神抖擞！真是厉害！"……在这样的夸奖下，孩子们越来越好，原本压抑着不要发火慢慢变成为孩子们进步如此之大而开心。

而且我发觉这个"夸夸"法适用范围非常广，如第四节课孩子们有些注意力不集中，这时候只需要把"夸夸"法升级使用即可。在夸奖的同时奖励给表现最好的三名孩子三颗糖豆，裹着糖豆外衣的夸奖会让整个教室的孩子斗志昂扬。在面对家长时，哪些家长为班级做出贡献，拍下照片在微信群里感谢并表扬，家长们也会纷纷效仿，班级的氛围变得越来越融洽。

说出夸奖的话对于教师来讲并不难，可对于学生来说，尤其是低年级的孩子们，这些夸奖非常珍贵，会轻而易举化为孩子们前进的动力，点燃孩子心中稚嫩的小火苗，这大概就是夸奖的意义所在。

# 体验孕妈，更爱妈妈

深圳明德实验学校　郑宛淇

下周日就是母亲节，为了让小朋友们感受母亲节的意义，体会到妈妈的辛苦，我们决定让孩子们当一回"孕妈""孕爸"。

活动开始前，先和宝贝们说一说妈妈怀孕的辛苦："约10个月，大家在妈妈肚子里一天天长大，在这个过程中，妈妈的身体会越来越沉重，为了给我们生命，悉心地照顾着我们，还要工作、做家务，直到我们呱呱坠地。"

母亲节的前一天，我们建议小朋友们用保鲜袋装好一颗生鸡蛋，裹上旧衣服保护，放到背包里，挂在胸前，套上爸爸妈妈的大T恤。

孩子们有很多的担心，小赖同学急急地嚷着："大大的肚子不好看，上学路上会不会被人笑话？"是的，孩子们，妈妈怀着你的时候，也有过这样的担心，可是妈妈很勇敢，我们也可以像妈妈一样成为超人妈妈、超人爸爸！

小煜同学也很担心地问："可是明天我们有体育课、跳绳课和拓展课，怎么办？"没关系，每位老师都会把大家当作小孕妈、小孕爸温柔对待。

看着孩子们七嘴八舌地发问、讨论，我们也不禁对明天的活动充满了期待。

阳光明媚的第二天一早，怀着鸡蛋的"孕妈""孕爸"们小心翼翼地走进校门，样子可爱又搞笑！保护鸡蛋的一天开始了，平时课间最爱奔跑跳跃的男孩子，一个个都轻轻地托着肚子，慢慢地走在走廊上、过道里。

小伙伴之间你瞅瞅我圆鼓鼓的肚子，我摸摸你的，一会儿比比大小，一会儿哈哈大笑，大家都沉浸在当"母亲"的快乐中，兴奋不已。早读时，"孕妈""孕爸"们腰背挺得直直的，声音洪亮；周歌时，一边唱着一边偷偷地瞄一眼肚子，可能在问宝宝，觉得妈妈的歌声怎么样啊？我们和鸡蛋宝宝一起看书写字，快乐唱歌，就像妈妈从前给我们读故事、唱儿歌一样。

新鲜感到了第二节课逐渐消逝，"孕妈""孕爸"挺着大肚子，手扶着腰，走走停停，个别瘦瘦的小朋友则靠着桌子休息。中午吃饱要睡觉啦，孩子们开始纷纷请求能不能把"肚子"放下来，腰酸腿疼，太闷太热了……可是孩子们，妈妈之前怀着你们的时候，更辛苦，我们一定能坚持下来！

这个难忘的中午，细心的"孕妈""孕爸"们抛弃了最爱的趴着睡、大字形睡、自由自在翻身，一个个都轻轻地仰着躺下来。

到了下午拓展课，有的小朋友满头大汗，仍然悉心照顾着"宝宝"；有的小伙伴开始放飞自我，为了能痛快地玩耍，早就把小背包甩到了身后。坚持着的小朋友感受到，妈妈怀孕真辛苦啊，没有办法自由自在地奔跑。

这一天下来，很多小朋友护蛋成功，也有个别小朋友因为蛋破了伤心大哭。看着他们交上来的小文章，除了感恩还有不少的愧疚，我们发现关于母亲生养孩子有多辛苦，已无须多讲，一天的坚持是最好的体会。

希望孩子们能学着感恩母亲，更爱妈妈，做妈妈的好孩子。

# 明德篮球队成长录

深圳明德实验学校　张玢玉

转眼来到明德实验学校已经快两年了,在这两年中我不仅是一名体育教师,在完成日常教学之余还有个身份——校男篮教练。刚接手篮球队时,从与前任校队教练的交接、沟通中,我听到最多的就是这帮孩子很"皮"。初任教师的我有着初出茅庐的一个"勇"字,心想到底是一群怎样的孩子让一个男体育老师都感觉到很"皮"、很头疼,就让我来会会他们,看看这群孩子到底"皮"成什么样子。

第一节课我做了十足的准备以应付一切突发状况,然而一节课下来,孩子们很乖,和我预想的完全不一样,第一节课在欢声笑语中结束了。回家的路上我还在窃喜,也不过如此嘛,我应付得过来。然而事实证明这只是暴风雨之前的平静,由于刚换教练,孩子们还没摸清教练的脾气秉性,所以也相对收敛,从第二节课开始,我逐渐和这帮孩子熟悉起来,孩子们也不再收敛,上课过程中无数次违反纪律,试探我的底线,从在课堂上随便插话、做动作偷工减料到迟到早退,无故旷课,情况越发严重。我感觉到了问题的严重性,是时候该开个球队会了!所谓没有规矩不成方圆,要想让孩子们更加系统地训练必须首先从心态上做出调整,改掉懒散的坏习惯。无论课上课下,首先要知道既然参与了校队,就应该重视起来,必须严格要求自己,要想比赛取得好成绩、为学校争光,训练就要能吃苦,肯下功夫。我借鉴学校其他社团的队伍队规,加班改了一份适合我们篮球队的队规队纪,从课堂纪律到上课守时,再到下课收球安排值日,事无巨细,每一项都有清楚明确的规定,然后用了一节课的时间和这些孩子讲队规、聊心事。

第二天一早，我还是提前10分钟到达篮球馆。刚到球馆门口就碰到了一个跟我同时到的孩子。"很好"，我心里想，会总算没白开，说的话孩子们还是有记在心里的，孩子们准时上课持续了一周。然而新的状况又发生了，由于校队都是男孩子，还都是比较"活泼"的男生，在要求对抗的时候难免会有身体冲撞，相互之间从最开始的埋怨到说脏话，最后干脆动起手来，我大概每节课都要充当一次和事佬，看来还得开会！上一次会议说的是纪律，那这一次我们就坐下来好好聊聊篮球。

刚开始我没有说打架的事情，只是问这些孩子有没有参加过比赛，从一个个迷茫的眼神中我找到了这些孩子"骁勇好斗"的原因。因为年龄和比赛性质的关系，这些孩子从没参加过正规比赛，这就不奇怪为什么一打对抗有身体接触就会动手了。找到问题的原因后，我开始带这些孩子观看比赛视频，讲解比赛规则，在队内对抗时调整吹哨的尺度，让孩子们逐渐适应身体接触并合理地运用对抗来得分。考虑到这些孩子的年龄段和对技术的掌握，我制定了以赛代练的训练计划，多练投篮和多打比赛。在赛中练能够提高孩子在比赛中对所学技术的运用，也能通过比赛发现自身的不足，更能激发队员在课后主动训练的主动性。

像这些事情只是校队日常训练的一小部分，这些孩子带给我的还有数不清的惊喜和感动。几个学期下来，在这些孩子坚持早晚训、保证出勤的情况下，无论技术还是体能都有明显的提高，从最初不怎么懂得比赛规则，到现在都能够明白并且能够适应场上比赛的节奏和对抗强度，一些基本功差一点的学生也能在课后有时间的时候自己主动练习运球和跑篮。从我刚接手时有几个孩子基本运球都不太熟练到能够熟悉篮球规则，适应强度对抗并上场比赛，可以说每个孩子都有非常大的进步。

如今，我校男篮这个大家庭有了更多孩子的加入，以开始四、五原班人马为班底展开建设的梯队模式，校男篮扩充到三个小组，分布一至六个年级。希望在接下来的训练中，能够继续用我这份对篮球的热情带动孩子们去训练，我们一起加油吧，孩子们！争取在今后的比赛中取得更好的成绩，为明德贡献自己的一分力量。

# 那个"宝藏"女孩儿

深圳明德实验学校　李柏汝

每周一升旗仪式唱国歌的时候，二（2）班Cissy同学的歌声总是能引来大家对她的关注。这位"唱歌永远不在调儿上"的女生其实是一位可爱的"宝藏"女孩儿。

Cissy是一位"学霸"。数学课上，她思维最敏捷，总是第一个喊出正确答案。数学老师为避免"一言堂"的状况出现善意地提醒Cissy"忍住"，给其他同学一些思考的时间。英语课上，Cissy非常专注，而且反应快、英语表达流利，老师提问，她总是第一个举手。Cissy因为她嗓门特别大，被老师选为早读的领读员，每次领读的时候，Cissy都会把所读的页码随时板书在白板上，让刚进入班级的同学能快速跟上大家。平常的单元测试或期中、期末考试，Cissy的成绩一直名列前茅。记得有一次英语单元测，Cissy因为粗心错了一题，扣掉了1分，没有拿到满分，拿到卷子的那一刻，她马上就哭了，我没有批评她，而是告诉她"老师相信你以后不会犯同样的错误了"。

Cissy是一个博学的孩子。美术课上，老师讲青蛙该如何画，Cissy会举手发言，给大家讲解："青蛙是变态发育的动物，卵一般产于水中，孵化成蝌蚪，用鳃呼吸，经过变态发育，成体主要用肺呼吸，但多数皮肤也有部分呼吸功能。"其他同学一听到"变态"这个词就哄堂大笑，Cissy生气地说："你们都不懂。"美术老师急忙解围："Cissy同学说得对，感谢Cissy同学给我们讲解关于青蛙的科学知识。"此刻的Cissy，有一种独孤求败的感觉。

Cissy是一位"女侠"。记得有一次英语早读，我7：50进入班级时，Cissy已经带着大家有序得早读了。这时，一个在放书包的男生慌慌张张地走到讲台上说："Betty老师，我的书包柜里有蟑螂！"Cissy听到后马上放下手中的课本，快步冲到了卫生角，拿起一把扫帚，一边喊着"老师，让我来消灭它"，一边利索地用扫帚杆把蟑螂给打死了。看到这一幕，我忍不住被Cissy可爱又仗义的样子逗乐了。

Cissy是一个很有个性的孩子。一年级科技节有一项比赛是纸船承重，Cissy和她的组员制成的小船承载钉子的数量已经问鼎冠军，周围观赛的同学都在大声数着数量，想看看这艘小小的纸船承载极限到底是多少。就在这紧张而激动人心的时刻，二（1）班一个调皮的学生突然抓了一大把钉子扔到小船上，小船马上沉了下去，看到这一幕，Cissy被气得在地上直打滚，一边滚一边哭。看到Cissy这样，我的眼眶也湿润了。我知道Cissy很懂道理，无须我多讲，所以我现在只能用"共情"帮孩子把心里的话说出来，我蹲在孩子身边，说："我知道你非常生气，因为你想知道自己的小船承载极限是多少，你不理解××同学为什么要这样做。"听完我的话，孩子站起来了，但还是止不住地哭泣。我知道这孩子是一位完美主义者，遇到这样的事情需要给孩子一段时间来缓存情绪。

再来说说唱国歌，班主任老师曾善意地提醒她"唱歌的时候小声一点"，但孩子笑眯眯地回答老师："都已经两年了，大家应该习惯了我的歌声才对呀，嘻嘻。"真希望她能一直这样保持自我，不被外界所影响，继续做一位天真烂漫、热情活泼、讨人喜欢的"宝藏"女孩儿。

# 愿为一只温暖的大龙猫

深圳明德实验学校　郑楚玲

我想很多人都曾看过宫崎骏的《龙猫》，龙猫灰色绒毛，雪白的大肚皮，庞大体形，笑起来还龇着牙，看上去有点吓人，好像一口就能吃掉一个小孩，但在整个电影中却是最令人安心和温暖的存在。

大龙猫对我而言是一个特别的存在，我教过的学生，全部和我一起看过《龙猫》这部电影。看完之后，我会跟他们说："我想做一只大龙猫。"而他们会说："那我们就是小龙猫。"我想他们想当龙猫，是因为它很可爱，而我想当龙猫，是希望自己对于他们来说，也是一个安心而温暖的存在。

在孩子中，我有很多的绰号，比如郑姥姥、郑坏蛋、郑麻麻、小郑郑……至于什么时候叫什么，完全根据他们当天的心情和我对他们做的事而定。这些六七岁的孩子，让我一直觉得自己是一个幸福和幸运的老师，也让我知道教师这份职业是多么的重要和有趣。2017年5月，我写了一篇小杂记——《如果你们是我的熊孩子》，其中有这么一段："说句大实话，我非常非常喜欢我自己班的娃，我觉得他们实在是太可爱了，我虐他们千百遍，他们爱我如初恋，有时候真的希望这一班孩子都是我亲生的。有人可能觉得假，但真的比真金还真。连着几天给你做早餐，每天都要跟你说喜欢你，有芝麻点大的快乐都要跟你分享，放学抱着你的大腿说他不想走，就是这么些个熊孩子，每天让你生气，却又温暖着你。所以我常会想，如果你们是我的熊孩子，我该怎么对待你们？很简单，那就是你们爱我，那我也爱你们啊。"

好了，以上那个幸福而幸运的老师，截止于2018年8月31日，因为2018年9月1日，她接了一个新的班，命运的齿轮从此开启了新的转法。

于我而言，接新班级最难的就是适应与接受，对第一个班我倾注了太多的爱与耐心，我不确定自己是否能够像之前一样，也充满耐心地去爱这些刚入学的孩子，特别是这个班有不少调皮的孩子。我对自己是否真的有能力带好这个班级也没有信心，我有点迷茫也有点儿生气，有一次甚至跑去问主任："你为什么要让我重新接一个班，为什么这个班里集中了这么多调皮的孩子甚至特殊的孩子？"主任的回答是："如果你能带好这个班，那在教育管理上你就会有很大的成长。"

生气与抱怨是无用的，生活有时候就是需要一些挑战，才能渲染出不同的色彩。我属于愿意当班主任的老师，如果只能当好的班级的老师，就不叫好老师，而且我相信，好的班级都是带出来的。我开始读一些教育类的书，如《班主任工作漫谈》《欢迎来到一年级》《问题学生治疗手册》等，其中《问题学生治疗手册》给了我很多管理"问题学生"的方法与灵感，我决定各个击破。

"具体到一个'问题学生'，真想解决他的问题，或者起码把他稳住，最重要的事情就是诊断、分析，看他到底问题在哪里，这是个什么类型的问题，属于什么程度，要教育他应该从哪里切入，总之应该多研究多思考，少说少做。"开学一个月后，我慢慢调整了自己的心态，也把我的头号目标锁定为那个一开学就"引人注目"的孩子。这个孩子开学第一堂课就跑到教室外面去玩，第一周经常四处跑，即使我们跟他说了很多次，他依旧会根据自己的心情随意在校园中走动。如果自己不开心，或者别人不小心碰到他，就会拿铅笔扎人，或者吐别人口水，找他聊天，他总有各种各样的理由说明自己为何会做出这种行为，一周内找他的妈妈聊了很多次，但是效果几乎为零。

后来，我决定将孩子的父母一起请到学校来沟通，我想从这个孩子的出生、幼儿园、所处的家庭环境和交友环境着手了解，希望能从中发现使这个孩子有如此行为习惯的一点线索。在沟通的过程中，我了解到这个孩子出生时有点坎坷，读幼儿园的时候也辗转了几个，陌生的环境使他没有太多固定的朋友，小的时候受过伤，导致妈妈对孩子十分愧疚，所以犯错误时很少批评，都是通过讲道理来解决问题，甚至爸爸想要批评的时候，妈妈都会觉得爸爸过于苛责。在沟通的时候，爸爸表示出对妈妈教育方式的不赞同，而妈妈也不太赞赏爸爸的想法，这让我觉得，至少在教育方式上他们应从今天开始达成统一。

和两位家长在长达3个小时的沟通后，我们决定建立一个"成长群"，我负责让他们了解孩子每天在学校的表现，爸爸妈妈了解孩子的情况后，回家可以做一个及时的反馈，表扬或者批评，用何种方式对孩子进行沟通，我们也会一起讨论。在学校里，我也为这个孩子创造一些好的机会，来改变之前他在同学们心中留下来的印象，比如上课不影响别人了，就鼓励他，并且告诉小组，因为他的认真，给予整个小组奖励。同时会找一些我的小帮手，去偷偷表扬他，让他知道，好的行为可以让他得到关注，也能吸引到更多同学成为他的朋友。当然，如果他做一些不文明的举动，一定会严厉地批评他，及时明确地告诉他，这样的行为是不对的，同时告诉他正确的行为方式。

想要改变一个人一直以来的行为习惯不是那么容易的事。"问题孩子"之所以成为"问题孩子"，就是因为他总会在同样的事或相似的事上反复犯同样的错，老师及家长首先要有这样的心理预设，才能更好地去教导孩子，不然很容易对教育感到失望。现在这个孩子还是会有一些问题，但是已经比较稳定，他不会再拿铅笔去扎人，不会吐别人口水，上课也不会随意乱跑，不会随意大叫，虽然想要做到集中注意力还有一段距离，但起码做到了尽量不影响周围的同学。

其实，与孩子父母的沟通并不是那么容易的事情，曾有几次因为教育方式的不同，彼此发生了争执，但最终我们都选择冷静处理，毕竟我们的出发点都是为了孩子。作为家长，需要理解老师并相信老师；作为老师，也需要理解为人父母的不易。在《1988》中有这样一句话，是一个爸爸对在家里总是被忽略的二女儿说的："爸爸也是第一次当爸爸，爸爸也有不懂得怎么当爸爸的时候，我们家善良的老二，能原谅爸爸吗？"是啊，我们多少人都是第一次为人父母，需要试错，需要去学习，也需要被理解和支持，每一次一想到这，我就觉得一切矛盾都是可以解决的，一切误解终将化为理解。

现在这个班的一些孩子依旧会很调皮，有时候还令人抓狂，但是他们也慢慢地知道在集体生活中需要遵守规则，需要不给别人增添麻烦。和这个班的孩子相处让我学习到，教育仅仅靠爱是远远不够的，还需要智慧与气度。爱让我们学会理解，智慧让我们迎难有解，气度让我们不易误解。

那一天，明朗的一天，风和日丽的一天，我和我的孩子们一起看完了《龙猫》的最后一部分，然后如往常般进行阳光体育活动。突然，一个小女孩跑过来抱着我，跟我说："小郑郑，你就是我的大龙猫啊！"然后，一群孩子跑过来抱着我说："不对，你是我的大龙猫。"是吗？我是你们的大龙猫吗？谢谢你们，我可爱的孩子们！

这世上的教育与爱，有时候看似毫无效果，但我相信，只要耐心守护，终有一天，它会以最美的姿态绽放在你的眼前。

**与学生一起活动**

# 守护个性，不违群道

深圳明德实验学校　史晨颖

**每**个孩子都有自己的"个性差异"，需要老师的守护、集体的包容；这样的班集体才是和谐多元、欣欣向荣的。同时，个性与自由都需要一定的边界，没有边界的集体生活也会危机重重。守护个性，也要不违群道。

——题记

高中时候的一段经历让我至今难忘。因为那时候在学校的学习生活节奏特别紧张，甚至同学们吃饭都是跑着去食堂。班主任用三个"快"来概括学校的风格：走路快，说话快，写字快。我大概是个慢性子，对于前两点，我是高度不符合的。因此，我显得和大部分同学很不一样。在这个事情上，班主任是不太满意我的，希望我改一改。同学也觉得我应改一改。但是我不肯改，我就是一个慢性子，觉得慢条斯理才文雅。如果说话、走路都变快，那简直就是要改变我的性格。有时候，我也会怀疑，是不是我这样的性格不好，是不是应该改变才对。不过我还是坚持着自己的风格，承受着些许不被班集体接纳的落寞。

高中毕业后，我报考了北京师范大学教育学部，在大学，我意外地收获了很多同学和老师的夸赞——他们夸我性格温和，有耐心，脾气很好。我很开心，原来我有一个很棒的性格啊。毕业后，我成为一名小学数学老师兼班主任，我更是发现了这种性格的职业优势：有耐心，可以更好地照顾学生，教育学生；讲课的时候我节奏比较稳，语速不快，同学们也容易听清楚。

我知道每个人的成长中都会有些遗憾，甚至委屈，我也愿意坦然地面对。不过，每个人都会带有自己的特色与个性，不应该用同一个标准去要求所有人。我常常希望以前的学校能够多一点包容，这样我会有更快乐的高中回忆。工作后我憧憬着，在我的班级，学生们的多样性能够得到充分的尊重和绽放。

不久之后，我发现了现实的无情制约。比如我们班的小浩性格很敏感，如果其他同学招惹了他，他可能会非常介意、很不开心。他会不肯回到座位上，他可能会站在走廊上或者窗台长时间地望远、流眼泪。有时候生起气来，他甚至会扔东西，踢凳子。领教到这样的个性，我犯了难，这该如何"包容与尊重"呢？他该如何和我们相处呢？我们又如何和他相处呢？

我思考出了这样的答案："守护个性，不违群道。"小浩的敏感是他自己的个性，是不好轻易改变的。家长也花了很大力气试图改变他的性格，但是收效不怎么显著。其实这样的性格也给他带来了一些优势，比如他比较细心、贴心，对老师更亲近、更信任。我们可以守护他的个性，不歧视这样的个性；但是当他的敏感和相应的行为影响到了身边的人，触犯了一些底线，就要坚决喊停。

有一次，我被学生们叫到了教室，原来下了社团课的小浩和小柠在教室里打了起来。走进教室，见三角板和剪刀都躺在地上，我大概猜到了当时的场面。起因是他俩之前有点闹矛盾，今天在教室的走廊上"狭路相逢"，小柠就跟小浩说："我和你有仇。"听了这话，小浩很是生气，两个人就你一下、我一下地动起了手。小浩有情绪的时候，容易过激，所以剪刀、老师的大三角板都被他拿来扔了，还好没砸到同学。

我跟小柠说："咱们相处了快三年了，他的性格你是知道的。和一个大大咧咧的人，你说一句'我和你有仇'就没什么，但是你和小浩说这样的话，他可能就会反应很强烈。你和不同的人相处，要有不同的方式，对不对？"我跟小浩说："你扔班级的东西就是不对。你扔剪刀，戳到了别人怎么办？这样来宣泄你的情绪是绝对不可以的！"两位同学也都接受了。

我精心守护着同学们的个性，同学们之间也彼此包容着。同时，集体生活的边界也被大家捍卫着：自由有度，个性有度，过犹不及。在一个多元化的班级里，祝福你们有一个快乐童年……

# 相信孩子，静待花开

深圳明德实验学校　杨　静

  一年前，我踏入教育行业，担任了明德实验学校香蜜校区一（6）班的语数老师兼班主任。作为一名新老师，作为一个第一次带班的班主任，作为对教育教学实践还是一张白纸的我，面对一群活泼、天真、可爱的一年级学生，我这个新老师还真的有些手足无措。和这群孩子相处了将近三年，我苦恼和焦虑过，但更多的还是欢笑和欣慰。

  孩子们刚踏入一年级的时候，由于年龄小，表现为活泼好动、自觉性很差，凡事总得有老师在旁看着。班里有个叫刘昆冈的学生很快引起了我的注意，他虎头虎脑，特别机灵，反应也很快，就是规则意识比较差，上课的时候喜欢随意下座位走动，课堂上插话，或者是说一些跟课堂无关的事情，站队的时候也总是东倒西歪。我严厉地批评过他，也私底下找他谈过几次，但总是收效甚微，每次他跟我保证得特别好，可是一转头就忘了，基本上没有什么改变。

  开学几个月后，有一天下午我外出学习，突然接到了同事的微信，说刘昆冈被隔壁班二年级的一个学生撞倒了，牙齿有点松动。这可把我急坏了，赶紧和二年级的那位班主任联系了解情况，那位老师和我说，两个孩子是在上课铃响后，奔跑着回班级的时候撞到的，她本想带着刘昆冈去办公室找我，看看他的牙有没有事，但他就是不肯，担心自己会挨批评。

  听完那位老师的话之后，我心里特别难受，有一种说不出的感觉。我想，是不是我之前的方法不对，对他太严格了呢，孩子受了伤还在担心自己会挨批评，心里肯定还是没有接受我的。

  从那以后，我改变了对刘昆冈的教育方式，不是严厉地说教，而是在生活中找到他的优点，然后在班里表扬。比如他特别喜欢看书，我就让班里的同学下课不要追逐打闹，向刘昆冈学习多阅读，就这样，同学们课间能够做到文明游戏，而且大部分孩子也找到了课间阅读的快乐。又比如刘昆冈虽然规则意识差，也不太讲卫生，但我发现了他的另一个优点，他的课桌里面永远整整齐齐、干干净净的，班会课的时候，我让他给同学们展示自己的课桌，让大家向他学习如何整理归纳物品。

久而久之，刘昆冈不再是同学们心中那个"坏"孩子了，而且他很认可我，觉得我和他是同一战线的，行为习惯也有了明显进步。他认为如果他不好好表现，我肯定会失望，可他不想让老师失望。

最让我欣慰的是，刘昆冈参加了"深圳市晚报校园童话比赛"，作品入选校园童话优秀征文。周五晚上，他迫不及待地让他妈妈把这个好消息分享给我，想让我也开心一下。

对于特殊孩子，我们对他们的学习和生活期望要适度，多纵向比较，少横向评论，以便让孩子感觉到自己的进步；及时捕捉优点，并将之放大，帮助他们在某一点上获得成功，并由此及彼，使之跨上新的台阶。

每一个学生都像一粒种子，都有发芽、开花、结果的时候，只不过每个人的花期不同。有的花，一开始就灿烂绽放；有的花，需要漫长的等待。有的种子可能永远都不会开花，因为他注定要长成一棵参天大树。相信孩子，静待花开！

让我们帮助每个孩子寻找适合自己的花期，让他们在自己最适宜的气候、最适宜的环境、最适宜的温度下，绽放出最美丽的人生之花！

# 小花的信念

深圳明德实验学校　马紫玥

**惊**觉时间流淌的速度之快，时光荏苒如白驹过隙，就如朱自清先生写的"我的日子滴在时间的流里，没有声音，也没有影子"。

前一阵子，我们尚且初识，对彼此充满好奇，而你们，于我而言便是恩赐的惊喜。

那天，在一节现代诗的课后，我突发奇想，请你们作诗。回想起来，这举动未免有些冒险，但我的孩子们呵，我的宝贝们，你们可知翻开那一页页作品时我的心，我的心，像一汪深潭，上空突然下起雨，细细柔柔的雨点激荡涟漪，继而，这涟漪愈发波动起来，这感动愈发充盈起来，几乎要化作洪水涌向我的眼眶。

稚嫩的字迹下所流淌的，不是绝伦的技巧，不是惊艳四座的辞藻，而是在这世间最纯净的眼眸中所看见的，最纯净的一个世界，我是世间最幸福的人，在这最纯净的世界里徜徉、幻想、感动、哭泣、奔跑……我明白，我想留住些什么，我寻找，我要做些什么，才能够让这惊喜永远延续。

所幸，在这跌跌撞撞一路奔忙的长途跋涉中，你们的老师童心失了十之有九，却还有想"让石头微笑"的小花一般的信念，一个声音在心里轻轻回荡："如若能记录下这些宝藏，想来也是好的，金黄的微笑，会闪闪发光。"

记录，是一件略显枯燥的事。眼，看着稍有些杂乱的稚嫩笔记；手，感受键盘的温度敲击；脑，却要飞速旋转，想这样表达是否足够通畅，个别地方或许稍有不妥，如若换个词语是否更加贴合，当想要稍加修改，却又缩手缩脚起来，生怕在那纯净世界里，惊扰了溪流里的一尾鱼，遮挡了夕阳下的一抹余晖，碰落了柳梢头的一抹翠意……改到手心出汗、眉头紧锁，兴许只是换了一处标点，却像打磨完成了一件绝世美玉，满足地轻叹，暗暗地欢喜。

我的孩子们啊，你们的老师有时还是会有孩子气，拥有了宝藏，就想急急向世人展示它的风光模样，所以，在作品集收录完成的第二天，它便出现在了你们早读的投影屏上——《三六班诗集》。

那天，你们幼小的心灵是否也同我一样，经历了一场悸动，我无从得知，但我犹然记得，那个清晨，书声琅琅，在自发的时急时缓的韵律中，在起伏的时大时小的声潮中，你们的眼底闪动微光，你们的笑容灿烂如花。

小花的信念，实现了吗？让大山微笑，让石头发芽，这之间，还要经历多少重春雨的洗礼啊，我是明白的。记忆的沙，在时光的河里浮了又沉，被裹挟着冲刷到一段旅程，水难收，沙难留。

但时光啊，就用这笔纸做胶片，用这尚且青涩的文字做显影液，我们来合个影可好？粗粗勾画你的模样，堪堪留住一段芳华。

后附：马老师的宝贝——《三六班诗集》

暴 雨

吕米来

暴雨啊暴雨！

你为什么在我没带雨伞时到来？

暴雨啊暴雨！

你为什么这么顽皮？

你知不知道我的头发已被你淋湿。

暴雨啊暴雨！

你什么时候才可以离开？

我的衣服也被你淋湿了。

暴雨啊暴雨！

你什么时候才可以离开？

我的鞋子也进水了。

暴雨啊暴雨！

你什么时候才可以离开?
你把我淋成落汤鸡没关系,
但你绝不能把我妈妈淋成落汤鸡,
我非常生气!
暴雨啊暴雨!
你什么时候才可以离开?

贪吃的小明
陈楚城
小明小明很贪吃,
每天吃上十颗糖。
张开嘴巴瞧一瞧,
牙齿全部掉光光!

春天的开心和不开心
贺羽晴
春天来了!
哎!又开心又不开心呀。
不开心!
因为我——又要上学了!
呜呜呜呜呜!
开心呀!
因为我——要到三年级了!
可是一上三年级,
作业又回来了呀!
呜呜呜呜呜呜!
可是再过几天,
就到我的生日了呀!

哈哈哈哈哈哈！
春天，
我真是开心又不开心。

善　恶
王瑾萱
做人如有善，
将来必有赏。
做人如有恶，
将来必有罚。

爱跳爱蹦的蜻蜓姑娘
刘牧遥
爱蹦爱跳的蜻蜓姑娘，
整个夏天都在纵情歌唱。
一眨眼冬天来临，
原野失去了生气；
曾经的良辰美景无踪迹；
那时，每片树叶下面，
都能安身和饱餐。
如今，往事成逝水，
饥饿、穷困伴随着寒冬齐降临。
蜻蜓已不再歌唱，
饿着肚皮，
怎还有那心思转调运腔！
它郁郁寡欢，
爬到蚂蚁跟前，说：
"好心的兄弟，请把我收留，

分享你的饭食和暖炕；
让我恢复元气，
迎接春暖花开的时光！"
蚂蚁回答：
"好姐姐，这可就怪了，
夏天你可曾工作？"
"哎，亲爱的，
那时节有的是芳草，
我们成日纵情歌舞，
嬉笑玩闹，神魂颠倒。
工作的事谁还顾得了！"
"所以你就……"
"所以我就忘乎所以，
唱啊，唱啊，整个夏天都在唱歌。"
"你整个夏天都在唱歌？
这可倒好，
那就再去展示你的歌喉！"

春天的诗

乔羽婵

春天要写诗了！
小蝌蚪带着它的朋友对春天说：
"我们当你的逗号。"
小青蛙和它的家人们对春天说：
"我们当你的文字。"
成千上万的河流对春天说：
"我们当你的图画！"
它们都把位儿当完了，大山当什么呢？

猜对了！
大山就是春天的纸张！

山
蔡梓翼
山很大，
像一块大大的巧克力，
快让我去旅行吧！

台风爷爷
吴佳欣
台风爷爷，
台风爷爷，
台风爷爷你能不能，
快点来呀！
我等你来呀，
如果你到了，
你就刮大风，
我们就停课！

暑 假
张笑语
暑假呀暑假！
你什么时候来呀？
我准备的游泳衣小了！
我准备的拖鞋小了！
下一个变小的，
可能是我玩耍的心吧！

颠倒歌

吴一田

咬牛奶，

喝面包，

夹着火车上皮包，

东西行，

南北走，

出门看见人咬狗，

拿起狗来打砖头，

又怕砖头咬我手。

绝句新编

陈耀霆

美丽山河江，

春风吹花香。

燕子叼着泥，

太阳暖洋洋。

消防站

欧卓凡

学校消防站，

老师消防员。

我们是火怪，

老师很生气，

气得哇哇叫。

流鼻血

许中和

今天我流鼻血了,

老师让我去厕所洗鼻子,

这时走廊上一个人都没有。

好孤独啊!

因为是上课时间,

所以在教室外的人,

就我一个。

好孤独啊!

还要什么?

刘凌宇

我要在树上睡觉,

有人帮我拿了床垫,

有人帮我拿了绳子,

现在……

谁帮我把树拿过来?

刮风了,下雨了

吴叶玺

刮风了,下雨了,

风一吹,雨一打,

课本都被打湿了。

下雨了,刮风了,

风一刮,雨一下,

我淋成落汤鸡了。

度

詹时衡

每物有度，
不可过度。
如已过度，
需加控制，
直至收放自如。

狮子和蚊子

孙泽月

一头大狮子，
小看小蚊子。
蚊子怀恨在心，
决定发起战争。
它既是战士，又是号手，
吹起号角，奋力战斗。
狮子觉得好笑，
蚊子认真备好，
飞扑下来，
刺得像鹰隼啄人一样猛，
叮得狮子浑身痒。
这时狮子才知道，
不能小看弱小，
有一天，
它们会强大得让你想不到！

时　间

陈伦有

作业，
作业，
你快走。
风风你快来，
作业吹吹走。
时间时间你快来，
假期来到乐悠悠。

不可以说

徐小加

你不可以说，
你今天得到的东西，
明天还能得到。
你不可以说，
你今天没得到的东西，
明天不能得到。
太阳下山，
也有爬上山的时候。
海豚去到了大海，
也会有回来的时候。

下　雨

田胡科怀

下雨啦，下雨啦，
我的泪水流走啦。
下雨啦，下雨啦，

我的作业打湿啦。
下雨啦，下雨啦，
考试成绩下来啦。
下雨啦，下雨啦，
拿了两个大鸭蛋。
下雨啦，下雨啦，
妈妈气得哇哇哇。

### 大树和小草
#### 杨思齐

大树看见了小草：
"哈哈，你怎么这么小啊？"
"如果台风来了，你肯定会被吹倒！"
小草说："如果台风来了，我就弯下腰，不会被吹倒。"
大树说："哈哈！你怎么那么胆小？"
小草只是说："我们等着瞧。"
台风在天上听到了，
跟着闪电下来了。
小草谦虚地弯下腰，
大树站得直直的。
一阵台风闪电过来，
大树被一分为二。
太阳出来了，
只有小草还站在那里微笑。

## 浇灌一朵安静绽放的花

深圳明德实验学校 曾 璇

**班**级是一个最有趣的小集体。男生女生，高矮胖瘦。有的同学好像什么都好，无论上课坐姿，下课作业，参加活动，总是表现得自信优秀。有的呢，调皮耍赖，上课喜欢讲讲小话，下课总是活蹦乱跳，学习上少不了让老师头疼，但是又特爱和老师分享，风趣幽默。曾经有老师说，对成绩正数第一和倒数第一的学生进行教育，难度相同。我想是的吧。因为他们总有那么鲜明的特征，他们在老师、同学面前，班集体中的出镜率总是很高。然而，他们身上确实有很多生动有趣的故事，总能吸引到老师和同学。然而今天，我的主人公却不是最出类拔萃的，也不是最调皮捣蛋的，她是那个最安静、最斯文，却最有力量的小姑娘，她叫作邱紫儿。

走进一年级的新班，看到了一张张可爱生动的小脸。有羞涩的，有嘻嘻笑的，有紧张的，还有天然呆的。有一位小朋友五官深邃，浓眉大眼，看上去好像一个少数民族小姑娘啊。她就是邱紫儿同学。她声音小小，笑容羞涩。见到老师总是礼貌鞠躬。她总是最早到校，总是乖巧有礼，作业干净整齐。然而她太过安静，总不太喜欢发言表达，英语基础也不好。一年级的时候，同学们要学习两本英语教材，每天阅读英语，可没少让小姑娘着急地流眼泪。当然，这是她妈妈告诉老师的，老师是很少看到她的眼泪的。比起班上大多数幼儿园就在读英语，经常与外国朋友交流的同学，她的英语基础是薄弱的，读英语对她来说也是困难的。所以老师和邱紫儿聊了一次，我们有了一个小约定："紫儿，如果第二天老师要熟读整篇课文，你就选择你读得最好的一段，单独读给老师听。如果第二天要背诵整篇，你就选你背得最好的一段给老师背诵。可以吗？"紫儿点点头。她真的这样做了，每次都准时来到办公室把自己准备好的英语内容朗读或者背诵出来。每次带走一朵小红花，老师每次进行记录。有一天，紫儿同学跑过来和我说："我今天可以背下一整篇文章给您听，曾老师。"我说："要不我们在班上背一下试试？"她想了想，说可以。就这样，紫儿流利地背下了整篇文章，收获了同学们惊讶的表情和掌声，也收获了自信。我拿出记录本，一起和紫儿数了数，她一共在我这儿读背了28次。紫儿和我的坚持取得了胜利，现在紫儿的英语很棒呢。

我们每周的班会课有一个小环节——不在班会课做批评和检讨，而是来夸夸同学，说说你最喜欢谁，你觉得最应该向谁学习，你觉得哪一点这位同学做得最好。"老师，我觉得一可做得很棒。她总是耐心地给同学讲解学习中的困惑，不会的题目、不清楚的作业，问她准没错。""老师，我觉得哲延很好，每次同学们不愿意干的活，他总是默默就做了。"被认可的同时和大家分享，对孩子来说是多么重要的肯定。我说："今天我来夸一位同学。还记得昨天体育周活动吗？年级组织了跳大绳的比赛。体育老师选了10位同学代表班级跳大绳。要知道跳大绳可不容易呢，稍不小心就被绊倒，不但自己没跳过去，下一位同学也会受影响。为此，同学们可是练习了多次。昨天就在临上场时，一位男同学说自己肚子特别痛，没办法代表班级比赛。这节骨眼，谁可以上场呢？问了班里同学，都没人举手表示。这时，只见紫儿同学举起了手，'我来，老师'。马上，老师把紫儿同学带到了比赛队伍里。比赛最终取得了第二名。尽管大家配合非常默契，但因为紫儿同学之前没有参加练习，还是出现了几次小失误。紫儿同学有些难过，眼圈有点红，同学们也闷闷不乐，老师看在眼里，但是当时没有说。只是让同学们回去好好休息。今天我要对同学们说：同学们这次的表现老师非常满意。大家刻苦训练，配合默契，取得了你们应有的成绩。当然，老师觉得老师最该感谢的，全班同学最应该感谢的是紫儿。"说完，带领全班给紫儿鼓掌。"紫儿从来不争抢，班级里有什么好东西分享，她肯定不会去抢，只是安安静静等着老师来分配。可是，当我们的班集体需要有同学站出来的时候，她比谁都勇敢，比谁都果断，毅然决定出来支持我们的队伍。她是我们班最棒的运动员，她是我们班的骄傲。"说完，全班都报以最热烈的掌声。当天晚上，紫儿妈妈发来了信息，表示紫儿感受到了来自老师、来自全班的力量，特别开心。

是啊，真正的教育从来都不是单纯的知识传授，更应该是行为的引导。孩子们用纯真、用善良感染老师，老师用鼓励、用爱引领同学们，给同学们自信和温暖，让孩子们在成长的道路上走得更自信、更从容。每一片叶子都有不同的形状，每一个孩子也都绽放着不一样的笑脸。老师喜欢活泼开朗、和老师谈笑风生的你；老师喜欢认真专注、拼尽全力的你；老师还喜欢默默坐在角落、安静有礼的你。爱每一个孩子，正如用心浇灌每一朵独特的花。

# 春树飞花

深圳明德实验学校　陈工民

"**校**长，我带他，在我们班试试吧！"那是15年前的一个春日午后，阳光浇灌着满树的桃，灰黑色的树枝舒展于晴朗的天空中，虽然还有点儿冷，但树上已是飞了花，有全开着的，有打着朵的。同事们批改着作业，聊着天。我坐在办公室的窗前看雅斯贝尔斯的书："教育是人的灵魂的教育，而非理智和认识的堆积。"我吟咏着他的这句话，看着窗外的春红。

校长不知什么时候进来了，还带着一位60多岁的病恹恹的老人和一个面目清瘦的孩子——这个孩子我们都知道——他的父亲死了，母亲改嫁了，已经休学两年了，而且手脚不够干净。办公室里，大家都不再说话，有的同事还借故出了门。校长先让这一老一小坐在办公室的沙发上，径直来到我的办公桌前，并招呼我去他的办公室。

校长客气地给我倒了一杯水，并让我坐在他的真皮沙发上。然后微笑着对我讲起了教育政策，说什么不能让一个孩子流向社会是我们的职责，小孩子的可塑性很强，做好老师的关键是要有责任心……总之一句话，他想让我把这个谁都不想要的孩子留下来。我看着校长说："校长，我带他，在我们班试试吧！"校长惊讶地看了我一眼，但很快高兴地对我说："我就知道，陈老师行！"

就这样，他成了我们班级的一员。没有本子，我送给他；没有文具，我买给他，很小心地呵护着他。因为有人说过："教师要站在学生的立场，在教育的每一个细节中学会呵护学生。要像对待荷叶上的露珠一样，小心翼翼地呵护学生的心灵。"虽然我很赞成这种观点，但是我反对这种提法，我觉得这种文学作品式的表达不好，容易沉沦于情感的泥淖，缺少一点儿理性思辨。雅斯贝尔斯说过，"教育是人的灵魂的教育"，一个人影响另一个人，我由此想到了孔老夫子的话："己所不欲，勿施于人。"拿我去体会他，然后"推己及人"去教育他。

  孩子开始表现很好，他可能也体会到上学不容易，但过了两周之后的一个周四下午，他很晚才到校，居然还带着一条小黑狗。班长给我汇报说："这狗是他中午在学校附近的市场买的。"无名之火"腾"地从心中升起，我一把拽住他的衣领，把他拉到办公室，用手指着他大声吼道："你连自己都养不活，还有资格养狗？"泪水顺着他的脸颊淌下来，他只是紧紧抱着那条狗。

  下班，骑电车，直奔他家。

  那是一个棚户区的小巷尽头，生锈的铁门，似乎轻轻一碰就要倒下，白色的墙早已发黄发黑。门是半开着的，一股儿中药味冲入我的鼻子，他在给爷爷煎药，那条黑狗就卧在爷爷的床前。他看到我惊得说不出话来，半响，才吞吞吐吐地说："老师，我错了，辜负了您的期望。我只想买条狗，在我上学的时候让它陪伴爷爷。"

  我怔住了，他买的哪里是条狗呀，那分明是长长的陪伴。

  我突然明白了他为什么逃学，为什么不完成作业，为什么对别人总是抗拒，因为没有人真正读懂他是一个怎样的孩子。

  我常常认为我很爱学生，很懂教育，很理解教育，可是此刻我觉得我的爱是何等的肤浅，何等的微不足道！他的内心真正需要的是什么？他需要真正的呵护、温暖、润泽。我深深知道了，作为一名教师，特别是一名班主任，在面对孩子出现的问题时，一定要在头脑中多问几个为什么，学会换位思考，站在孩子的角度看问题，也许会发现别样的风景。我紧紧地拥抱着他，泪水却在我的心里肆意流淌。

  在以后的工作中，在面对孩子出现的各种问题时，我多了一些理性，少了一些冲动；多了一些赞扬，少了一些责备；多了一些理解，少了一些武断。

  15年后，我和他在他工作的地方——武汉高铁站相遇，他再次紧紧地拥抱着我，我也紧紧拥抱着他……

而今，我行走在深圳教育的路上，一路走来，如同15年前的那个春日的午后，树上已是飞了花，有的全开着，有的仍打着朵……

清楚地记得去年的元旦会演排练时，二年级郑老师给我发信息，说健硕跑到了舞台上，肆意扭动自己的身体。一个很现实的问题摆在我的面前，要不要健硕参加班级的街舞表演，如果要他参加，把他放在哪，是藏在队中，还是放在队尾？在罗校长的鼓励下，我给了他单独表演的机会。当健硕登台舞动的那一刻，全场响起了雷鸣般的掌声；舞蹈结束，全场再次响起了雷鸣般的掌声。一位老师给我发信息说："陈老师，看到健硕的表演，我哭了。我为健硕喝彩，我也为您喝彩！"健硕妈妈含着泪说："从来没有想过，老师能给孩子单独表演的机会，从来没有这么紧张过，从来没有这么感动过！"我坚信，每个孩子都是一朵花，是花就会绽放；迎春花开在春天，荷花开在夏天，海棠开在秋天，蜡梅则在冬天绽放。只是花期不同而已，有的孩子注定是一棵铁树，不开则已，一开则惊艳四方。

让每个中国人都有出彩的机会，这是习主席的心愿；每朵花都应该绽放自己的色彩，是我的心愿。让我们播下宽容、理解、信赖的种子，让每个孩子都绽放自己的色彩！

# 一朵云推动另一朵云

深圳明德实验学校 王 倩

"**教**育是一棵树摇动另一棵树,一朵云推动另一朵云,一个灵魂唤醒另一个灵魂。"这是我大学时看到的一句话,这句话感染着我,让我感受到教育的美好。也是这时,成为一名像树、像云般的教师的想法在我心中生根发芽了。毕业后,我满怀希望地踏上三尺讲台,自认为可以得心应手地管理好语文课这一方小天地,结果却不是那么容易。我遇到了一些"带刺的花蕾",使我必须与他们斗智斗勇,必要时"相爱相杀"。印象最为深刻的是这位爱插嘴的付同学,故事就这样开始了……

"上课!"我话音刚落。

"报告,老师。"付同学用他那烟嗓发出嘶哑而有力的声音,学生们不约而同地朝他望去。只见他扭动着矮胖的身体,咧着嘴在门口嬉笑,圆乎乎的脑袋上都是汗水,额头两边的水珠在他那黝黑的皮肤上闪闪发亮。

"站好!"我大喝一声。他收敛了些,矮胖的身体停止了扭动,但是他还是在笑,可能是因为在同学们的目光下,他必须这样不在意地笑笑才能挽回自己的面子。我瞪了他一眼,说道:"铃声响了,没听到吗?"也许是感受到我生气了,他瞬间闭上嘴。

"安静地去座位上坐着!"我心想这孩子还算识时务,结果我错了。课堂的前十分钟进行得还挺顺利,学生们都在专心地听课。在我提问时,付同学的手举得老高,并且一直念叨:"我!我!我!老师点我!"虽然他没有安安静静地举手让我有些生气,但是我还是点他起来回答了问题。一方面是我知道如果不点他回答问题,他会一直在那里念叨,着实有些让人心烦;另一方面是我也不想让他失望，毕竟他积极回应了我的提问，表现出了对语文的喜爱。付同学回答完了，我也乘机点评并且给予了表扬，以此希望他这节课更加配合。接着，我又让其他同学回答了问题，他有认真地听别人说，并且按照我的示意把双手平放在桌子上。只是他忍不住地又插嘴抢着说了几句，打断了其他同学的话。

"认真聆听，不要插嘴，说话请举手！"我有些生气地说。

付同学似乎意犹未尽，撇着个嘴，小声嘟囔着："我只是有话要说，补充一下嘛！"

"要遵守课堂纪律，回答问题请举手。"我强硬地说。

一节课就在付同学多次插嘴中结束了。在之后的课堂上，付同学仍旧会偶尔插嘴，我也习惯了。无数次训导都无用，他可能真的是控制不住自己。而我作为老师也只能因材施教，根据孩子的特点，尽量找到适合付同学的教学方式。比如，在上课一开始，就尽量让他回答一下问题，让他有展示的机会，以此使他内心获得满足，也能让他更配合我一些。在他插嘴的时候，我用简短的语言给予他及时的提醒，用"安静"代替一大堆说教，这样既节省了课堂管控的时间，也能让付同学立刻安静下来。

虽然"插嘴大神"付同学在课堂上给我制造了许多小麻烦，但是他的大嗓门有时也给了我满满的力量。

每当课堂上有同学叽叽喳喳或者坐得东倒西歪时，我一拍手，"抬头挺胸看老师！"付同学几乎都是第一个回应我的。他那响亮而嘶哑的声音在教室回荡着，有力地带动着其他同学，于是同学们也紧随其后回应着我，并且把双手平放在桌子上，挺直腰板看着我。一下子，同学们变得精神抖擞，我也能顺利地将课堂进行下去。

我和付同学的故事还没有结束，和孩子们的故事更是未完待续，但是他们已经教会了我许多。让我明白每个孩子都有自己的特点，作为老师，我们要学会辩证地看待他们，如果一味陷入责备抱怨的泥潭中，只会越陷越深。如若多试着想想学生的好，我们的教学也许会更有乐趣和温情。正如陶行知先生所说："培养教育人和种花木一样，首先要认识花木的特点，区别不同情况给以施肥、浇水和培养教育,这叫'因材施教'。"

此刻,我再回想起那句话,似乎更能明白"一朵云推动另一朵云"的意义,它不仅是老师推动着学生,也是学生推动着老师。

# 空谷幽兰，秀外慧中
## ——我的学生赵兰慧

深圳明德实验学校　吕晓佳

9岁的她，现在是一名小学三年级的学生，文静的她在人群之中不那么显眼。这个年纪的小姑娘经常是变换着发式来上学，时而两个俏丽的麻花辫，时而高高吊起的马尾，时而一个丸子头……与很多同学不同的是，她每天都扎着一个朴素的马尾，些许碎发从头顶分印处自然垂落，不用花哨的头绳，也没有亮丽的发夹，她每一次出现都只会让你想到朴素、自然。

但是这样一个小姑娘，却是三年级一班人人仰慕的存在。在生活中，她与人为善，从不强人所难，也从不给别人制造麻烦。如果有同学向她求助，她会微笑着伸出援助之手。学习上，她是班级同学的榜样，从一年级起，她就能区分"的、地、得"；从二年级起，她就能保证自己的现场作文中不出现错别字，投影展示她的作品时，小朋友们看到她清丽灵秀的字迹总会惊呼："哇，跟打印的一模一样！"她不太爱管别人，但是对自己非常负责，也许是凭着武术水平，她被社团老师选为武术队的副队长。又因为在武术队里每天早晨要去操场跑三圈，这样跑下来，一来强身健体，三年以来她从来没有请过病假；二来提升了她的跑步速度和耐力，在运动会的比赛中，她和她的小伙伴赢得了接力比赛的冠军，还在个人500米赛跑中取得了很好的成绩。此外，她还曾经是那个在学校剧场的舞台上，沉着地背出整场演出的主持词的6岁小主持人，她还曾经是穿着一袭白裙在舞台上弹着《卡农》的7岁演奏者，她还曾经是科技节纸船称重比赛中引来很多小朋友围观和尖叫的8岁年级冠军。总之，她的优秀表现说不完。

可是，最让我难忘的不是她种种骄人的成绩，而是一路走来，她身上表现出来的人格魅力——自律、自主、自由。

在她7岁那年的夏天，我布置过一次植物观察日记，发到家长群通知什么时候买植物，什么期间用来记录，什么时候展示作品。因为是在家长群里说的，小姑娘并不知情，家长也忘记了这回事，等到老师通知交作品时，奶奶让她把家里的那盆绿萝带去学校，让她说这是她种的。小姑娘说什么都不肯，坚定地认为这不是自己做的，不能拿去冒充。她宁可选择没做作业被老师点名，也不愿意接受不属于自己的东西。从上小学后有作业的那一天起，她的作业和订正就从来没让人操过心。有一次她忘记把练习册带回去，她的解决办法不是请家长跟老师解释，而是第二天提前15分钟到学校把作业做完了，赶在早读之前交上了作业。现在三年级了，我还经常遇见学生以忘带作业本回家为由，告诉我没办法做作业的情况，而兰慧同学决定早起来学校做完作业的那次事情，发生在她上一年级的某一天。又有一次，班级举办了演讲比赛，在所有同学演讲之后，我请同学们投票选出演讲得最好的同学，并列了一些评分标准告诉大家什么是好的演讲。其实，讲得最好的不是她，而是一个平时特别调皮、得罪过很多同学的男孩子。可是，几乎没有同学选那个男孩子，大部分同学都选择了兰慧。但是兰慧心底清楚，她演讲得并不够好，她告诉妈妈："同学们是因为喜欢我才选的我，我认为最好的是××，我投了他。"她投的正是演讲得最好，但是人缘不好的那个男孩子。想来，这也是发生在她一年级时的事了。一个六七岁的孩子，能有这般悟性，真是令人钦佩。时间跳到二年级的某天下午，我们在班级选拔数学周的参赛同学，数学周的比赛是智力罗汉塔，每班派出六名选手，而她是以班级第六名的成绩被我选出来的。一般的小朋友会庆幸、会欢呼，而她深知自己还有不足，接下来的两三天，她到家做完作业就开始勤奋练习，在年级决赛中，她以年级第一名的成绩甩落其他选手。这个小姑娘清晰客观的自我认知能力和非凡的自律精神让我震惊，让我感动，让我心生敬仰。

再说说小姑娘的自主性。听她家长说，兰慧3岁就要求自己一个人睡，不怕黑夜，也不过度依赖家长，她的自主能力早早就形成了。进入小学后，不需要家长辅导作业，不需要家长帮忙做手工作品。与一些吼作业到深夜的家庭对比，兰慧的爸妈都是朝九晚六的上班族，兰慧每天完成作业之后，还有自己的阅读和玩耍时间。有一次，我在班里夸奖某某同学的美术作业真漂亮，孩子们也一声声地欢叫着"哇！""哇！"此时兰慧举手发言，她有点不好意思地说："可他的是家长帮做的，我是自己做的。"我忽然意识到我点评作业的方向有误，赶忙关注到那些自己独立完成作品的孩子。有时，有些作业需要家长配合，比如班级要举行"我的成长历程"分享会，学生们都不会做PPT，需要家长帮助。大部分都是家长做好后，再教孩子说出来。兰慧坚持要自己参与，她来说自己想表达什么，妈妈在一旁协助做PPT。一学期一度的个人小结，表格中要求总结孩子本学期的进步之处和待改进之处，这也是兰慧自己反思，妈妈帮忙填进电子表格中的。巧的是，她的总结和我想写给她的期末评语大体相同。她说自己在学习习惯上一直有进步，但是对于班级事务还缺乏热心。之后的日子里，她和她的好朋友嘉欣一起，承担了很多期的室内板报工作，每次出板报，都会用上她们一周的放学后的时间，有时做到6点才离开。自主自立的她现在也很愿意为班集体付出。

　　为什么我说兰慧是自由的呢？读了上面的故事，你也许会猜测她从小在一个严格的教育环境中长大，才让她有了如此的规则意识和自律精神，以及自主能力。或者，你会说，这真是天生的，家长什么都不用管，真是别人家的孩子。其实，我看到的是家长对孩子的充分尊重，这是没有几个家长能做到的。现在，很多家长打着尊重孩子的名义，为孩子做了不少决定，比如报什么兴趣班，上什么拓展课，报名什么比赛项目，与什么样的孩子交朋友……兰慧家长的做法就是真正充分尊重孩子的想法，遇到事情会与孩子商量。据兰慧的奶奶说，兰慧在家从来没有跟爸妈红过脸，她的爸妈也没有对她大喊大叫地训斥过。这是多少人羡慕的亲子关系啊。有一次，我把兰慧的现场作文拍照发给她妈妈，写的是《得了公主病的夏夏》（夏夏是兰慧的亲妹妹），文中写了妹妹最近一系列"娇气"的举动，但字里行间还是流露出了她对妹妹的爱。兰慧妈妈笑着说："回家我问问，看她愿不愿意给我看，她经常不希望我们看她写的东西。"在兰慧愿意拿给妈妈看之前，妈妈是不会说自己已经看过了她的作文的。这也是家长对孩子的尊重，正是这份尊重，让孩子拥有了自由的人格

169

和独立的精神。我说兰慧是自由的，还体现在她"不为物喜，不为己悲"的态度上。她的绘画作品清秀自然，没有太多浓墨重彩。学校有美术比赛时，美术老师认为她的上色不够饱满，铺满整个页面才会比较抓人眼球。兰慧似乎不会为了追求奖项而刻意改变自己的画风，她依然画着一幅幅清新简约但也细腻传神的小画，这也符合她不愿浮夸、不喜张扬的性格。在爸妈的关爱下成长，在自律中做着自己的事情，你会看到一个真正自由的小孩。我常想，我们的校训"明德正心，自由人格"说的不就是她吗？我们的校歌"博学笃行勤思考，知书达礼有智慧"唱的不就是她吗？

得一如此"宝藏"女孩，实属吾班之幸运。在教育中，不仅是老师教导和影响着她的学生，学生的存在也会无形中督促老师为人师表。我的学生赵兰慧，她像空谷幽兰一般纯净、高雅，她秀外但更加慧中，我也愿结幽兰以延伫，成为一个更好的老师。

# 当理解学生时，学生就理解了你

深圳明德实验学校 高 云

泰戈尔说过："爱是理解的别名。"作为一个刚进教师队伍的愣头青，这几年一路走来，越发觉得理解学生的行为方式和思维方式能帮助我更好地走进孩子们的心里，使自己的教育效果事半功倍。

记得刚当老师那会儿，我坚信"严师出高徒"，对学生的各个方面都要求严格，每一个细节、每一个动作都要做好，包括队列中的左右脚、上课的坐姿、听课的状态、回答问题的方式等。直到遇到现在班里的一群孙猴子，他们对我影响非常巨大。

现在我带的班34人，其中男生有21人，女生只有13人，可想而知这是怎样闹腾的一个班。一开始我也是秉承着"严师出高徒"的原则，对孩子们各个方面严格要求。但是经过两个学期，我发现孩子们越来越没有一开始做得那么好，反而越来越反感规矩。特别是L同学，每次犯错以后来到我这里，虽然只是让他安静地站着，但是他却像全身被无形的绳索捆住，不停地扭动，要挣脱束缚一样。刚开始我会对他进行严厉的批评和教育，但是每次教育完后，几乎都没有什么效果，一出办公室他又继续犯同样的错误。这让我相当郁闷，这都是为什么呢？但是我又特别喜欢这孩子，因为这个孩子特别可爱，每天见到老师的时候都会笑眯眯地问好，很有男子汉的血性。在这种矛盾的心情中，我不断试着各种方法，但效果都不是很好。

直到有一天，他被另外一个班学生的家长提溜到我办公室来投诉，说他打了他家孩子，我当时一听就火了，早晨才跟他说完管好自己的手，不要打人，要用其他方法来解决问题，武力解决问题是最无效的手段，怎么下午放学就打了别人呢？我直接把他拉到我的办公桌旁一顿狠狠地教训，然而当我吼完第一句的时候，他开始哭了，哭的特别伤心，上气不接下气的那种。以前不管我怎样说他、收拾他，他都是笑嘻嘻的，从来没有见他哭得这么厉害，我意识到情况不对，赶快去了解情况，才知道在放学等妈妈来接的时候，他在和这几个同学玩，其他几个孩子是一个班的，就联合起来欺负他、整他，还嘲笑他。他按照我教的方法警告他们多次都没效果，实在忍不住了就追他们，这个被打的孩子走得最慢，被抓住了，所以被教训了一顿。

听到这里，我知道他没有做错，要是我也会非常生气，我也会反击。但是在当时的情况下，作为老师，我不能将矛盾激化，只能先安抚对方家长，同时也警告他们以后玩可以，但是要按规矩玩，不能欺负别人。如果再像今天这样，因为你们事先挑衅而被欺负，那就是你们的错，然后送走了对方家长。

等回到办公室，我拿出一颗糖给L，悄悄地跟他说了一句："L，对不起，刚才冤枉你了，我觉得你做得很对，要是我我也会揍他的。"当听到这句话时，L瞬间止住了哭声，眨着泪汪汪的大眼睛看着我，一脸疑惑。

"其实老师和你一样，是个善恶分明的暴脾气，有时候就不能受委屈，今天同样的情况如果发生在我身上，我也会忍不住想揍人，老师能理解你当时的心情。"

"但是那是小时候的我，现在的我如果还遇到这样的事情，我会尝试用其他方法去解决。老师很高兴的是你记住了上午我说的要去警告对方，制止对方的行为。我要求的你都做到了，但是老师想说的是，当你遇到麻烦的时候，不能总是想着用暴力的方式去解决问题。

"暴力在某些时候看起来是最有效，也是最快捷的方法，但是暴力是一把双刃剑，你在伤害别人的同时，也会伤害自己，老师曾经在这方面犯过很多错误，直到长大才慢慢意识到自己这方面的问题，也付出了很大的代价。

"老师觉得你今天做得很好，老师理解你的心情，但是老师不认可你的做法，你要记住暴力是最后的方法，并不是唯一的方法，要学会多去使用其他方法，而不是暴力。"

当我说完后，L看着我笑了起来："老师你曾经不管怎么批评我，我都觉得不服气，要么觉得特别委屈，但是今天我一点都不觉得委屈，我还很开心。因为你说你理解我当时的情绪，也犯过和我一样的错误，我觉得特别亲切。我今天记住你的话了，我的心情变好了。"

但是听完他的这段话我突然愣住了，本以为今天我又要耗费大量的口水和精力去不停地说教，没想到简单的一句"我理解你"就全都解决了。

从这件事情之后我就开始反思我工作方式，发现理解真的很重要。当孩子出现问题的时候，当我首先去理解孩子的错误或不足时，会发现我能更好地走进他们的心，也能从他们的视野里看到更多不同的东西。

至此之后，虽然L还是偶尔会犯一些小错误，但是我跟他沟通起来轻松多了，不再像以前一样要耗费很多脑细胞。

# 一路向育

深圳明德实验学校　张　兴

**时**间悄然从笔尖划过，教育奋斗的点滴串成记忆的河，那一颗颗童真的心，映着一张张动人的笑脸，与此同时，我的教育生涯才刚刚开始，带着一份理想，虔诚以待，一路向育。

2018年的2月26日，是我第一次以教师身份与学生见面的日子，为此我早早地来到教室门外等候。预备铃响起，我推门走进教室，只见四团黑影袭来，我瞬间感觉身子一沉，一个踉跄险些摔倒。待我稳住阵脚，身上已经挂了四个孩子，两人抱腿，两人抱腰，我像被施了定身咒一样，动弹不得。他们还在七嘴八舌地一通乱问，有的学生问老师你叫什么名字；有的说老师你总算来了，好像我们已经认识了很久似的；还有的学生一声不吭，一个劲儿地往上爬，看他那架势，大概是想爬到我的头顶。我原本已经准备好的开场白，瞬间没了用武之地，定了定神，我决定先解决眼前的危机，连忙对同学们说："回到座位并坐端正的同学，我就回答他提出的一个问题。"这招还真管用，瞬间我就重获了自由。走上讲台，我看到一个个笔挺的身子坐在座位上，从他们的眼神中我读出了期待和好奇，期待老师能够选中自己，好奇我会怎么回答他们的问题。

扫视一圈，我发现了他，那个差点爬到我头顶的小男生，此时的他笔直地坐在座位上，目光定定地看着我，和刚才判若两人。这时候，我走到他身边，微笑着开始逗他："你叫什么名字？刚才好身手呀，差点爬到老师的头上，你很喜欢我吗？""老师，我叫航航，我很喜欢你，我也喜欢上计算机课。"小男孩说。"你有什么问题想问老师吗？"我微笑着问他。"老师，计算机课你会让我们玩儿小游戏吗？"航航急忙提出这个问题。这个问题一经提出，原本还有些琐碎声音的教室立马安静下来，此时我仿佛能听到孩子们心跳声，他们都绷紧了神经等待我的答案。"你们喜欢玩儿游戏吗？"我反问道。山呼海啸般的回答声此起彼伏，"喜欢，非常喜欢……""老师不仅会带着你玩儿游戏，还会带着你做游戏，利用计算机进行编程，做出一个属于你自己的游戏，优秀的作品还能放到网上，这样就会有很多小朋友玩儿你做的游戏，是不是很酷呀？"我回答道。航航和其他同学的眼睛中闪起了光芒，显然我的回答让他们很兴奋。"但是你们只有好好学习每一节课，认真完成每一节课的作业才能做出一款受欢迎的游戏，你们明白吗？""我会认真完成作业的。"航航说道。

通过这样的互动方式，孩子们了解了他们的计算机老师，了解了计算机课要学什么，了解了怎样获得奖励……我也了解了孩子们的心声，了解了他们想在计算机课堂获得什么。

下课铃声响起，又有几个学生围到我身边，我神经一紧，难道又想给我施"定身咒"吗？哪知他们开始叽叽喳喳地说："老师，老师我们也喜欢你，我也喜欢上计算机课。"看着这一个个稚嫩的小脸庞，一颗颗灵动的脑袋，一个个天真可爱的灵魂，我瞬间觉得自己很幸福，很享受在一群小朋友中间，与他们互动，感谢他们愿意与我分享有趣的童年。

现在我已经与这群孩子相处一年半了，他们还是会时不时地突然冲出来抱住我，直到我拖着他们走上一段，他们才会松开，我们都很享受这个过程。我的教育生涯还在继续，我愿将我的爱献给最爱的孩子以及最爱的事业。

一路前行，总因信念，自成风景。

爱，在一路教育的映衬中闪耀着璀璨的光芒，而我，幸而同行。

# 用最初的心，做长久的事

深圳明德实验学校　朱 雯

加入明德是在2018年的夏天，但明德的大名，却在很早之前就听说了。我那时还在美国读书和工作，在和朋友聊天的时候，她说了一句："你如果决定回国发展，可以试试这所学校，我觉得应该会适合你。"没想到，这句话就这样成真了。

我印象非常深刻的是面试时和程红兵校长的对话。他非常亲切、随和，一见到他，我的紧张感就消失了。他很仔细地看了我的简历，然后让我分享在美国的教学经历。我们一起讨论了Critical thinking的重要性，描述了美国的课堂，聊了中美教育的差异。他和我说了很多他对教育的理解，对孩子的想法，对学校的构想。他在说话的过程中，眼里一直是有光的，那种对教育的热爱溢于言表。当他说"欢迎你加入明德，希望你能把你在美国的所学所得带来明德，也能吸收国内教育的优秀之处并加以融合"时，我又激动、又感动，同时也在想，有这样的校长，明德一定是一所有理想、有情怀的学校。

当然我想，选择教育作为事业的人，内心大多都是有理想、有情怀的吧。我喜欢当老师并且一直从事教育的原因，除了觉得能够传递自己的想法，在孩子们成长路上起到一定的教育作用外，还因为和孩子们在一起，单纯又快乐，他们总能在不经意间教会你很多大人不一定明白的道理。

我们班有一位患有唐氏综合征的孩子，非常有礼貌，每天早上和下午见到我，都会笑着说"Good morning""Good afternoon"和我问好，有时候还会特意到办公室来和我说。可能由于他的病情，我会特别心疼和照顾他。他是个非常单纯有爱的孩子，有一次他在作业本上画了班上新转来的小女孩儿，还写了很多遍她的名字。我后来问他为什么画这个女孩儿，他说："我喜欢她。""那你为什么喜欢她呀？""因为她可爱。"我当时心里特别触动，这个孩子的学习能力或者心智发育也许逊色于同龄人，但他对于爱的认知干净又纯粹。

班上还有一位调皮的机灵鬼，长得特别帅，但上课和作业简直让人头疼。我经常逗他，"你能唱能跳，人长得帅，是不是想以后C位出道？"他总是憨憨地一笑，不好意思地摸摸头，然后跑开。有一次他和班上的一位女生起了点冲突，班主任老师去教育他的时候，他一本正经地说："我只是不小心碰了她一下，绝对没有打她。我妈说过，男人有本事和男人打，没本事的男人才会和女人斗，我是有本事的男人，不对女生发火。"我听完之后，都能想象他在说这话时，脸上正直和骄傲的神情。有机会，也想让他去教育教育社会上那些不尊重女性的大人，教教他们什么是真正的男子汉。

这样的故事在我身边时刻都在发生，有时贴心，有时窝心，有时闹心，但每一件事都反映着孩子们的内心世界。我在教给他们知识和道理的同时，他们也在教我怎么做一个真实而纯粹的大人。

教育最本质的地方无非是要给孩子一个梦。教育专家林格说："真正的教育，绝不仅仅是讲道理、传授知识，更不纯粹是开发孩子的智力，而是把自己精神的能量传递给孩子，维护孩子的心力，让他成为一个内心强大的人，一个能承担后果、应对变故、改善自身和环境的人。"

我希望，我也能一直保持着自己的初心，传递给孩子们能量，在孩子的成长路上，长久地陪伴着。

## "老赵"

深圳明德实验学校　姜立宏

"老赵！"
"干吗？"
"你还要不要训练？"
"你问我妈呀，周四我妈给我报了英语班……"
"那你今年的比赛还要不要参加，你可是去年的冠军啊！"
"你问我妈呀！"
"你连你妈都搞不定，你以为冠军这么好培养吗？"
……

我是深圳明德实验学校的体育教师，故事的主人公"老赵"是五（1）班的赵隽萱。至于"老赵"这个雅号，估计是她四年级跳高社团训练的时候我一不小心多喊了几句就诞生了！品学兼优、德智体全面发展是"老赵"在我眼中的标签，她也是我的福娃！"老赵"是我带的第一批田径社团的学生，因为我校实行小班化教学，每班满配35个学生，五、六年级一共才9个班，选材范围相当有限，整个五、六年级就选出了"老赵"这么一个女生跳高独苗！当然还有两位"男神"陪她练习，一位是五（1）班的"老胡"，巧合的是"老胡"跟"老赵"同班级、同年同月同日生，还有一位是五（4）班的跳高小能手许博星。

"打酱油"是2017年11月第二十八届福田区田径运动会上"老赵"的目标。那时候"老赵"才四年级，第一次参加校外的田径比赛。在小学女子跳高起跳高度1.15米的高度上三次试跳完败，光荣地完成了"打酱油"的任务。通过比赛，"老赵"发现六年级的姐姐也不是那么的强，有些还不如我这个四年级的，于是自信心暴涨，为下一届比赛积累了经验！

"老赵"初生牛犊不怕虎的精神，在2018年11月福田区第二十九届田径运动会赛场上体现得淋漓尽致！这是我校田径社团第二次参加福田区运动会，当时我给"老赵"定的目标是进入前8名，实现我校福田区田径比赛零分的突破！虽经历过一届比赛，但"老赵"毕竟是一个小学五年级的孩子呀，面对37位选手，她那颤抖的双腿、发白的脸色已经将她紧张的心理暴露无遗了。这30多位选手中大部分都是六年级的老手，"老赵"的心里更是七上八下了，能不能进入前8名呢？经过第一轮试跳，包括"老赵"在内的12人进入了第二轮比赛，淘汰了25个！拍摄定妆照的时候，"老赵"是里面最矮的，也是最不起眼的。为什么不起眼呢？因为别的运动员都是田径运动专业的短裤、钉鞋，"老赵"竟然穿着随和无比的平底鞋和长裤！第二轮试跳，当"老赵"顺利过了横杆的那一刻，我也是透了一口气，终于进前8名了，实现了我校区运会田径项目零分的突破！幸福来得太突然了，第三轮试跳，兴奋的我直接冲"老赵"喊："你跳过去，我请你一周吃香的喝辣的！"结果"老赵"助跑！起跳！腾空！落地——一个漂亮的背越式动作一次过竿！好吧，一周吃香的喝辣的到账！到现在只剩下三个对手了，第四次试跳全部队员均以失败告终。我这才意识到"老赵"可能夺冠了，因为前面"老赵"全都是一次过竿。经过裁判2分钟的核对，宣布了第一名是2014号赵隽萱，我一个箭步冲上去把"老赵"抱了起来，原地转了几个圈，实在是太激动了！就这样，"老赵"不仅实现了我校在福田区田径运动会上零分的突破，还获得了我校历史上第一个区运会冠军。

"老赵"的冠军时刻也有元洋老师的见证。据元老师回忆，当时看"老赵"比赛就是给她加加油，估计很快就淘汰了，毕竟老赵是五年级的孩子，对手基本都是六年级的，不抱任何希望！但是，看到"老赵"征服那一个个高度，元老师激动地都要跳起来了，当"老赵"拿冠军的那一刻，元老师就成了"老赵"的粉丝。现在"老赵"每次到体育办公室，元老师都是喊着："快快快，冠军来了，让座。"这就是竞技体育的魅力，"老赵"用实力征服了体育组的所有老师！

"老赵"夺冠之后，就遇到了文章开头的麻烦，赵妈妈把"老赵"的跳高训练时间报了英语班,我也因此跟赵妈妈进行了两次辩论赛,毕竟人家是亲妈,辩论赛我暂时处在了下风!作为"学霸","老赵"的学习成绩非常好,妈妈希望孩子在学习上能够更加优秀。作为体育老师,我也希望"老赵"六年级的时候能够蝉联冠军,跳高也是"老赵"的高光时刻,也许多少年后"老赵"回忆起来五年级这次破天荒的夺冠,还会偷着笑呢!

2019年11月第30届福田区田径运动会"老赵"会不会夺冠呢?克服困难,冠军必须是我们的目标!

# 爱当中的坚守

深圳明德实验学校　姚移萍

  **陶**行知老先生曾在《行知书信集》中写过一句切中肯綮的话：先生不应该专教书，他的责任是教人做人。学生不应当专读书，他的责任是学习人生之道。凝练简洁中道出了另一番教育原理，这也是我时常于教育当中的坚守。

  打开一个快递，包装盒上用水笔工工整整地写着5个大字——"敬爱的老姚收"，看着这个似曾相识的称呼，我的心激动得颤抖。打开盒子，里面是一束粉色的康乃馨和一张洁白的卡片。带着一丝惊喜，我打开了卡片："敬爱的姚老师，祝您教师节快乐，虽然您不再教我们了，但是我们都很想您，真希望再一次见到您呀！"卡片里还夹着一张几位同学的合影。看到这儿，心里一热，双手捧过花朵，竟有些颤抖，我赶忙拿干净的花瓶装好水把它插上，那一瞬间办公室似乎花香满溢。

  回想起那时的岁月，我总忍不住眼中泛泪。再看看曾经稚嫩的小男孩，如今长高了，更瘦了，是一个充满青春活力的帅小伙了。他的脸好像绽开的白兰花，笑意写在他的脸上，溢着满足的愉悦。看着看着，我的思绪又回到了那个时候。

  为了培育孩子们更好地成长，我总是竭力挖掘每一个孩子的特点，总是积极耐心地与家长们交流；为了让学得慢的孩子们将学到的知识更好地吸收，我总是放学后单独辅导那些不会的孩子。为了让他们更好地理解，我常常进行教学工作的反思与总结，适当改变我的教学方式，转换角度想一下孩子们最适合的是什么教学方式，那我就尝试着用这种方式去教育学生。高尔基曾说过：

"爱孩子，那是母鸡都会做的事，如何教育孩子才是一件大事。"在教育中，只有尊重学生，才能教育学生。在学生心目中，具有爱心和知识的老师才是"好老师"。要教学生学会做人，并不是仅凭几句于学生而言晦涩难懂的大道理，也绝非流连于口头上的说教，而是着重彰显于实处，深透于学生生活、学习的各个方面。

在我的心中，每个孩子都像自己的孩子一样，我对他们倾注了自己全部的爱。我们的班级中有各种各样的孩子，他们来自不同的家庭，性格不同，接受的家庭教育不同，学习能力不同。在教学环节中，不管我有没有提问，总是有许多学生发表自己的看法，"老师，这个我会。""老师，我已经把这个问题解决了。""老师，我跟他的方法不一样啊！"看到那一只只举起的小手和一双双渴望的眼神，我不得不把说话的机会留给他们。可是，刘昊却从未回答过问题，上课总是不听课，还时不时去捉弄别的孩子。也就是在那时，他给我留下极深的印象。通过几次跟他以及他家长的沟通，我对这个顽皮的孩子充满了同情。他与其他学生的不同在于他从小就父母离异，母亲不管，父亲每天忙于工作，很少有机会跟孩子在一起。还记得我第一次见到这个小孩的时候，看到他身上的衣服都脏兮兮的，那一刻，母爱在心中沸腾，我决定帮助他。我明白刘昊是长期缺少父母的关爱，内心非常孤独，他想要通过调皮捣蛋来获取别人的注意力，可是这种方式却适得其反，导致同学们疏远他，老师批评他。平日里我经常叫他做一些小事情，有时拿个东西，有时抱个作业，等等。无一例外的是，每次他帮我做完一件事后，我都会大声地称赞他，并给他一个小奖励。我也积极地让他参与到班级活动中，并跟他定好游戏规则，久而久之，他似乎没有那么调皮了，笑容也更多了。

六一儿童节的时候，我特意起了个大早买来了学习用品，还准备了一些精美的零食，准备给每个孩子一份小礼物。放学以后，我将一份小礼物送到了刘昊的手中。孩子看着眼前的一切，激动地流下了眼泪，他说："老师，您太好了，我喜欢你。"听到这样的话，我的鼻子不禁也酸酸的，多么纯真的孩子啊，多么可爱的孩子啊，作为一名老师，我有什么理由不去爱他，有什么理由不想方设法去帮助他？为了帮助刘昊赶上学习进度，提高学习成绩，我每天放学后都对他进行辅导，不仅如此，还常带着他一起吃饭，跟他聊天，让他说说他平时在班级看到的事情，谈谈自己的想法，我似乎慢慢地走进了孩子的心里，他也越来越乐于跟我分享自己的想法，有时候还会亲切地叫我老姚。一年的时间，我一直关注着他的一举一动，鼓励他一直前行。功夫不负有心人，在上四年级的时候，他的成绩已经跃进了班级前10，平时喜欢捉弄别人的行为也不再发生，在这一年的谆谆教导里，他学会了听课，学会了做笔记，学会了和同学们相处……看着他可喜的变化，我知道自己的心血没有白费，在内心深处，我也为他和自己的成就感到自豪。

几年如一日地坚守，我忘我地奉献着自己。成为一名母亲后，我更能体会天下父母的护犊情深，我的学生也是我的孩子，而能将这份爱无私地献给可爱的孩子们，无私地献给我所钟爱的事业是我的荣幸。我所追求的回报就是看见孩子们健康快乐地成长，脸上洋溢着欢乐的微笑。

作为教育者，更是有目标有追求的追梦人。在爱教育中扬帆起航，是我一直未曾改变且执着坚守的，即便浸润在阳光中的师爱无痕，却也在时光中留下了最令人难忘的回忆，那是来自为人师者在育人中的一颗赤诚之心。为能成为促进学生更好成长的守护者，我会坚守本心，将这份爱的坚守持续传递下去，直到永远。

# 翻开一本流水账

深圳明德实验学校　李婉柔

　　**都**说老师是心灵纯澈、沾染书卷香气之人，看看身边优秀的同事，我深以为然。但很多时候，那些比猴儿都淘气的一年级小学生也会让我们气得心肝儿脾到处都疼，每当此时，手扶前额的我们便会陷入无奈中无法自拔。今日，又有孩子向我举报洋洋了，我跌坐在办公桌前，深感无力。静坐良久，书架上的一抹青蓝撞入我的视线，那竟是我上学期为班里的孩子们记的流水账日记。

　　黄昏的光线柔和而安静，我的手指在每个孩子的姓名标记上停了停，最终翻开了洋洋的那一页。从10月17日建立流水账日记起，我一行一行地看下去：

　　"10月17日，今天你吃了小森的奥利奥，老师问了你原因，你说因为你是大贪吃。老师教你'己所不欲，勿施于人'的道理，并引导你明日应该还一片饼干给同学，你点头欣然接受。"

　　看到这里我笑了笑，那时还是刚刚接触洋洋，我的语气还比较温柔，随着他的事迹多起来……

　　"11月13日，你从垃圾桶里捡蛋糕吃，又爬到收纳箱顶站立，踩着椅子从窗户向下找东西。老师和你说这样很危险，以后不能这样做，你竟躲到了卫生角里。

　　"12月13日，向阿川扔铅笔，笔尖戳到了小曦头顶。"

　　"12月18日，把鼻屎放到小陈衣服上，在一年级办公室脱裤子。"

　　"12月20日，阳光体育活动打前面的墨儿，回到座位上打后面的小陈，试卷还没讲就撕碎扔进了垃圾桶。

3月12日，拽着午托配餐的一整袋香蕉不肯撒手……"

就算只看这流水账一样的日记，我也仿佛回到了那段日子。用食指舒了舒紧皱的眉心，思绪回到现在，我忽然感觉那段时光和事迹其实已然离我远去，竟已尘封在笔墨纸页之间，已很少再见它们的痕迹。与洋洋之前的状态相比，今天的事件似乎也没多么严重。这孩子，虽然自控力还是不如其他学生，但其实也在悄悄地进步呢。

到底是从什么时候开始的呢？

是了，是了，这里竟有5页记得密密麻麻的"采访录"，记满了我和洋洋的妈妈沟通的过程、解决的问题、了解的事件等。从那时开始，我开始了解洋洋这个看起来"劣迹斑斑"的孩子。

6岁半的洋洋患有严重的焦虑症，父母的严格要求使他很害怕把哪怕一件很小的事情搞砸，所以他几乎不敢答任何一张试卷，上学期的语文期末考试考了全年级最低分：11.5；父亲的特殊职业也使他恐惧血腥和死亡，他总是很焦虑，觉得自己活不了太久；年幼时频繁的搬家和过大的房间又让他缺少信任和安全感，这使他不愿意去相信别人，包括朝夕相处的老师和同学。我终于明白，我追着洋洋满楼层风一样奔跑的原因，那便是他还无法信任我。了解了洋洋一些奇怪行为的原因之后，洋洋妈妈又给我看了一些关于他的照片，我十分震撼：原来一个6岁半的孩子也可以把自己的玩具箱和房间日日保持得一丝不乱、整齐有序！原来一个6岁半的孩子也有一颗为朋友两肋插刀、从不考虑自己利益得失的豪义之心！

于是我想，我应该重新去看待、去帮助这个孩子。

时间流过我的青蓝色本子，流水账一条条地流淌着：

"3月15日，老师发起帮助同学的号召，在学习和生活中帮助包括你在内的三位同学。你的同桌是你最信任、喜欢的思思，今后可要好好与她相处。

"3月18日，你在课堂上与小川下座位打闹。

"3月25日，同学说你把你所有的海豚币都送给了思思。

"3月29日，你已有多次忘记交作业。

"4月4日，你的字练得很好，老师把你的作业放到投影仪下展示啦……

"5月6日，你与我讨论你养的一只独角仙和大蜗牛，你似乎很喜欢和我交流你养的昆虫呢。"

真的，虽然还是小错不断，但洋洋成长的信箱中已经开始有好消息传来了呢。洋洋的成绩也渐渐有了提升，从11.5分到46.5分，再到64分可以及格，一步一个脚印，稳稳地走在进步的路上。

昨天，阿良上课看课外书，洋洋便立刻跳过去打他，我让洋洋放学时留下来等我，我先送学生放学。一看同学们都走光了，他便在凳子上扭动，很焦急的样子。等我回来，便坐到他面前，递给他一支没有笔尖的铅笔和转笔刀，让他帮忙削尖。看他认认真真地削铅笔，我才开始切入正题："洋洋，你今天为什么要去打阿良呢？"他把下嘴唇往下一扯："他上课看课外书，我要告诉他不能这样。""他做得不对自然有老师来告诉他，那你去打他，有没有违反上课不能随意下座位的规则呢？"他点头。"而且，如果你要告诉他不能这样做，其实还有更好的方式，比如呢？你想想？"他拔出已经快被削尖的铅笔，仔细看看，又插回转笔刀慢慢地转："我还可以下课和他说，这样做。""对呀，那你现在有没有觉得自己的做法不合适呢？""觉得了。"看他已经把铅笔削好，我说："既然你已经认识到自己的错误，那明天要给阿良道歉。"他放下铅笔，点点头，我便让他离去了。我把这支原本断头的铅笔插回笔筒，它又和笔筒里的其他铅笔一样闪着乌亮的光。

今天中午睡前，洋洋和瑞瑞发生了争执，是洋洋先动的手。我说："你放学又要等我一会儿了。"放学时，洋洋竟然端坐在座位上，一动不动，聊一聊，他能认识到错误，我顿感欣慰。他其实是个蛮能静得下心来的孩子，不仅能从现在的坐姿，也能从他的书法中看到他安静认真的模样。哦，对了，说到书法，他已是班上的书法小明星了，写出来的字工整紧凑，进步很是可观。

流水账记到这儿戛然而止，余下的空白页还需要洋洋和我一起完成。不仅仅是洋洋，还有全班35个孩子，他们是这本流水账共同的作者。

记得当时动笔只是想记录一些孩子生活的点滴，等到他们六年级毕业便一条条读给他们听，也让他们能稍微记起自己成长的些微逸事。现在看来，这本流水账还能提醒我自己，学会发现每一个孩子的闪光点，不去否定任何一个孩子，不去轻易下任何一个结论。为人师者，不仅要传道授业，还要让学生在学习和心灵中都能发现自己的潜能，自信、阳光、快乐地成长。

这本青蓝色的流水账，翻开时无奈而焦虑，合上时欣慰而坦然。

我开始期待今后无数次地翻开与合上。

# 放学后的"小兔子"

深圳明德实验学校　唐余丹

**最**近我在科学课堂上遇到一个"难对付"的小孩。

初次认识到他是在上学期刚开学没多久的一次科学课开始之前。预备铃响了,所有的同学做好课前准备后都安静地等待上课,我也在讲台上准备课件,教室里安静得只能听见电风扇呼呼的声音和我的键盘声。突然后排角落里冒出一声"老师",瞬间打破了平静。我抬起头看到了第三大组倒数第二排的一位同学抬着头看着我,其他同学都微微转过头看着他。"我们的学习单太简单了,为什么这么简单还要做?"他没等我允许便继续说。说到学习单,我就有点生气了,因为我觉得此前学校用的配套练习不太合适,所以自己平时精选了很多练习题,编成了一张学习单,自认为紧扣教材又有所提升,并且内容翔实、数量适中。所以当这个小孩在本应该安静等待的时间把它拿出来质问我,并且饱含不屑之意时,我的内心是有一点小火苗的。但我的职业道德告诉我,给出有理有据的答案才是正确的。"首先这张学习单本来就是基础练习之用,照顾到大部分同学的,如果你觉得简单说明这章内容掌握得不错,如果你想要挑战一下更难的题目,可以下课来和老师聊一聊,我可以提供哦。其次,下次对于作业有疑问时记得下课后来跟老师说,而不是上课时打扰大家,明白了吗?"我简单地回答了问题,照例上课,但是内心记住了这个叫作"羽明"的小孩,当然不是因为他上课质疑我的学习单,而是我觉得这个小孩的学习能力不错,有待成为科学优等生,所以接下来的时间我一直很关注他。

事与愿违,在接下来的观察中,我发现这个小孩并没有表现出在学习上的优势,反而常常在一些基础问题上判断不明,这说明他对基础知识并没有掌握牢固，而且有点好高骛远。

第二件事发生在最近的课堂上，那是期中测试的试卷分析课，仍然是一次学生有序而积极思考回答问题的课堂，但是在讲到"磁铁指向南极的一端叫作南极，指向北方的一端叫作北极"这个简单易懂的知识点时，羽明又出幺蛾子了，他在没有举手的情况下又大声说道："老师，应该是指向南方的一端叫作北极，指向北方的一端叫作南极。"我顿了一秒钟，内心受到了小小的创伤还有点生气，但还是平静地问大家："还有人这么认为吗？请举手。"结果没有人举手，我已经认为是他故意扰乱秩序了，非常严厉地通知他，下午放学后来办公室找我，我帮他补习。说是补习，其实我的真实目的是想跟他聊一聊，为什么要在科学课上捣乱。当然我下课后和他的家长联系了，告知家长我要留小朋友补习一下功课。

放学已经有二十分钟了，羽明还没有来我办公室，担心他忘记，我在下午上课前还专门去教室和他的班主任说放学时提醒一下他。终于，在放学半小时后，他磨磨蹭蹭地来到了办公室门口。他有点紧张，这让我很意外，我以为像他这么调皮的小孩应该已经对进老师办公室轻车熟路了。轻声让他进来，问了他"知道老师为什么留下你吗"这样的问题，他睁着大眼睛告诉我"不知道"。我有点被这个小孩整蒙了，你故意扰乱课堂还说不知道？继续耐着性子问他今天上午捣乱的那个问题，我惊奇地发现原来他真的不知道，问了原因才知道，原来有一次同学回答问题这样说了我没有指出错误，他就这样记下来了。对于他的说法，我坚信我肯定指出了错误，但是对于他记错了这个问题，我表示原谅，并且和他一起复习了一下已经学习的课程，发现除了这个问题以外，其他的知识点掌握得都还不错，真是一次很愉快的课后约谈。看看时间，发现和他妈妈约好的时间还有二十分钟，正好学校的小兔子在上周生了小小兔子，所以我决定带他去看看，他很喜欢小兔子，跟我聊了很多小动物的话题，我们还做了约定："以后遇到不懂的问题下课来找老师。"羽明开心地回家了。之后不久，他的妈妈发来信息说："羽明一直在说小兔子的事，还和老师有了约定。谢谢老师的耐心。"

又一次科学课，羽明课上表现得非常好，积极思考、积极回答，不再不明所以地"扰乱课堂"了。

　　你们看，就是一次聊天，一次课后看小兔子，这个小朋友就开始朝着正确的方向前进了，我相信以后的教育生涯中一定还会出现很多次这样的聊天，这样的"小兔子"。在遇到孩子出现问题时，我们应该和他平静、耐心、平等地交流，了解他，开导他，影响他，这是刚站上讲台半年的我从羽明身上学到的。

# 给你的爱是成全

深圳明德实验学校　吴宏力

从教以来，每天都有教育的火花发生，但有些感受是当了班主任才能体会，有些故事是当了班主任才能见证的。这一学年是我第一次当班主任，边学边做，在细水长流的日子里希望孩子们做更好的自己。接手小学一年级，我的故事是关于成全的。

**成全故事一：半个月不知同桌名字的孩子在大剧场汇报演出**

小言名字里面有个"言"，但是这个孩子很少言语，可谓"名不副实"。他家长给我说（听家长说），小言有一个双胞胎兄弟（弟弟？哥哥？），两个人每天在一起，也不缺玩伴，特地把他俩分开没放在一个班级，是希望他们各自多交一些朋友。（小言同学）有多不爱说话呢？（记得）有一次问他坐了两周的同桌是谁，他竟然说（回答）不知道。可见平时有多不爱和同学沟通。（当时的我真是哭笑不得）

学校有一项关于讲述"家族故事"的活动，在每班提交的作品中，选出一位同学进行汇报讲述。当我看到他提交的作品时很惊喜（结合平时上课过程中，他主动举手回答问题的时候脸上洋溢着自信的笑容，不急不躁的表现），于是我做了一个大胆的决定，给他机会，让他到大剧场来展现这个故事。在所有的作品中，他的不一定是最优秀的，但我相信他能够临危不乱、处乱不惊。

班会课的时候，我请他在班里把即将搬上剧场的这个故事讲一下，讲完之后同学们说想再听一次。之后给他提了一些小建议，他也很快改正，最后他将自己的故事完美呈现！我还记得在后台看着他在场上认认真真讲故事魅力四射的样子，下台后他飞一般地跑出剧场，留给我的是一个欢乐跳跃的背影。其他也很了解小言的老师说：他表现得太好了，像变了一个人似的！

我想当老师的幸福就是：成全他一次，他给你惊喜！

**成全故事二：剪断头顶烦恼丝**

如果两个月前你来我们班教室，第一眼一定会看到一个发型很特别的男孩，他头顶留着小辫，编发精致。这个辫子也引起了校领导的注意，并问我是习俗还是有什么意义。乐乐要去参加一个演讲比赛，自我介绍的台词是这样的："如果我告诉你我游泳很厉害，你可能记不住我；如果我告诉你我跑步很快，你也记不住我，但是如果我给你说我头顶有个小辫，你一定能记住我，这个小辫是我的Logo。"这个辫子也让我纠结了，一方面觉得有可能会影响集体的精神面貌；一方面又在想，他也不是叛逆的性格和叛逆的年纪，并没有妨碍谁。

有时候，乐乐来学校太匆忙的话，就会披头散发，加上编过的痕迹，蓬乱卷曲的头发盖住半张脸，我边帮他扎辫子边说："你这样子有点像老摇滚明星哦。"说完我俩一起咯咯地笑。我就试探性地和他商量："有没有想过把头发剪了呢？"他没说话，但是脸上已经没了表情。下午放学的时候，因为和同学之间一件极小的事，他开始疯狂大哭起来，说什么都听不进去，甚至有些偏执，我知道他的情绪终于绷不住了，与同学的分歧只是表面现象。我问他是不是因为觉得自己可能要剪头发才这样失控，他狠狠地点头，因为在此之前他的父母也和他提过剪头发的事。

他说觉得自己的长头发很酷，我问："这是通过你自己的努力得来的吗？是真正的值得自豪的事情吗？"他没说话，第二天告诉我，他准备剪头发，但是还没想好什么时候剪。我说："没问题，成全你。"

农历二月初二龙抬头的第二天，有个小身影跳到我面前，正是乐乐同学。他开心地让我摸他头发：剪了！同学们都夸好帅！说真的，剪头发之前他还有一丝阴柔，剪完头发立刻变成了一个阳光小男生。

我想当老师的幸福就是：你成全他，他信任你！

初当班主任，虽然很累，但是并不觉得辛苦，所有付出的爱与责任都很值得，因为共同经历这些点点滴滴的同时我也很幸福。教育的火花每天都在绽放，故事一直在继续……

# 关爱的"四颗糖"

深圳明德实验学校 刘 郁

  **教**育大师陶行知的"四颗糖"的故事作为经典教学案例，像一块美玉，依旧温润地散发着教学光芒，让我们领悟到，教育是充满智慧的工作：一次，陶行知先生看到学生王友正用泥块砸同学，当即制止，让他放学后到校长室。陶行知来到校长室，王友已等在门口准备挨训了。没想到陶行知却给了他一颗糖，并说："这是奖给你的，因为你很准时，我却迟到了。"王友惊疑地瞪大了眼睛。陶行知又掏出第二颗糖，对王友说："这第二颗糖也是奖给你的，因为我不让你再打人时，你立即停止了。"接着陶行知又掏出了第三颗糖："我调查过了，你砸那几个男生，是因为他们不守游戏规则，欺负女生；你砸他们，说明你很正直善良，有跟坏人作斗争的勇气，应该奖励你啊！"王友感动极了，他流着眼泪后悔地说道："陶校长，你打我两下吧！我错了，我砸的不是坏人，而是自己的同学啊！"陶行知满意地笑了，他随即掏出第四颗糖果递过去，说："为你正确地认识错误，我再奖给你一颗糖，可惜我这只有这一块糖了，我的糖分完了，我看我们的谈话也该完了吧。"说完，就走出了校长室。

  "四颗糖"的故事里，短短的对话却触及心灵，不禁让我们为陶行知先生的教育思想和教育智慧所折服。作为教育工作者，我也想像陶行知先生那样，随时为同学们准备"四颗糖"。

### 第一颗糖：尊重之糖

  小丁，班上的体育委员，因做早操时和同学打架，受到年级长的责骂。

早操结束后，小丁按要求到办公室找班主任，也就是我。小丁低着头，不敢出声，等着我的训斥。我平静地说："你来了，打得累不累，早操都没做成吧？"小丁没有出声，头压得更低了。"是因为什么那么生气？一定要出手打同学呢？"我不改平静的语气，继续关心地问。小丁抬头小声解释道："喊口令时，他没有及时立正站好，还和后面的同学说话。""你遵守纪律，牢记老师的要求，应该点赞。但口令喊出后，你认为应该怎么让他听口令呢？""我……我不应该用脚踢他，应该跟他说。""那我相信以后你会是更加负责任的体委。"

## 第二颗糖：信任之糖

又是小丁。放学后一位同学的妈妈来告状，说是小丁偷了她孩子的水彩笔，没有还回来。"偷"这个字眼紧紧抓住了我的心，我想尽快弄清事实，但孩子们都已经回家了，无法当即对证，于是让小丁妈妈在家先了解并告知我情况，得知孩子并没有拿别人的水彩笔，我收紧的心放松下来，但是水彩笔到底到哪儿去了呢？第二天我找到小丁，问："你知道我为什么找你吗？"小丁点点头，说："我偷拿了别人的水彩笔。"我假装好奇地说："偷拿了？没有人这样说过。不过你和别人的水彩笔有什么样的故事，说来听听？""我看到他散落在地的水彩笔被别的同学藏在了小树林里，就帮他捡了回去，放进了书包柜。但是他自己没有看到，只知道我动过他的书包柜，以为是我偷的。""你能主动帮同学找到丢失的水彩笔非常棒，应该点赞。""可是没跟他说，别人还以为我偷了。"小丁委屈地说道。"原来你知道问题的关键了，快去和同学说清楚吧！"

## 第三颗糖：赏识之糖

还是小丁。春季的深圳，天气潮湿，雨后小树林下冒出大小不一的蜗牛，学生课下都围着仔细端详，胆大的小丁甚至将它们带回教室，引得同学争相模仿。抽屉里、书包柜上，到处是蜗牛留下的黏液，既不干净，也不卫生。几次要求同学们将蜗牛放回小树林，但第二天依旧能在教室找到蜗牛爬行踪迹，如此这般反复，我开始琢磨着怎么处理才好。得知同学们最近的科学课内容是有关蜗牛的，我给小丁还有几位抓蜗牛的同学布置了一项重要任务——"观察蜗牛日志"：你们每天抓蜗牛，一定对蜗牛观察得很仔细。那么一周内，请观察蜗牛并做一张蜗牛生活图。为了能写出日志，蜗牛都被同学们带回了家，一天后，教室中已经不见其踪影。一周后，是蜗牛日志展演的时候了，一张张制作精美的蜗牛画，同学们图文并茂地说明了蜗牛的生活，并以图会友，讨论他们记录蜗牛的过程。小丁也拿出了他的精美作品，得到了我的赞赏后十分开心，但却抱怨道："我再也不想养蜗牛了，它总是把家里弄得黏糊糊的，而且没几天就死了，所以还是把它放回大自然吧！"我笑了："对啊，时不时去看看它，它应该也会想看看你吧！"

## 第四颗糖：宽容之糖

真的是小丁。一年一届的运动会如期召开，小丁报了团体跳绳比赛。但小丁的"威名"远扬，还因课下和同学们抢跳绳闹得不愉快。同学们都对他抱着怀疑的态度：他怎么能代表我们班去呢？小丁焦急地找到我："老师，他们不让我去参加比赛，我真的可以的，你要相信我。"小眼睛里满是参加比赛的渴望和被拒绝的幽怨，期待着我给他一点点希望。我不慌不忙，找到预备队员，在操场举行了一次小型的选拔比赛，同学们都兴奋地过来围观，小丁和其他几位预备队员认真地进行预赛，一声开始后，小丁双脚快频率离地，频率之快使得同学们都投来羡慕的目光，大家竟然开始齐声帮他数数，结果很快出来，小丁以绝对的优势脱颖而出，"哇，你好厉害啊"。比赛结束后小丁平息了呼吸，开心地笑了，在人群中找到我，开心极了！果然，在那次运动会中，小丁和同学们获得了团体男子跳绳第一名的好成绩，不再有同学怀疑他的能力，科技节、数学节，小丁都积极参加，尽全力完成每次活动。

"四颗糖"化粗暴训斥为关爱信任，感化心灵，充分挖掘了孩子身上的闪光点，激励了孩子成长，相信他们会在成长的路上绽放光彩。

# 佳佳，一起上学吧

深圳明德实验学校  苏腾子

"呜呜呜，我要回家，我不要去上学。"
"妈妈，妈妈，你别走，妈妈你不要走……"
"呜呜……"

这是我来到明德的第一年，担任一年级二班的班主任时遇到的情况。从9月份开始，每天早上都可以看到一个在校门口大哭的小女孩。是的，她是我们班的佳佳。

佳佳是我们班一个乐于助人且有责任感的小女孩，因负责任这一好品质，佳佳还担任了我们班的数学班长呢。可是好景不长，开学第三周的一个中午，佳佳突然不停地用电话手表打电话给妈妈，跟妈妈表达了必须回家去、不想在学校午休的诉求。由于孩子的爸爸妈妈是双职工，没有时间来接孩子，孩子一听说还要待在学校，就崩溃的哇哇大哭起来。这一中午，我们俩都没有午休，我对孩子进行了安抚，并给孩子安排了帮忙批改数学作业的工作，尽可能让孩子排解悲伤的情绪。第二天，你猜？是的，同样的时间，同样的理由，孩子又闹情绪了。这一周，孩子午休时间都在办公室度过，而且情况有所加剧，我必须在孩子的视线范围内，如果我要上厕所，孩子也要在厕所门口等。

今年是我第五年担任班主任，知道一年级的新生里总会有那么一两个对小学生活不适应，本想着帮着孩子度过这段不适应期，多花时间陪陪她就好了。可是，第四周的周一，佳佳在学校门口抱着妈妈的大腿哭闹着不肯进学校，无奈之下，佳佳妈妈答应中午来接她回家午休。这一周，佳佳妈妈每天中午都来接孩子回家午休，但这并没有减缓孩子的"焦虑"，有了妈妈的陪伴，佳佳似乎更舍不得离开妈妈、留在"陌生"的学校了，慢慢地，佳佳妈妈需要早午晚接送，并把孩子送到课室门口，跟孩子做思想工作，再慢慢离开。但不管妈妈如何保证、如何承诺，佳佳都会大哭着追着妈妈到学校门口……

就这样，九月份过去了，佳佳父母和老师们都想了很多的办法，包括特意设计一些机会让孩子结交更多的好朋友，增强其班级归属感；跟各科任老师沟通，降低对孩子的要求，让她更轻松、更无压力地上课；我和副班主任每天抽出所有空余时间跟孩子谈心，带孩子看医生、进行心理疏导……孩子的情况不仅没有丝毫好转，还愈发严重了，出现了肌肉抽动的情况，没办法上外教课、武术课、足球课等男老师担任的课程，最终的结果是我们一步步向孩子妥协，从中午回家午休到佳佳妈妈每天把孩子送进学校、送到课室门口，再到佳佳妈妈到课室陪读……

就这样，十月份也过去了，佳佳妈妈已经放下工作，每天拿着一本儿童心理读本坐在课室后面陪佳佳上课。这时候的佳佳是可以不哭不闹地坐在自己的座位上了，可是，每分钟都要回过头确认妈妈还在课室里，似乎承诺并不能给佳佳安全感，只有亲眼确认，她才觉得是安全的。

佳佳的情况属于较严重的学校焦虑和心理抽动症。到十月底，孩子已经完全没办法听好一节课了，佳佳的父母也处于精神紧张、近乎崩溃的边缘。这个情况如果继续下去，佳佳只能休学回家休养了。了解孩子的全部情况后，学校决定再做最后的努力，试着让佳佳尽可能地发泄情绪，然后明确跟孩子"立规矩"，帮助孩子迈出"上学第一步"。

清晰地记得，那天是期中考试的第一天，我们提前约了佳佳妈妈到学校，级长许老师、心理李老师、足球元老师和我当着佳佳以及佳佳妈妈的面开诚布公地谈孩子的上学问题，提出了不能一直跟孩子妥协、对待孩子哭闹的态度要坚决、家长和老师站在同一阵线等要求。当佳佳听到妈妈不能再陪她上学的时候，哇哇地大哭起来，一边抱着妈妈的腿一边嚷嚷："妈妈不要走，妈妈不要走……"这个时候，佳佳妈妈停止了以往的马上跟孩子讲道理或规劝的做法，佳佳见哭闹竟得不到一个大人的回应，哭得更畅快了。二十分钟过去了，佳佳忽大忽小的哭声从未停止，足球元老师一把抱起孩子，往球场走去……据说当天，六楼的监考老师都听到了佳佳的哭声。那天的佳佳应该很讶异，为什么大人们对于她的"大哭抗议"竟视若无睹吧。

这天过后，佳佳好像懂得了什么，状态逐渐"回暖"。第一学期结束之际，佳佳脱离了妈妈的陪读。寒假的时候，佳佳父母在医生的建议之下，坚持花更多时间去陪伴佳佳，陪伴佳佳坚持学校的作息时间、学习、运动，与大自然接触……

第二学期开学，佳佳能跟其他小朋友一样不哭不闹地在校门口跟父母挥手进校门，更让人惊喜的是，孩子能在学校午休了。看到佳佳的状态越来越好，我开始逐步给她设定目标，首先这学期把午休的地点从办公室换回到课室。佳佳犹豫了一会儿，说道："那我下个星期再回课室睡可以吗？"孩子迈出的这一步让我惊喜非常。果然，一周后佳佳遵守了承诺。

又到了外教口语课，佳佳一如既往地出现在办公室里自习了，观察着这学期的佳佳越来越勇敢了，我提议道："佳佳，武术和外教口语这两门不敢去上的课程，你再选一门去上呗？苏老师陪你进去。"佳佳犹豫了许久，说："那我选外教口语，但我下个星期再上可以吗？"我马上鼓励道："当然没问题，不然现在你到课室窗口看看Mr Trey怎么上课呗？"……这节课，佳佳在课室后门听了一节课，而我在办公室偷偷地观察着孩子听课的一颦一笑，更加确信孩子打心底里是很愿意加入这个班集体的，只是她还需要时间再勇敢一点，只是她还需要一个人再鼓励她一把！

现在的佳佳是一位特别负责任的数学班长，离真正的"一起去上学"还差一步，但我相信，二年级的佳佳能牵着我的手，迈出这最后一步。

佳佳，苏老师等你，等你说"一起上学吧！"

# 精心浇灌，育曲为直

深圳明德实验学校　姚　瑶

## 一、改变称谓，融入爱心，从心理上接纳"问题学生"

面对那些成绩差、表现差的学生，许多人习惯称他们为"差生""双差生"，使这些学生平日里在别人面前抬不起头，一旦遇到老师的讽刺挖苦，同学的孤立、嘲笑，则会使本来就自卑的他们更加自卑，甚至"破罐子破摔"，造成一种恶性循环。

心理学家马斯洛认为：一个学生如果失去爱和尊重，那么他将很难健康地发展。因此教师必须在理解、爱护学生的情感基础上，为他们创设一个接纳、信任、尊重的情感氛围。

记得有一次，同办公室的一位老师来我班试教。同学们发言十分积极，就连那些所谓的"问题学生"都积极参与到活动当中来，而且回答得也挺好。我冥思苦想，为何换了一位老师，那些所谓的"问题学生"也像换了一个人呢？于是便请教同办公室的老师，他们说新面孔、新刺激，再说这类课肯定准备的充分，学生的积极性自然就高。我承认这些，但我觉得还有一个极其重要的原因：新老师肯定是特别热诚，而且借班上课时对待课堂里的每一位学生都是平等、尊重的，多肯定、多赞许而绝少指责、冷遇，更不会戴上"有色眼镜"。因而各个层次的学生都没有因为"熟老师"所惯有的定式而失去那一份应该属于他的关爱。甚至，全体学生都会认为：这是一位好老师。

这不禁使我想起一位美国教育家的话：接纳犹如阳光！是的，每一位学生不论其个性品质如何，无一例外地都渴望得到老师们的关注与肯定，特别是"问题学生"。我想，如果每一位老师都不以先入为主的印象给班级成员定性，那么在我们施教过程中，就会少一些偏见，多一些平等；少一些歧视，多一些尊重；少一些冷漠，多一些亲切。融入爱心，从心理上接纳"问题学生"，那么每一个孩子都将均衡地享受到温暖的阳光。

## 二、信任学生，爱护学生，从人格上尊重"问题学生"

现代教育的民主性原则就是要求教师尊重学生。只有尊重才有平等，只有平等才有信任。有了信任，教师才可能深入学生的内心世界，准确把握学生的心理状态，才能与学生进行心灵的沟通，最终才能收到良好的教育教学效果。对于"问题学生"，尊重、爱护、信任更能成为学生成长的动力。

### 1. 了解、信任他

每个学生都是活生生的人，都有自己的独特的、与众不同的一面。教师只有了解、信任学生，才能做到真正地爱学生（尤其是"问题学生"），才能对他们进行有针对性的教育。为了更好地转变"问题学生"，教师既要了解"问题学生"的过去和现在，又要了解"问题学生"成长的家庭生活环境和经常接触的各种人与事；既要了解"问题学生"表现在外的优缺点和特长，又要了解"问题学生"的内心世界，包括他们的苦恼和忧愁。在我们班曾发生过这么一件事：一开始，很多学生的铅笔、橡皮、尺子都不翼而飞。接着，学生放在书包里的零用钱也不胫而走。最后，这"神秘小偷"在一次行窃中被同学们当场抓住了，原来是班上热爱劳动，但性格孤僻的小喆。无论我怎么问，她只是哭，就是不肯说出为什么这样做，我决定到她家家访。经了解，才知道小喆家里很穷，父母离异后她跟着父亲生活。父亲是三轮车夫，每天很少在家。我经过调查、分析，得出了一个结论：小喆恶习不深，又有闪光点——热爱劳动，只要热情帮助，一定会变好。于是，我再次家访，做了小喆爸爸的思想工作，学校与家庭互相配合，又鼓励同学们伸出援助之手，帮助关心小喆。我多次找小喆谈心，有意让她当劳动委员，在工作上给予信任。这一切使她深受感动，不但再没发生偷窃行为，而且拾金不昧；不但劳动积极，而且学习也进步了，性格也开朗了。据此可见，只有全面了解和信任学生，根据学生特点进行教育，才会收到良好的教育效果，促使学生的个性得到充分发展。

**2. 爱护他**

教师教书育人，是为了学生的未来。作为教师，应该关心爱护每一个孩子，特别是"问题学生"，要从心里充满对每一个孩子的爱。尽管有的孩子有缺点甚至有越轨行为，尽管他可能给教师带来很多麻烦，但教师对孩子的爱护要始终如一。我亲眼看见我的一位老同事在一次放学后，跟她的学生小冬在办公室谈话，教育他什么事该做，什么事不该做；怎样才能成才，怎样就不能成才……说着说着，这位老教师的胃病又犯了，脸白如纸，额头上渗出豆大的汗珠，急忙从抽屉里找出胃药。小冬激动不已，哽咽地说："老师，我错了，坚决改！"小冬走出办公室大门，便失声大哭。显然，是这位教师的爱打动了他的心，使他深受教育。可见，师爱是开启学生心灵的钥匙，是促进学生乐于接受教育的强大推动力。

## 三、找出"问题"，查明"病"因，思想上帮助"问题学生"

心理学家认为：每个人都有向上、向善的愿望和热情。但由于学生缺乏社会生活经验，辨别是非的能力不强，容易沾染一些不良习气，也许一些人行为上已出现偏差但还不知晓，这时如果及时指出问题及其后果的严重性，就能避免事态扩大，起到警醒作用，因而，面对每一个"问题学生"，必须查明各自"病"因，对症"下药"，才能取得事半功倍的成效，更好地激发他们向上向善的心理。

我遇到过这样一个学生，经常偷家里的钱逃课去打游戏。即使上课，听讲也不到五分钟就开始做小动作。一节课提醒几次还照做不误，甚至连老师同学讲什么都不知道，作业从来不写。后来经过家访才了解到他落后的真正原因：他的爸爸妈妈都是文盲，整天在店里修自行车，而且经常闹离婚，对自己的子女不理不睬。我的心真的很痛，为有这样不负责任的家长，也为这个可怜的学生。后来，我就通过一个个故事引导他了解偷窃和打游戏的危害，再从激励中还他信心，帮助他找到自己的"问题"所在，并引导他积极改掉上课不专心、不写作业的坏习惯。最后从行动中给他爱心，上课时，我总是用鼓励的目光提醒他；下午放学，我总是让他在办公室写完作业再回家，并告诉他老师相信你只要努力一定会进步。只要他有一点点进步，我就会表扬他并送给他一些小奖品。慢慢地，他上课开始专心听讲，作业也越写越好，同学们还反映他还经常主动帮助值日。期末时，他被学校评为进步最大学生。领奖台上，我见他笑得那么开心。

　　我深深地体会到苏霍姆林斯基说过的那句话："要像对待荷叶上的露珠一样，小心翼翼地保护学生幼小的心灵。""问题学生"这颗露珠也是可爱的，他又十分脆弱，一不小心滚落了就会破碎。回答问题出错、作业有问题等，都可以再来一遍，但如果挫伤了一颗稚嫩的心，就可能留下永远难以抹去的伤痕。只要我们工作做细，方法得当，持之以恒；只要我们弯下腰来爱"问题学生"，精心浇灌，就一定能育曲为直，育直为壮。

# 特别的证书

深圳明德实验学校　许益玲

"**许**老师……"一个熟悉的声音在耳边响起。我转过身，看着那个趴在窗沿上黝黑黝黑的小脑袋。

那是小飞，我以前班里的孩子。

小飞是我的第一届学生。他是一个极其聪慧的孩子，有着很强的学习能力，尤其是在数学方面常有过人的表现。当同龄的孩子还在学个位加减时，他对乘除法运算已经游刃有余了。二年级时，他已经可以旁听初中的数学课，初中的数学老师提起他都啧啧称奇。

小飞个头小小，脾气却特别大，情绪一上来，就好像被惹急的斗牛一样，根本无法控制。一场小小的小组比赛落败，他就急红了眼，对着同学大吼大叫。"揍扁""打死"……一个个恶毒的词语从他瘦小的身体里蹦出来，拦都拦不住。午饭时，他会因为多了一块薯饼没能平均分配而哭闹不止，甚至狠狠地摔椅子，让人手足无措。课堂上，他会因为同学说的一句他认为不合常理的话纠结不已，争论不休，最后气得满脸通红、摔笔扔书……

那时我刚毕业，上好课、管好班于我而言已是不易。小飞引起的各种突发状况常常让我焦头烂额、心力交瘁。我尝试过立威，把他带到办公室，狠狠地批评教育，镇住了一时，却很快又反复。后来，我沉下心，联系了他父母、心理老师，多方面了解了他的家庭环境、教育方式、心理特点。让人棘手的是，这并不是典型的问题家庭孩子。小飞的爸爸敦厚老实，妈妈温柔和蔼，并没有过多地打骂，也没有过分宠溺。聊到孩子的问题，父母也十分焦心苦恼，不知孩子的暴力语言和行为从何而来。或许，命运给了他超常的智商，也给了他异于常人的个性。

  我开始缓和自己的情绪，和他交心。出现问题时，将他带到角落，允许他宣泄情绪。一番暴风骤雨之后，再将他拉到怀里，轻轻地安慰、疏导。记不清楚多少次，在他失控时紧紧地抱住他，生怕他伤了别人、伤了自己。记不清多少个中午，我没有休息，拉着他的手围着校园一遍一遍地转，一边安抚，一边教育。

  有一次上课，大约是情绪不好，他不愿意写字，三番四次耐心提醒仍然没有效果，我决定放学后再与他沟通。对于"留堂"一事，他显得难以接受。我试图和他梳理事情，他却怒气冲冲，几次想走。我也有些生气了，语气上又强硬了几分。他愈加防备起来，恶狠狠地盯着我，边流泪边喊："我不要再上这无聊的课，没用的课……"想到自己的努力换来这样的指责和抗拒，想到孩子们都看着我和小飞的交锋，疲惫和怒气让我做了一个决定：收走他的课本。就在我伸出手的那一刻，他举起了手，狠狠地打了我一拳。

  这一拳，重重地落在了我的心上。一直以来，我都很爱护小飞。我明白，他不是有意为之。孩子还小，再用力也不会让我受伤，但那一刻，泪水却差点抑制不住。我觉得那一拳特别疼，特别疼，疼在心上。那是我第一次感到一种事与愿违的无力，感到身为人师的无奈。

  那天晚上，我想了很多，脑子里忽然闪现了其他前辈在面对这些问题时的那种坚持和耐心。隔壁聂老师班，有一个情绪控制困难的孩子，常常撒泼捣乱、扰乱秩序，她经常在短暂的下课时间处理孩子的问题。身为年级长，一边是亟待处理的各种事务，一边是孩子的喋喋不休。聂老师仍然耐着性子一遍又一遍鼓励和安抚，没有半点不耐烦。我也见到过杨老师班上的特殊孩子，陪读阿姨去个洗手间的空当，他就跑得无影无踪，焦急的杨老师只能满校园寻找。教学、教研，常规管理工作本就不轻松，而仅仅这一个孩子，就需要老师付出加倍的爱心、耐心、恒心和细心。这时我真正明白，教书不易，育人更是不易。

  每一个孩子都是珍贵的，这些特别的孩子，更需要我们浇灌特别的爱。他们沿着另一条路径在成长，这条路径和我们熟悉的有所不同，或许他们也希望和大多数同龄人一样，控制自己，改变自己，但是生理和心理的发展却没办法给予足够的支持。而周遭的人事和环境对他们的排斥，又进一步阻碍了他们的成长。尝试接纳和理解，保持耐心和平和，可能是对他们最好的教育。

第二天上班，遇到小飞。他没有像往常一样大声地问好，而是很轻很轻地试探着说了句："Hi。"闪躲的眼神里，有愧疚，也有害怕。我对他笑了一下，他耸着的肩膀忽然放松下来，赶紧进了教室。收作业时，他悄悄来到讲台上，一直把作业本往我手里塞。"孩子，交给组长就可以了。"他什么也没说，还是一个劲地塞。我忽然明白了什么，打开一看，作业本里夹着一封道歉信，很简单的话语，但足以抚慰那一拳砸下的疼痛。下课后，我轻轻对他说："老师看到作业本了。"他走过来紧紧抱着我。如果说，道歉信可能是家长要求他写的，那这个拥抱，一定是他真心诚意的爱。

"许老师，这个给你。"孩子的一句话将我的思绪拉回来。我接过来一看，又是好笑又是感动。

那是一张数学竞赛优秀指导老师的证书，获奖人一栏，是我金灿灿的大名。

时隔一年，哪怕我已不再是他的班主任，哪怕我其实是他的语文老师，他还是那么执着地在指导老师一栏，写下我的名字。

他紧紧地抱了抱我。那一刻，一种幸福感在心底蔓延开来。有时，我们可能会受到一拳一击的挫败，但坚持着，用心着，更多的时候，我们会收到这样用尽全力的拥抱和认可。

对待这些孩子，99%的努力，可能换不来1%的进步，但教育的路没有尽头，重要的是，我们一直在路上。正因如此，在明德偌大的校园里，"有教无类"四个字，才能掷地有声。

## 星星1班的"星球国际"诞生记

深圳明德实验学校　张玉光

11月初的深圳，没有秋高气爽，也没有落叶纷飞，有的是依旧无孔不入的暑气，让人无处躲藏。伴着那挥之不去的炎热的是一年级（1）班孩子们的躁动不安的内心。出操走不整齐，课间打架事件常有，课上东倒西歪一片，可谓是状况百出，纷繁复杂。对于刚接手这个班的新手班主任来说，这是一个不小的挑战。

为了使班级快速走上正轨，我秉着事必躬亲的原则，班级大大小小事务全部一手抓，每天处理完班级事务，几乎都已是华灯初上、万家灯火之时了。然而，事与愿违，眼看半个月快要过去了，班级氛围却并没有什么起色，倒是自己在与孩子们斗智斗勇的日常中似乎一直处于劣势，疲惫、挫败、倦怠，几乎快要败下阵来。而班级教室前门挂着的"星星1班"四个字，也越来越刺眼。当然，我没有放弃，不放弃自己，也不放弃孩子们，即使挫败，也依旧思考着如何改变策略，继续与孩子们斗智斗勇。

又是一个加班的夜晚，关上办公室的门，拖着疲惫的身子走出了教学楼。就在踏出教学楼的那一刻，我看到了脚下满地斑驳的月光，不由抬起了头，仰望星空，看见的是月明星稀，一切安静而美好。突然间，我想到了些什么！行星本身是不发光的，需要外部光源，才能散发光芒。班上的每个同学也是如此啊，天赋只是孩子们微弱的一部分优势，真正能使孩子们发光发热的是丰富的知识、良好的习惯、正直的为人，等等。所以星星1班的孩子们要成为闪亮的星星，就要不断努力学习，不断改进、提高自己，将来才能在浩瀚的社会宇宙中发光发热。正好是星星1班，那何不以八大行星命名，把班级分为8个小组，让孩子们在小组中相互监督、相互学习、相互成长？

　　经过一个晚上的考虑，我决定成立星星1班"星球国际"。第二天，当我在班上公布这个决定的时候，孩子们不出所料地活跃了起来，眼里扑闪着的是昨夜夜空中"星星"般的光芒。孩子们迫不及待地想要选择自己的星球，为了公平起见，我和孩子们一起商量，采用抓阄的方式决定行星名字归属。每个小组内部商议，选出一名"星球长"（组长），代表小组抽签，选定各自星球的名字。每颗行星（小组）名字确定好之后，星星1班的"星球国际"开始成形。"星球国际"通过投票选举的方式，选出了班上大家最为信服的一个男生和一个女生，作为裁判长与副裁判长，处理星球内部或者星际之间的一些小矛盾。当然"星球国际"也要有公约，不然裁判长无法按规则办事。于是，我发动"行星"上的每一个"居民"都写下自己认为在"星球国际"应该遵守的规则，然后由我来汇总、总结，最后在"星球国际"第一次全体会议（班会）上，公布了"星球国际"公约（班级公约），并举行了盛大、庄重的宣誓仪式，让每个"星球居民"都在"国际公约"承诺书上签字。为了形成良好的"星球国际"竞争氛围，我又设计了"行星点亮计划"：如果星球成员表现良好，就有机会点亮自己的"行星"，每周累计被点亮次数最多的，则成为"周最亮行星"，有相应奖励。为了让其他"行星"有奋起直追的机会，我们累计一个月的点亮次数，获得点亮次数最多的"行星"则成为"月最亮行星"，有更加丰厚的奖励。就此，星星1班"星球国际"正式运作起来了。

　　各个"星球"的孩子们为了维护自己"星球"的荣誉，慢慢变得规矩起来，队列开始变得整齐，课上小动作慢慢变少了，即使有，也会在同一个"星球"其他成员的提醒、督促下，收敛很多，班级的良好风气正在慢慢形成。班级教室前门的"星星1班"四个字变得越来越闪亮，但此刻，它已不再刺眼，而是像那夜倾泻而下的月光，安静而美好。

## 星星在闪耀

深圳明德实验学校　帅先慧

七岁的宇轩高高的鼻梁上架着一副蓝框眼镜，笑时露出刚换的不齐整的门牙，甚是可爱。宇轩是我在星星班认识的第一颗小星星。

虽说可爱，但有时也让我头痛欲裂。宇轩脑瓜子转得特别快，小嘴更快，常常不分场合，张嘴就来，影响课堂纪律，还惹得同学间起摩擦，真应了那句"祸从口出"，不好的印象皆是那张快嘴的"杰作"。曾与他单独谈过，但收效甚微。为了帮助他改掉这一毛病，我决定安排他做午休小助手，事实证明这一决策简直妙哉，比谈一千次都有用。记得第一天做午休小助手的宇轩颇有范儿，他轻轻地走到正窃窃私语的同学身边，轻轻地俯下身子，一脸严肃地做着不许说话的手势，生怕发出一丁点儿声音，这让我刮目相看，这是我认识的宇轩吗？是呀，每个孩子内心都有一种向上的动力，如果孩子的表现暂时不佳，那就给他创造机会，激发他自我教育，帮助他向上，正如苏联著名教育家苏霍姆林斯基所说："只有能够激发学生去进行自我教育的教育才是真正的教育。"

母亲节前上了一堂爱的教育课，引导一年级的孩子们给妈妈写一首诗，当我走到宇轩身边教不会写的字时，他小心翼翼地遮着自己写的字，说要给妈妈惊喜，虽然为师十分想看，但还是尊重了宇轩的想法。小星星们在母亲节当天献上了写给妈妈的诗，被感动得热泪盈眶的宇轩妈妈把孩子写的诗分享给了我。宇轩写道：妈妈我爱您/七年过去了/您一直陪着我/我感觉到您的爱很像大海/我像小鱼/在您的怀里飘荡/妈妈您辛苦了/您好不容易生了我/您给了我生命/给了我温暖/谢谢您妈妈！为师也感动得泪流满面，七岁的孩子很有爱，很懂感恩。古希腊著名教育家、哲学家柏拉图曾说："一个人从小受的教育把他往哪里引导，能决定他后来往哪里走。"爱的教育不容缺失，孩子心中的爱需要被唤起。

可爱、有爱的宇轩还特别喜欢阅读，每读完一本书还会做阅读记录卡，每次把记录卡交给我时一脸的得意，看到记录卡上写着端正的字，为师爱不释手。为了永久留存，为师过塑了卡片，交给宇轩时，宇轩说："太漂亮了，我要当宝贝藏起来。"我说："是呀，得好好藏起来，因为这既是阅读记录，更是成长记录。"只见他连连点头，也不知七岁的他听懂了没。宇轩的第二张阅读记录卡，我过塑后找不着了，宇轩连续三天在放学后的同一时间来办公室找我问，我找遍了整间办公室都没找到，透过镜框，我看到了宇轩的失落，弄丢了孩子最珍视的宝贝，我十分愧疚。两天后，宇轩拿着失而复得的记录卡狂奔到办公室，欣喜若狂地说："帅老师，找到了，落在同学那儿了。"我这才释怀，为孩子的成长欣慰。孩子的快乐原来这么简单，教育都在点滴中。

美好的时光眨眼就溜走了，与宇轩的相处越来越惬意，与宇轩妈妈的沟通也多了起来。有一次收到了宇轩妈妈的短信：帅老师，早上好，昨晚我和宇轩爸爸去参加个活动，看到您的信息，我们再次感叹明德老师很会爱学生。今早我和宇轩在香蜜湖路下车，宇轩说天桥上好像是帅老师，下车后我见他满脸微笑地跟我说走快一点，黄色衣服好像是帅老师。赶到天桥上，只见黄色衣服背影下了台阶，随后被天桥两侧的花挡住了，宇轩有些遗憾地说要是我们再早一点就遇到了。问我见过帅老师吗，我说好像第一次见到。你说说帅老师长什么样子，下回我就能认出来……从这短短几分钟，我也感受到了宇轩对老师的喜爱。

日子继续淌过，有一天，屏幕上突然蹦出了宇轩妈妈的短信：帅老师，好舍不得，由于我们家人员多，现在房子住着拥挤，我们准备下半年搬去西丽住，舒畅一些，由此准备为宇轩申请下学期转学，让宇轩就近入学。

星星在闪耀，缘分却这么浅，我不知道离别的那天能否说出"再见"二字，只希望宇轩一直闪耀下去。

## 有趣的舞蹈课堂

深圳明德实验学校  黄李梅

　　**随**着社会文明的不断发展，学校的美育教育也得到了更多的重视，使近年来儿童舞蹈教育蓬勃发展。除了少年宫设立舞蹈兴趣班外，不少中小学都将舞蹈课列入课表之中，而且不少家长越来越认识到儿童舞蹈对开发孩子的智力能起到不可忽视的作用。可以说，儿童舞蹈正逐渐深入儿童生活中，成为儿童生活不可缺少的部分，儿童舞蹈也是适合儿童身心发展的一种美育形式。然而，儿童舞蹈教育的开展还不等于儿童舞蹈就发挥了应有的美育作用，只有教学内容和教学方法都适合儿童生理心理特点，舞蹈的美育价值才能真正得到发挥。因此，本文就儿童蹈教学中如何抓住儿童特点进行启发式舞蹈教学做初步的探究。

　　儿童舞蹈是儿童美育的重要手段，它直观、形象、生动、活泼的特点，为广大儿童所喜爱。

　　儿童舞蹈对儿童的身体素质、情感、审美、注意力等方面有着十分重要的意义，明显促进儿童身心的健康成长。在儿童舞蹈的教学中应首先了解儿童的特点。我认为，要了解儿童。所谓了解儿童就是要了解儿童生理、心理的特点。从生理的角度来看，儿童骨骼较软，容易变形、弹力小、收缩力差，容易疲劳，而他们的大脑发育很快、容易兴奋，弹跳力较好。从心理的角度来看，好奇、好动、好模仿，注意力不易集中。

　　舞蹈教学中启发式的教学特点，是舞蹈教学的共性，而老师一个劲地的讲解，儿童的大脑会很快疲劳，学习兴趣下落，而让儿童模仿来得更快、更直接、更形象，因为儿童生性活泼好动，模仿力强。

## 一、模仿与形象相结合

在舞蹈教学过程中，往往会碰到这种情况：老师示范的动作，儿童不仅能很快学会，而且模仿得活灵活现。如果老师过多地进行讲解，学生的注意力会马上分散。因为儿童的大脑神经系统还发育不完全，对老师的讲解，首先通过大脑的思考、分析，然后通过运动神经，传到身体各个部做动作。因此，我认为要善于从儿童的生活实践经验中，采用拟人化的动物动作，具有童话或幻想的舞蹈形式，用短小、形象、生动活泼、故事性强的舞蹈特点，培养儿童对舞蹈的兴趣，使他们感到亲切易学、易接受，并逐步养成良好的学习习惯。

因此，在教的过程中，老师的思维方法要与儿童的思维方法相同，换句话讲，老师要从形象思维出发来选用教学语言。在讲解每个动作时，都必须用形象、生动、符合儿童接受能力的语言来描述舞蹈动作。比如在教孩子们下胸腰时，孩子很难跟大弯腰动作区分开，于是，就用一把伞柄做比喻：伞杆笔直像腿和腰，弯的柄像胸腰，而杆和柄的比例是杆长柄短。这样一讲，孩子们马上就理解了，就能准确地做出腿和中腰挺立，胸腰后穿的姿态。又如在训练手位组合时，老师不是机械地让孩子们摆手位，也不是抽象地讲高做、挺域、舒展的感觉，而是让孩子感觉自己像白雪公主，想象自己穿着发光的银色裙，亭亭玉立，柔软的手像绸带一样飘逸美丽，顿时，学生们动作柔和了。舞蹈教学的启发式特点又具有其个性，而这个性来自少年儿童心理的特点：儿童天生活泼好动，一般地说，儿童们的思维方式是繁复多变的，具有无端的跳跃性，来得快，走得急，属于非稳定性思维。儿童有丰富的想象力，他们喜欢想象原来空无所有的地方有某种东西出现，更喜欢模仿自己在某地方看到的景象。因此，在探讨儿童舞蹈教学的启发式特点中必须紧紧把握儿童的生理、心理特点。

## 二、培养兴趣与循序渐进相结合

对于初学舞蹈的孩子的培养，一般都是从基础训练开始，但这样做，往往并不能得到预期效果。相反，一堂课下来，孩子们失去了笑容，感到枯燥无味,尽管老师再三强调"不练好这些,就无法跳舞",有些孩子仍然害怕进教室。怎样使孩子们觉得学习舞蹈不是一种负担呢?大概还要从"兴趣"二字入手。比如刚开始教学生跳舞时,可以用一些比较轻快、活泼的节奏,配上多变的儿童喜爱跳的动作或小小组合,让孩子们按照节奏做动作,并通过各种步伐、姿态来体会舞蹈律动的美感,使他们体会到舞蹈是抒发自己情感、表达愉快心情的一种方法。这样,他们的兴趣就会油然而生,而掌握舞蹈的各种律动也正是舞蹈入门的第一步,它在遵照教学循序渐进的原则上,比肢体素质能力的训练更符合儿童的心理,生理特点。所以,我在选择儿童舞蹈教学内容时,就会考虑到儿童身体发展的自然规律,动作力求舒展,短促有力,节奏欢快,从而表现出他们活泼可爱的性格。在上课中发现,7岁以下的孩子,在做压胯练习、压腰练习时,其软度非常好,但感觉孩子在做动作时没有力气,控制力不强。为了解决发现的问题,在音乐的选材上,儿童舞蹈教学要抓住儿童特点选一些节奏鲜明、动感很强而且歌词朗朗上口的音乐或童谣来做练习音乐,当孩子们在听到音乐时,我先不刻意强调动作的规范性,而是先交流。我问孩子们:你们觉得这音乐听起来是高兴还是难过呢?是有劲的还是听着就想休息呢?这时孩子会你一言我一语地来回答你提出的问题,描述他对音乐的感受。这样让孩子们听觉上把音乐的位置感找着,然后让孩子们自己去根据音乐做一些形体动作。比如在做地面压腿时,我让孩子们坐在地上,根据他们听的音乐感觉去做,这时教师不要过分强调动作的规范,如脚直、上身立等,然后从他们做的过程中发现问题、指出问题、改正问题。在教学中我还发现,现在的孩子在父母面前非常大方,敢说、敢做,而一进入课堂就变成一个温柔的乖乖小羊,有的甚至胆小的连话都不敢说,也不动作。不敢的原因不外乎怕说错、做错而被老师批评,所以在上课时我首先让孩子说话,而且鼓励孩子们做动作;不怕做错,错了没关系,只要做,老师就会表扬你、鼓励你。即使发现错误也不直接去批评某一个同学,而是由老师们进一步讲解动作,使孩子们既动了脑子,也掌握了技能,渐渐地达到形神兼备的目的,这样学生的积极性才会被充分调动起来,教学的任务也才能圆满完成。

### 三、启发想象和培养创造力相结合

以往的舞蹈教育一般是老师教什么，学生做什么，没有充分发挥学生的主体意识。根据儿童富有想象力的特点，我认为儿童美术教育是值得我们借鉴的。在儿童美术教学中，老师不用任何过于科学的、精确的、机械的方法，因为这些方法都会抑制和转移儿童真正的艺术天赋。比如让孩子们画"二十岁的我"，这是孩子们还不能看到和经历的事，他们必须去想象那遥远的未来：自己可能出现的情况。孩子们会发挥各自的想象力，创造出令人意想不到的作品。想象力的培养是培养创造力的重要途径。少儿舞蹈教学同样遵循这个规律。在有的国家，少儿舞蹈课就是老师在课堂上讲一个题目，下面的学生就根据这个题目自己创造性地跳起来，于是出现了很多生动的场面。舞蹈是一种美育的手段，美育的目的在于启发美感，陶冶情操，培养正确的审美观点和创造美的能力。

因此儿童舞蹈教学的目的重在培养儿童的想象力、创造力。近几年来，随着对外开放的发展，舞蹈教学进行了改革，有不少地方设立了即兴创作课，这是一种很好的培养学生创造力的教学方法。我认为启发想象力，培养儿童创造力的舞蹈教学方法有以下几种：

（1）老师先教一些动作，然后让学生根据老师给的舞蹈动作发展下去，也可以将这些基本的舞蹈素材重新组织发展开来。比如老师给一个踏跳步动作，学生可以双手叉腰，也可以向上或左右摆动，还可以先做两次换脚的踏跳步，然后走三步，等等，这是最简单的舞蹈创作。

（2）根据一幅画，或者一首曲子进行创作。让学生根据画面所提供的内容、意境，根据乐曲所表达的情感、气氛来设计编排舞蹈动作。

（3）讲个故事，让学生通过想象，用动作扮演角色、表现情节。比如老师讲一个下雨天，学生给老师送伞的故事，学生可以用着急的面部表情和动作来刻画学生担心老师还没回家的心理活动，也可以用一些小跑步以及滑倒动作来表现雨下得很大，等等。学生通过即兴创作课，通过自己积极的智力活动，可以运用已掌握的舞蹈技能、技巧，可以增强自己的空间形象思维能力和创造能力。儿童舞蹈有它独特的审美价值和美育功能，因此儿童舞蹈教学具有它独特的特点。要充分发挥舞蹈教学的美育作用，把学生培养成开拓型人才，在儿童舞蹈教学中就应当抓住儿童特点进行启发式舞蹈教学。启发式教学符合辩证唯物主义关于内因与外因相互作用的观点，符合学生心理发展的规律，也是长期教学实践经验的结晶。

# 做一个温暖的老师

深圳明德实验学校　田　甜

**教**书十年间，遇到过的每一个学生，都是不一样的色彩，每种色彩都在不同时期盛开。来明德时，是我第二次教一年级，学生们与我儿子一般大。这一年，我能更好地与学生对话，像对待自己的孩子一样关爱他们。在我眼里，每个孩子都是天使，即使可能有些不一样的举动，我也能理解并接受。

在我所教的一年级一个班中，被确诊患有行为疾病的孩子有三个。开学初我并不知情，但隐约能感受到有几个孩子的表现确实有些异常，但也不能凭自己的感受给孩子下什么定义。我且放宽心，公平对待一年级每一个孩子。A同学时常会在课堂上大喊大叫，难以控制自己的情绪，稍不如意便会委屈装哭，声音还很嘹亮，有时候一堂课要被打断好几次。即使有一定低年级课堂管理经验，久了也会让我有崩溃烦闷的时候，但很少当面批评或者告诉家长。一年级家长本身就焦虑，如若教师总是反馈不好的，或多或少会更担心吧。如若孩子真有什么抑郁症、多动症，其实作为父母，本就已经很难受痛苦了吧，何须再撒一把盐，我是这样想的。正当我寻找契机想与A聊一聊时，发现他会在课间大喊我的名字，从来不叫老师，刚开始我会做个鬼脸，要他叫我"田甜老师"，只当孩子不懂事，教一教便是。后来他依然没有改口，还时不时在二楼大叫我的名字。有一次我皱着眉头上去找他，带有批评的语气问为什么总是叫我名字，好像有点不太礼貌时，他突然抱着我说："因为我喜欢你呀！"我怔了一下，反应过来或许这是他表达喜欢的一种方式。我顺势也抱着他，摸摸头，告诉他老师也喜欢他，于是他开心地跑走了。说来奇怪，他英语零基础，上课并不听课，少有的会在课堂上跟我互动，但每次小测验的成绩却很好，甚至是满分。我好奇地跟孩子妈妈聊起来了，后来得知，孩子说我从来不批评他，跟他聊天，跟他亲近，他喜欢英语老师。在家里最喜欢英语，只要是老师发的动画片都会好好看上好几遍，也会在家大声读英语、听英语。当时我震惊了，没想到平时我对孩子们多些包容和鼓励，会默默影响到孩子的心灵，使他喜欢上一门学科并且变得很主动。相处近一学年了，他只要见到我就会抱抱我，当我在教室蹲下来的时候他会摸摸我的背，会问："Jeanne，你好些了吗？"问得我有些莫名其妙，后来回想起，我背受伤酸痛，班上有个贴心的小女生看到我敲背也帮我敲了几下。估摸他瞧见了，这会儿在学样呢。孩子的心何其柔软，他用他的方式在努力做我心里的好学生。他会因为没有考到满分自责而哭，我会告诉他在老师心里满分并不是最棒的，能认真听老师讲错题，并且下次做对了才是最棒的，他才能安静下来，这或许是一份信任。一年了，他并没有让我过于担心，课堂上鼓励鼓励他也会慢慢学着听课、跟我互动。给孩子一点时间和爱，成为温暖他的老师，就这样带着他吧。

B同学家长在学校陪读了一段时间，他属于在学校完全不听不懂，不能独立完成练习或者测试，回家基本靠妈妈二次辅导的孩子，对母亲有非常大的依赖。他不善表达，但内心是善良的。每一次上英语课，家长也跟着在后面学，配合着老师一起感受一年级课堂。慢慢地，我与家长的沟通变得轻松，我从来不说孩子哪里做得不好，只说如果这样做会更好，安抚家长的焦虑情绪。时间久了，家长对我很信任，当她不在陪读的时候，我会带着孩子在讲台做测试题，提醒他认真听听力，保证完成试卷。因为他并不是那么差，还是掌握了些知识。他考试不做题，因为他怕考不好，怕分数太少。所以每次成绩出来我都会第一时间告诉家长他进步了，好棒，大力鼓励他，家长更愿意配合老师了。

有一次，英语课前面是体育课，孩子们在课上训练中发生了摩擦。只见班上同学在争论着什么，铃声打响了班里还安静不下来。B同学妈妈双眼通红，想极力压制住自己的情绪，但依然愤愤然收拾着孩子的书包，边说着"这班的孩子真的不明事理，戴有色眼镜看人"，边欲拖着孩子离开。班上孩子依然在叽叽喳喳说着什么，我上前拉住家长，询问何事。待我维持好纪律，B同学妈妈也稍微冷静下来了，简单告知了我事情的原委。大概是体育课上同学们在玩球，一个球踢到了B同学跟前，正当B同学准备一脚踢回去时，一个小女生突然蹿出来捡球，结果球砸到了小女生。有几位学生看到B同学并不是故意，帮他解释，可有一部分孩子并没看见却见风使舵乱说起哄，斩钉截铁地说B同学是故意的。家长见不论怎么解释都压不下班上孩子的指责，难受得准备带着B同学回家。一名本身是幼教的家长，她的情绪被孩子们激起千层浪。我知道，平时总说"没事，没事，孩子们都不是有意欺负B同学"的她此刻容忍到极限了。

于是，那一节课，我花了二十分钟的时间上班会。首先，我表扬了看到真实情况的同学能站出来给B同学澄清事实真相，充满正能量。借此也教育孩子，如果不是亲眼所见，不可随意乱说，会伤害到别人。若是自己有天被误会，你们自己的心里会是什么感觉？孩子们分分举手说"会难受，会哭，会告诉老师被冤枉……"所以我让孩子们用同理心感受一下B同学和B同学妈妈难受的感觉。其次，为什么会有孩子见风使舵，我想一是孩子小，二是确实有同学发现了B同学与别人不同，对他有偏见。当我接着问大家愿不愿意跟B同学玩的时候，只有几个人举手，并有学生插嘴说"最讨厌B同学"。于是我先说了一个日常片段，说B同学是很善良的孩子，他会关心老师，很温暖。有次我因咽喉炎彻底失声后，他给我送喉糖，在走廊见到我问我好点没有。当我一说出来，我看到其他孩子愣住了，大抵因为全班真的只有A、B两位同学问过我，孩子们觉得自己好像并没有想到要慰问老师，所以都赞同B同学是善良的，只是在跟同学接触的过程中不善表达或不知道轻重，他们居然都能说出个一二来。当我再问孩子们会不会跟B同学玩的时候，大部分孩子都已经表示愿意跟他交朋友。彼时，家长的眼睛已经泛红，课室里的气氛轻松了下来。我与家长对视了一下，一个口令后，便开始上课了。课后我又安慰了下家长，表明班上孩子们内心其实是一张白纸，没有那么多的恶，只是他们不太知道如何正确判断，老师稍微提点告诉他们要怎么做，他们才知道如何做。作为同是教师的她应该也能懂得。

这或许是学校日常里再见怪不怪的事情了，但于我而言，却收获了这个班级几乎全部学生和家长的信任，因为A、B同学的家长能感受到老师一言一行里的温暖，她们会传递来自老师的这份温暖。

## 教书匠的"快乐"与"忧愁"

深圳明德实验学校　张年润

岁月如梭，转眼间，在教师这个岗位上就已经度过了两个春秋。当老师之前，我总以为这份工作面对着天真可爱的孩子们，是充满快乐的。直到自己身临其中，才明白教书匠的日子往往是"快乐"与"忧愁"交织的。备课的过程是"忧愁"，要思考如何上一堂好的课，准备了很多的材料，绞尽脑汁怎么去调动学生的积极性。上完课是"快乐"的。当你把备好的课讲完，收获到了预期的效果，你看着孩子们那好奇的眼睛和满意的眼神，你是很快乐的。和学生们相处，他们各种"天马行空""童言无忌"是让你感到快乐的，他们的"行为习惯欠佳""总在老师生气的边缘试探"也让老师们"忧愁"满满。我想要与大家分享的一件事，就是与学生们"斗智斗勇"，总以"忧愁"开始，以"快乐"结尾。

我们班上的小宇同学，敏感多思，渴望得到别人的关注，对老师的关注尤为在意。有一段时间，主任导师在严抓缺交作业的问题，他连续好几天不交作业，成功吸引了老师们的注意。各科老师纷纷上报给了主任导师。我和主任导师就开始琢磨怎么在照顾好他情绪的基础上给他点颜色瞧瞧。我们开始跟他好声好气地提醒、解释，敲打他不交作业的后果。本以为这样我们的"忧愁"就可以减少，没想到人家还是雷打不动地缺作业。我们怒了，忍受不了他这样试探我们的底线，我们决定对他留堂。小宇便开始耍赖，不愿意写也不愿意留堂。我们面对他的哭闹也没了辙，就想搬出"校长伯伯"这个大救兵。

"你再不交作业我们就带你去校长室，和校长伯伯好好聊聊怎么当一个合格的学生。走，现在就走！"

小宇看来并不惧怕我们这一招，我们道高一尺，他魔高一丈：开始哭闹，哭声在放学后安静的校园显得穿透力极强，似乎在我们与他之间造了一层"声波金钟罩"。我们也乱了阵脚，和小宇根本说不上话，只得等他哭声渐消，再告诉他"哭解决不了问题，要面对"。但一提到"作业一定要补，一定要交"，他又开始哭闹。整个过程大概持续了半小时，我们都真心觉得心累。愁一个学生不交作业，哄他、吓他、骗他，各种花招都使出了，却不能让他交作业。这无能为力的感觉能让我们的"忧愁"真如"一江春水向东流"。

　　我们不得已重振气势，又想到一招，再也不提"校长伯伯"这个大救兵了。只是把他带到办公室，告诉他，作业还是得交，今天一定要有个交代，他在办公室补，我们就陪着他，直到他完成。在此过程中，我们会屏蔽他，不再和他交流半句。

　　你以为到这里，他就乖乖地把作业交了？

　　事情没有想象中的那么简单，那天他并没有补完所有的作业。我们两个老师假装毫不在乎，却偷偷地想尽一切办法去偷瞄他在干吗。虽然他还是磨磨蹭蹭，时不时走神，不过值得欣慰的是，似乎我们不与他交流，只是陪着他这个方法起到了一定的作用。他起码开始动笔了！这次斗争，也算是取得了初步的胜利吧。那天小宇并没有补全所有的作业，等到他的家长来，我们经过交流，他竟然在家长、老师面前答应了以后如果不交作业，就留在办公室补。这一突然的转变，让我们觉得刚刚的"斗争"都是值得的啊。后来的几天，放学后，他真的就乖乖来补作业了。

　　可能在我们大家胶着僵持的过程中，孩子也会慢慢理解，慢慢让步。我们开始去思考究竟是什么让他想清楚了。也许是真的不想去见"校长伯伯"，也许是懂得了老师一直陪伴的不易，也许是成功获得了老师的关注的喜悦……但不管是什么，他身上的这个转变已经让我们感到欣喜，也引发我们不断地思考，如何能对症下药，让更多的孩子发生这样好的转变。一个孩子行为习惯上好的转变，真的是老师们快乐的源泉啊。

　　其实类似的故事还有很多，这一个个在教师日常生活中发生的故事就凑成了我们教书匠每日的"喜怒哀乐"，如此真实，如此寻常，却也让人觉得回味无穷。面对着形形色色的孩子,面对着数不尽的"忧愁"与"快乐",可能要思考得更多的是如何化"忧愁"为"快乐"。愿自己也能在这个过程中,不断解决"忧愁",寻找"快乐",不断进步。

# 每个孩子都需要舞台

深圳明德实验学校　张　正

这学期，我中途接任四年级一个班的主任导师。听说这个班是一个"头疼"班级，问题很多。千头万绪，从哪儿着手呢？为此，我做了一个家长问卷调查，问问家长心目中班级最迫切需要解决的问题是什么。

调查发现，82%的家长认为，打闹问题是急需解决的。我也听说，上学期这个班级三天两头有打架的现象发生，甚至有几次有的同学耳朵、眼睛还出血了。

保护学生的人身安全，是教师的天职；希望孩子在学校健康成长，是家长殷切的期盼。遏制打闹问题，刻不容缓。

开学第一天，我开了"与同学友好相处"的主题班会，与学生一起直面同学之间存在的问题，探讨打闹的危害，学会如何正确处理同学之间的矛盾。

开学第二天，体育课后，几个同学一窝蜂向我报告，周泽把李浩的胳膊拧折了。我当时又气又急，赶紧去教室找到两位同学，首先询问李浩的胳膊怎么样了，活动是否正常，然后把他送到校医室，进一步检查，检查结果无碍。悬着的心放下，我先调整自己的情绪，然后跟两位同学聊了一下，想知道到底是什么事，能让他们在开学第二天就打架。原来是因为李浩同学在篮球课上大喊大叫，体育老师屡次停止上课管他，耽误大家打篮球了。于是下课之后，周泽同学就要"修理"李浩同学，拧住他的胳膊不放，李浩同学大喊，我的胳膊要断了。

周泽同学之所以如此气愤，是因为他很喜欢打篮球。事实上，他是体育方面的天才，他的足球踢得尤其好，恒大、富力、大连这些俱乐部都想将他招入麾下，他曾经代表深圳悦强参加世冠赛中国区总决赛。可惜这些闪耀的时刻都发生在学校之外，同学们看不到。

虽然表面上"事出有因"，但是也暴露出，周泽同学不善于用语言跟同学沟通，而喜欢用拳头解决问题，之前他也因为各种原因跟同学打架，每次打完架之后都不了了之，让他觉得打架是一件稀松平常的事情，没有引起他足够的重视。

为了引起他的重视，我把这个事件"升级"了，我让他爸爸陪同他去李浩同学家里郑重道歉。他有些犹豫，他爸爸也有些为难，他爸爸说这样的处理"太重了"，其实是他们觉得去对方家里道歉会让自己很难堪。好吧，这也可以理解，于是我陪同他们一起去。在去的路上，周泽同学已经不怎么说话了，面色凝重。虽然道歉的过程吞吞吐吐，但总算郑重其事。这之后，周泽同学打架的行为虽然有所收敛，但总感觉他有使不完的劲，憋着难受。

李浩同学呢，我早有耳闻，他经常会故意做出一些奇怪的行为，吸引老师、同学的注意，比如说发出奇怪的叫声、说脏话、在地上打滚，场面越混乱，大家越笑话，他就越开心。

归根结底，这两位同学都缺乏表现的机会，平时他们更多的是受到老师家长的批评，或多或少在家里都挨过打。所以他们都采取这些出格的方式表现自己。

苏霍姆林斯基说："世界上没有才能的人是没有的。问题在于教育者要去发现每一位学生的禀赋、兴趣、爱好和特长，为他们的表现和发展提供充分的条件和正确引导。"于是，我也试着给他们创造一些表现的机会，给他们布置一些"任务"。

我要求李浩同学每周创作三篇笑话，大家谁也没听过的笑话，在周五的班务课上讲。前几次大家笑声不是很热烈，也没见他有多气馁，他觉得有机会让大家安静地听他一个人讲，他就很开心，创作的劲头反而愈发强烈。虽然偶尔还会听到他大叫，偶尔还说脏话，但是再也没有看见他在地上打滚了，我想这也是一种进步，我期待他早日创作出让人啼笑皆非的段子，笑翻所有人，那时他应该就不用再做出出格的行为了吧。

我给周泽同学的任务是，在班级内举办一场公益足球赛，他任总教练，班级内的同学、老师任他调配，务必让这场足球赛精彩纷呈。有些人足球是零基础连规则都不懂，比如我。男女生的比例也严重失调，还有一些同学之间甚至是有矛盾的。光是分好组，做出合理的排兵布阵，就要费好些口舌，可有得他忙了，教练总不能打人吧。这场足球赛至今还没有上演，我很期待最终呈现的样子，更期待足球赛之后，周泽同学蜕变的样子。

在学校接受教育的人，不管他是个多么"没有希望"和"不可救药"的钉子学生，他的心灵也总有点滴的优点。作为教育者，我们要做的就是，把这些优点放大。

# 你的外号叫什么

深圳明德实验学校　童再燕

"**老**师，小李英语课上又哭了！大喊大叫，让我们没办法上课。"我刚走到教室做课间巡视，就有学生来告状。唉，这个小孩子！咋又犯了呢？之前是动不动就大哭，可是已经好久没有这样了。他答应我以后要控制自己的情绪，并且真的坚持了一段时间。今天不知道怎么又犯啦！一定是有什么原因，又挑起他那休眠的神经。

我把小李带到办公室，等他冷静下来告诉我事情的经过。因为作业没完成的问题，他在课堂上被英语老师批评了，结果好事的同学就说了句他的外号"一……"他说到此时已经很难受，还有人火上浇油，他就不由自主地攥紧了拳头，开始发出愤怒的哭声。就因为以前他一生气就咿咿呀呀地哭，所以有同学给他起了这个外号——"一……"这一哭又引来了另外几个小孩发出淘气的声音："一……"于是小李觉得愈发委屈，直接崩溃，再也没有办法控制自己的情绪。后来我找英语老师和同学们了解情况，和小李复述的基本一致。这件事情小李的情绪控制能力是主要原因，但是喊外号也是一个非常重要的外因。

平时我也有观察到，小学中段开始，给他人起外号的情况还不少。而且很多的时候都是根据一些别人不好的特征来取外号，这样让人听起来更多的是嘲笑或者挖苦。起外号的孩子可能是为了好玩儿，开个玩笑，可是对于被起外号的同学来说却可能会造成心理负担。为了引导孩子们正确认识"外号"，我和他们做了一次集体聊天。

首先，我故作轻松地说："今天我们来聊聊外号的话题，咱班同学都谁有外号啊？"孩子们你看我我看你，或是有些不好意思，或是有点不怀好意地冲别人笑笑。"举手让我看看。"我继续说。只有好事的两个孩子举起了手。我请了其中一位说："你愿意告诉大家你的外号叫什么吗？"他得意扬扬地说："我叫大白菜，因为我的英文名字叫Cabbage。我还知道××叫小气鬼，××叫佩奇，……"小家伙一口气报了好几个同学的外号。

接下来，我追问了这几个同学他们为什么给你起这样的外号，你满意吗？结果可想而知，这几个孩子都说不喜欢自己的外号，而且说听到别人这么叫自己很气愤。于是我趁机让孩子们总结外号让人不喜欢的原因："既然你们都不喜欢自己的外号，让我们看看这些让人讨厌的外号都有什么特点？"这时候班上嘻嘻哈哈的笑声开始被安静的思考替代。孩子们总结说，这些侮辱性的、揭短的、难听的、不文明的外号让人讨厌。

谈到"外号"，它还有个学名叫"绰号"。那么"绰号"和"外号"这两个词究竟是什么意思呢？我们一起查一查，看哪组查得最快最准。我也搬来一本字典，在大屏幕上投影出"外号"这个词的意思：外号一般是别人根据他的特征另起的本名以外的名字，大都含亲昵、憎恶或开玩笑的意味。

我接着说，我也知道一个群体绰号，叫"花中四君子"，是指"梅兰竹菊"，希望大家都有它们那样坚韧不拔的精神。其实从古至今，有很多名人志士都有"绰号"呢，都是什么呢？让我们再来查一查。这次我们在网络上查，知道姚明除了叫"小巨人"，还有一个绰号叫"移动的长城"。而且我们发现居然还有一本书叫《历代名人与绰号》，书的简介里说绰号是一种文化现象。

说到这儿，我们的话题才开始真正放松起来。我问孩子们有没有人喜欢自己的绰号，为什么？还真有学生汇报自己喜欢的绰号。萧淇说她的外号叫小葡萄，因为她个子小，还有点圆嘟嘟的。她觉得紫色很好看，而且葡萄也有很多维生素，所以自己很喜欢。

有小朋友岔开话题，问："老师，你有没有外号？"哈哈，我说老师小时候也有给别人起绰号的故事，不过呢我主要讲了小时候和好朋友之间起绰号的事情。我想通过自己的故事让孩子们知道，与好朋友之间是因为有很亲昵的关系才互相叫绰号，因此即使有些绰号并不雅，但朋友间不会介意，反倒喜欢。

不过，即使是朋友，有时候叫绰号他也会生气，是为什么呢？这就涉及绰号用在什么地方合适了，比如上课时叫朋友绰号，或者把朋友间专用的绰号在公共场所告诉别人等。最后，我们还创设展示了几种情境，大家一起判断应不应该在此时叫绰号。

就这小小的外号，我跟孩子们聊了很多。小李也开始接受了自己的外号，觉得那确实是自己的特点之一，不过他下定决心改变自己的言行，争取给别人留下其他更好的印象。现在，班级的同学间还是会起外号，但是这些外号变得跟以前有些不一样，或亲昵，或玩笑，偶尔，还偷偷告诉我他们和朋友之间的外号。

可爱的孩子，我想告诉你们，这些充满爱的外号叫昵称！

# 牵一只蜗牛去散步

深圳明德实验学校　曹红娟

上帝给我一个任务叫我牵一只蜗牛去散步。
我不能走太快，
蜗牛已经尽力爬，为何每次总是那么一点点？
我催它，我唬它，我责备它，
蜗牛用抱歉的眼光看着我，
仿佛说："人家已经尽力了嘛！"
我拉它，我扯它，甚至想踢它，
蜗牛受了伤，它流着汗，喘着气，往前爬……
真奇怪，为什么上帝叫我牵一只蜗牛去散步？

——题记

张文亮的小诗写出了我的工作状态。那天上午，上完三节课，刚回到办公室，口干舌燥的我正准备喝水，只见班长、副班长急匆匆地从外面跑进来："老师，紧急情况，公子诚又和李逸凡打起来了，您快去看看！"

我顿时火冒三丈，又是李逸凡、公子诚！提起他俩，全年级真是谁人不知谁人不晓，他们可是全年级"五位大神"之二。从接手三班开始，他们就向我全面展示了他们的各项"特长"，生怕给我留下的印象不够深刻。上课或睡觉或画画就是不听讲，各科作业都不交；他们的书都没有封面，书角开成了一朵绚烂的花，向别人吐口水，爱说粗话、脏话，脾气火暴，一言不合即开打……几乎每天都有老师吐槽他们在课堂上的"光荣事迹"，几乎每个课间都有学生来投诉他们。真是让老师头疼的孩子，没有之一。

遇到这两位"大神"，只能天天与他们斗智斗勇，见招拆招。

第一步，几乎每天谈话。只要逮着机会，我都会找他们其中之一来谈话。课间班级外面的走廊是我们的阵地之一。如果这天在谈话之前还没有打架，我会极力表扬他，夸他是个懂事的孩子，体会到老师的辛苦，没有发生打架事件，奖励小零食一包。小家伙竟然有些不好意思地笑了。看来"表扬+零食"这招见效了。

可是孩子毕竟是孩子，今天管用，暂时好了一天，明天又开始打架了。这次谈话的地点换到了办公室。因为我要狂风暴雨式地批评。把打架的危害一一列举出来，分析打架对他来说有多不划算。还好，暂时起效了。

各类教学方面的书，只要有恰当的例子或者小故事，我课间会喊公子诚和李逸凡过来看。看到老师在分享故事给他们，他们倒也愉快。是呀，孩子们哪个不喜欢故事？

第二步，抓住机会适时鼓励。公子诚的妈妈是我们班级家委会成员之一，主要负责班级每学期的社会实践。上学期，子诚的妈妈在多方比较之下，又征求大家意见，最终确定我们班的社会实践是去惠州体验收割稻谷的丰收乐趣。场地的考察、人员的组织、联系大巴车及午餐，通讯稿撰写以及美篇的制作都由子诚的妈妈一人来做。我觉得这是一次很好的教育机会。妈妈认真负责，为大家服务的热诚一定会给孩子正面积极的影响。于是，我在班级微信群以及班里对公子诚妈妈极力称赞、夸张表扬。并号召孩子们学习子诚妈妈的认真负责。课间我把他叫过来，提醒他有个很棒的妈妈，相信他会学习妈妈的品质，不断进步。慢慢地，子诚打架少了，偶尔也开始交作业。单元测试时语文竟然破天荒地及格了。我继续抓住机会，在班会课时让公子诚上讲台来分享自己学习进步的经验，这个昔日顽皮的男孩子，小脸红了起来，不好意思地低下了头。这应该是他第一次上台分享学习经验，他有些紧张，在老师、同学的掌声以及赞许的目光鼓励下，他终于开口了："我就是试着做做知训，背背书上的古诗、名言，之后默写，妈妈帮我批改，有错的字再订正。"在大家的掌声中他走回座位。从他那闪亮的眼睛中我知道他感受到了学习带来的乐趣，他还会持续进步的。

年初,子诚爸爸因为陪孩子打棒球,腿骨折了,需要在家休养三个多月,家里以及公司的事都是妈妈在撑着,爷爷还要做手术。妈妈太忙了,子诚的作业又退回去了,交得很少,即使交了书写也很潦草,错误率极高。我及时找到孩子,告诉他,你已经十岁了,古人十岁生日都要庆祝,挽发髻举行一场隆重十岁成长礼——冠礼,它是古代中国汉族男性的成年礼。十岁,是一个孩子成长的界碑,人生中一个重要的阶段。孩子,你长大了,爸爸腿骨折了,公司、家里的事情全要妈妈操心,你该帮妈妈分担,一起照顾爸爸,同时好好表现,认真听讲,工工整整地完成作业,不要让妈妈再操心你的学习。小家伙听进去了,每天上课能听一会儿,作业比以前好了许多。看到孩子的转变,作为老师,真的好欣慰。

第三步,寻找闪光点,给机会,及时表扬。公子诚是学校棒球队的前队长。从詹教练那里了解到子诚的体质好,接球准,练习刻苦,我就想着怎样给孩子一个机会展现自己。终于,机会来了。我们班大课间跑操时快时慢,队伍松松散散,刚好今天体育委员请假,公子诚临时上阵,作为领操员。整队,讲要求,领着跑,做得有模有样。大家跟着他跑,速度控制得很好,队伍也整齐了些。果然很有队长的范。班会时让孩子们谈谈我们班跑操的变化,大家都说没有以前乱了,分析原因是公子诚的功劳。所以,我当场宣布以后只要跑操,都由公子诚来带操。只要带得好,我都会把在操场捡到的棒球奖给他。

因为在特长方面得到老师的认可,子诚慢慢在行为习惯上也有了变化。粗话脏话少了,打架事件由之前的几乎每天一次,变为几周一次。我相信以后他的打架事件会是几月一次。

第四步,与家长及时沟通,共同助力孩子成长。孩子在学校只要有哪怕芝麻大点的进步,我都会及时表扬并反馈给他们的爸爸妈妈,希望他们给孩子鼓励表扬。让孩子感觉进步很容易,得到表扬也不困难。经常给他正面积极的暗示、鼓励,渐渐地,变化发生了。子诚开始主动记笔记,书写工整,效率很高。期中考试,子诚的语文成绩由上学期末的65分提高到83分,孩子看到试卷后开心地惊叫,曹老师,我考到80分以上啦!虽然这成绩对于其他学生来说不算什么，甚至都是难以启齿的，可是对子诚却意义非凡，语文测试第一次80分以上。孩子开心地笑着，脸上的小酒窝是那样可爱。

德国教育家雅斯贝尔斯说过："教育就是一棵树摇动另一棵树，一朵云推动另一朵云，一个灵魂唤醒另一个灵魂。"班里"大神"级别的孩子，更需要老师的关心与鼓励，特别需要老师的耐心与爱心。当爱心与耐心一天天像种子一样播撒后，相信孩子会感受到，会被摇动、点燃，并慢慢向前走。

只要你愿意相信孩子，

孩子也会不断展示他成长中的美好与惊喜！

保留孩子心里的一份善良与谦逊远比知识重要！

让我们闭上眼睛细细地体会与孩子一起欢笑的快乐！

回味那稚嫩的童音在耳边上回响；

把自己的所有期望放下，也放下孩子；

让他慢慢地往前爬；

带上我们的赞许。

——后记

# 让孩子真正参与班级管理

深圳明德实验学校　张　鑫

**随**着孩子们步入小学中段——四年级，他们思维的自主性形成，最明显的变化是不再对你制定的一系列班级规定"逆来顺受"，时常提出自己的疑问；孩子们已经不满足于仅仅知道"是什么"，还想探究"为什么"。但是他们既未受到全面的思维训练，也没有形成换位思考的习惯，这给班级的管理带来了不少矛盾和冲突。

自接手五班以来，我发现孩子们的课间活动真可谓五花八门，其中最让人印象深刻的是名为"战车"的游戏：用纸折成各种车的模型，孩子们拿着各自的战车围在一起，用手拍桌子，利用手扇动气流去触动自己的"战车"，达到攻击别人"战车"的目的，以掀翻为输赢标准。这是一项具有攻击性的游戏，存在一定程度的暴力倾向，在玩的过程中极易发生口角甚至肢体上的伤害。并且孩子们经常因为玩得太投入，忽略上课铃声，十分影响上课效率。面对这种既影响同学关系，又影响上课质量的游戏，我只能下达禁令。

然而越禁越玩，并且偷偷玩；课间不能玩，那就上课玩；甚至发明了更多衍生游戏，让我一度很是苦恼，和孩子们玩起了"打地鼠"游戏。

转机出现在2019年3月的一天，小余同学递来一张纸片："老师，你不是跟我们说如果对班级有什么想法，就写个方案给你提建议吗？这是我对于'战车'的想法，你能不能看下？"放下小纸条，他就急匆匆地去上课了。

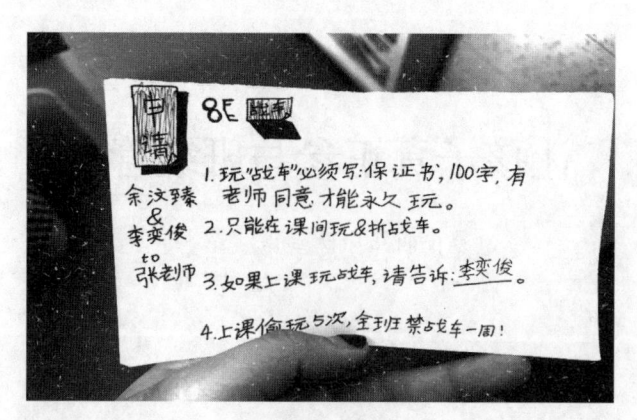

**小余同学的纸条**

看完他的小纸条,我不禁失笑,这是孩子们在对我的禁令传达无声的抗议啊!既然他如此认真又执着,那我暂且陪他较真一次。

接下来的课间,我叫来他,表达了我的疑问:如果有人在学习的时间玩"战车"怎么办?保证书什么内容?"战车"什么时间玩?课间玩了听不见铃声怎么办?玩"战车"产生不友好的行为,怎么办?经过他与参与者们协商及讨论,很快传来了第二稿(修订了之前我们一致认为不严谨的地方):

(1)不能在课上、午休时玩"战车"和折"战车",如果违反,永久禁止违者玩"战车"!

(2)在桌上玩"战车"要注意:不要太用力去气功(一种战略术语),不拥挤、不骂人、不推人!

(3)未写保证书(100字)就把"战车"撕了。

(4)"战车"只可在课间、放学后玩。

(5)课间提前2分钟收车,如旁观者发现快上课了还有人玩,提醒超过5次,违者禁"战车"一个月。

(6)如果课上玩"战车",提醒5次及以上,永禁"战车"。

(7)如班级有2/3的人违反班级法律(此处应该是规则),全班禁"战车"一学期。

(8)有问题请问:Andy Li(游戏监督者)。

尽管还是有不周全的地方,但我深知思虑成熟的孩子们是训练以及引导造就的。与第一次直接指明问题不一样的是，这一次我开始用一种同伴的方式和他探讨某些标准，比如"课上玩战车，提醒5次"是不是太多？究竟多少次更合适？"放学后玩"，玩到多久合适？因为他第一次写的时候，其实是在探索，需要引导；二稿递交过来的时候如果我再指出错误难免打击他的积极性，所以我采取了和他"并肩作战"的方式，此时我不再是引导者，而是他的"战友"，我们在共同解决一件事情。

最后形成了"战车"须知的最终稿，我非常郑重地在班级宣布了关于重启"战车"的消息，并将"战车须知"贴在了班级里。孩子们一度欢呼雀跃，争相查看，也十分积极地写保证书。

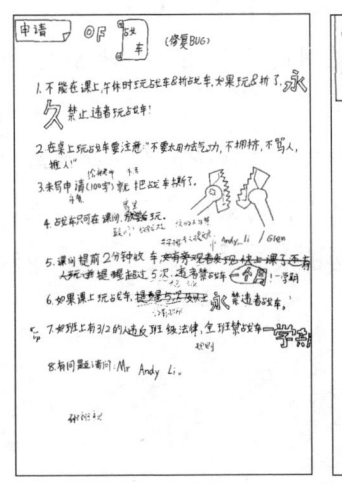

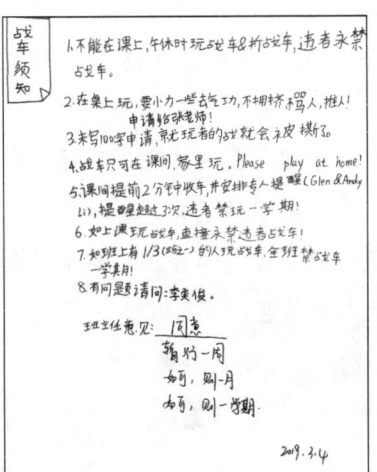

"战车"须知

自此，"战车"在孩子们自己建立的规则体系下，相互监督、相互提醒，良性发展。虽然后续因为某些孩子违反规则，"战车"游戏惨遭我禁停一个月，但是孩子们面对新的班级规定再也不是站在对立面，而是学会思考如何寻找合理性，去说服班主任。

在往后的课间活动中，我要求孩子们将自己所参与的共同课间活动写一份申请说明给我。孩子们受此启发，开始思考所参与的课间活动的安全性：这项活动有没有危险存在？如果有怎么去避免它？

从那时开始，孩子们更加乐意接受我的意见，如果觉得不好，他们会来跟我讲，并且说出自己的方案，不再信口开河。

## 【教育心得】

通过这件事情，我看到了孩子们对于班级管理的积极性，思考问题的可训练性。

面对孩子们对班级规定的各种质疑和反驳，我对他们的建议是：对于班级的规定，你可以不赞同，可以表达意见，但是当你表达自己观点的时候，我希望你是经过思考的。你可以跟我说：老师，我觉得这个方案不好，还可以这样改进。也就是说，在否定我的方案的同时，请拿出你的方案。初衷是想督促孩子们思考：如果不按照老师的方法，那他必须想出更加周全的方案。这样一来，孩子们不仅理解了老师设置规则的良苦用心，也能逐渐养成勤思考的习惯。

虽然班级管理主要由班主任引导，但只有让孩子们真正融入班级管理，他们才能真正体会班规的意义，进而在行动上推动班规的实施。甚至当某些同学违反班级规则的时候，部分孩子会主动站出来说话，在这一过程中极好地扮演了班级小主人的角色。

# 一直在学习的路上

深圳明德实验学校　马睿哲

在这个月里，课堂上的班控能力暴露出很多问题，虽然每个班都有自己的风格，会呈现出不一样的上课状态。对我而言，面对每个班的不同特点，也需要有不同的应对措施，只是对个别班级显得尤其"无力"。曾与主任导师反馈一些情况，说如果只能用"狮吼"来压制，我宁可让他们乱着，还好有其他的班控小技巧可以应用。目前对这个"特殊班级"，"小贴纸"是控班的好方式之一。但是朱老师说，目前是二年级，"小贴纸"还有用，到了三、四年级怎么办呢？五、六年级呢？还是要想个更好的办法才行，需要向有经验的老教师请教才好。

那我们如何解决这些问题呢？学生的课堂表现与行为反应以及造成这些行为的背后是什么？备课不好？表达不好？为什么会出现这些行为等等……

在课堂实践中，找童老师、林老师、张老师等几位老教师咨询，他们都非常乐于帮助我，耐心地一一告知背后主因。如面对学生，他们对老师有了一段时间的观察适应，了解了老师的秉性脾气，在课堂上就会不断挑战你的底线与忍耐力。如果教师在表达方式等环节上一旦出现偏差，又没有及时引导纠正，很容易造成混乱的局面，归根到底还是没有坚持原则，教师对公平、公开、公正的原则没有说到做到。

有个热播电视剧——《三生三世十里桃花》，里面的神仙要不停学习新技能，方能在不久的某天经历天劫，如不努力，在遇天劫时，会因能力不足而被"劈死"，扛过方能上升一级，以此类推，直到升到上神，每个阶段都不能有丝毫懈怠。

反观自己教学，扛过就能飞升一级，抗不过就只能被"雷劈"，这是自己不努力反思改进的最好诠释。

当然这些都是综合的产物，观察自己的社团教学，现在已不是教学备课的问题，而是班级管理的问题。管不好学生，上什么课？课后不好好值日，就要管。去书城请回几本管理教参，加快补上短板。

回归到国画课堂上，管理就是不停地重复。在用笔习惯上，还需要加强书法笔画练习，书画同源。很多学生没耐心，作为老师就要多鼓励。在碑帖选择上，以隶书的《张迁碑》《乙瑛碑》《史晨碑》为主，放弃《曹全碑》。虽然都为隶书，但笔画风格的差异还是很大的，毕竟这些孩子学了两三年，初步形成了自己的书写风格，还是坚持原帖为宜。在笔画风格未形成之前，不建议孩子们换碑帖来练。

国画的教学内容也在小范围内调整，根据以上问题和解决情况做出一些回复。当然这是显性问题，里面还有很多隐性问题，我没有列出来，并不代表没有或不存在。把它们交给时间，慢慢解决，解决得好坏见仁见智，我一直在学习的路上……

# 英语派对真好玩
## ——英语课堂激励策略与运用

深圳明德实验学校 陈丹丹

**常**言道，兴趣是最好的老师。在英语学习中，激发学生的兴趣尤为重要，这是我几年教学生涯中感触最深的一点。

每当我邀请学生role-play，即表演故事时，学生的小手总是举得高高的，如果有小组没有被邀请到台上表演，整个小组的学生便会集体发出叹息声；每当我把学生最感兴趣的内容融入课堂，如将复仇者联盟的super heroes（超级英雄）搬到课堂，通过展示图片和视频引导学生谈论他们的技能，他们的小眼神总是齐刷刷地聚焦到我的课堂上，连平日上课经常开小差的孩子一下子都被有趣的活动吸引住了；最让我印象深刻的是，每当我们开阅读激励派对的时候，便是学生对英语阅读和英语学习最热情高涨的时刻，他们都会把我捧为"女神"，高呼，"Cindy是我们最好的老师""最喜欢Cindy的英语课"，每次开派对都是激发学生学习兴趣的最佳时机，当然也是我"收买人心"的时候。

其实，学习激励的手段有很多，包括精神激励、物质激励、竞赛激励、目标激励等，今天我最想分享的是一种集多种激励手段的复合型激励模式，对于小学低年龄阶段的孩子而言，阅读奖励派对活动就是最喜闻乐见的方式。带班六个年头以来，我给孩子们举办了很多不同主题的激励派对，复活节主题奖励派对、睡衣主题奖励派对、万圣节奖励派对、圣诞节奖励派对、热巧克力奖励派对等，下面一起来看看在派对上都有哪些令孩子们开心不已的活动吧！

## 一、颁奖环节——光荣而神圣

获奖的学生　　　　　　　　与获奖学生合影

每次派对的第一个环节我都会优先安排光荣而神圣的颁奖仪式。我根据学生每月所读书的数量，设置了阅读20本、30本、40本，一直到100本书的图书奖和读了超过100本的阅读之星奖，获奖学生将得到奖状、奖品和拍照发微信表扬的奖励。以往对阅读不怎么感兴趣的学生一下子就充满了动力！例如，张同学从前并不是一个学习和阅读积极主动的孩子，但因为阅读激励派对的实施，她每天一下课就捧着一本英文绘本津津有味地读起来，孩子特意向爸爸妈妈申请一回家先读书再写作业，每天在课外泛读微信群发语音和阅读打卡接龙，最后她在30天里坚持不懈地努力，读了155本绘本。颁奖仪式上，在颁奖背景音乐和同学们热烈的掌声中，她接过我给她颁发的精美奖状和奖品，开心得手足无措，一切好像在意料之中，又像是在意料之外的惊喜。我知道她小小的心灵里已经种下了一个热爱阅读的小种子，也增添了一份学习英语的自信心。

在指导实践中，激励手段不仅是对得奖学生的肯定和鼓励，同时能为其他学生树立阅读行为榜样。从奖项的设置中不难发现，奖项很多，学生获奖的概率大，这么做正是为了保护学生的学习积极性和学习兴趣。

## 二、体验活动——以学生为主导

一个奖励派对成功与否关键在于是否能够抓住学生的兴趣点，活动举办得既要有意义又要有趣。在主题派对上，人们通常会穿着与主题相关的服饰，在轻松的环境下一起聊天、玩游戏。派对当天，学生不需要穿统一的校服，每个人都可以穿着自己喜欢的个性服饰，以此让学生感受西方国家有趣的特色文化，通过好玩的主题游戏以及美食分享，抓住学生的兴趣点和味蕾。对这样的活动安排，每个孩子都会大呼"好好玩""好好吃""好期待下一次阅读激励主题活动！"

**1. 角色装扮，秀出风采**

万圣节的派对应该是最有意思的装扮节日了，学生们在派对中可以发挥自己的想象力，设计自己的服装搭配。高同学早早就跟我剧透，他要穿上他最喜欢的游戏里最喜欢的角色的衣服，为此攒了很久的零花钱，在他穿上梦寐以求的服饰那天兴奋不已。欧阳同学和易同学约好穿姐妹装，两个女同学同样喜欢古装装扮。费同学和王同学约好穿兄弟装，俩小伙都很喜欢"吃鸡"游戏。不论是自己还是跟同伴一起，学生们在派对上都勇敢秀出了自己别样的风采。

**万圣节派对**

**2. 主题游戏，High起来**

游戏绝对是孩子们会为之疯狂的一个环节。在万圣节中，西方有一个传统活动——"咬苹果"，我把它改成了比较容易操作的"咬糖果"，陈同学、方同学、曾同学一同蒙上了眼罩，在规定时间内，拼命地想要咬到更多的糖果，因为这些都会归为己有，既紧张又刺激，每个学生都争先恐后，希望能有机会玩这个游戏，场面一度失控；复活节那天，李同学一早就发现自己的书包柜上挂了一个小玩意儿，原来那是老师给大家准备的DIY钥匙扣鸡蛋，学生通过设计绘制专属的蛋、制作兔子纸盘等活动，体验和感受复活节中西方传统庆祝方式；英国学习主题的圣诞派对上，老师精心准备了贺卡惊喜，大家还一起玩了贴鹿鼻子的游戏，台下的小观众恨不得冲到台前来帮忙。

学生游戏

### 3. 美食诱惑，味蕾大满足

既然是开派对，当然少不了美食。在学校，尤其是在上课时间享受美味糕点和饮品，对孩子们来说是最奢侈且最有诱惑力的事情了。学生们早早就被预告派对上会有蛋糕和饮品等美食，当梁同学得知只有课堂上积极发言、表现好的人才有权享受更好吃的小零食和糖果，他一改害羞本色，每天铆足了劲在课堂上踊跃表现；当陈同学带领的"学霸"组得知每天积分获胜的小组可以获得星星卡片奖励，而这个卡片直接跟派对上各组的食物数量和质量挂钩时，组内的每个组员团结协作，五个人一条心，努力争取得到更多的卡片。这一群小吃货，看我怎么把你们收拾得服服帖帖。

美食派对

## 三、结语

实施激励派对五年以来,我收到了许多正面的反馈。班上的徐同学曾一度对学习英语产生抵触心理,如今的他已经不排斥英语了,而且爱上读英语绘本故事,从中找到了自信心;吴同学原本只是班上表现平平的孩子,因为课外每天认真地坚持阅读,她在一个月内读了98本绘本,并获得了班级金牌阅读之星的荣誉称号,这让她大受鼓舞、获益良多;多位学生家长向我表示,最近孩子学习动力满满,回家第一项先完成英语作业,觉得英语学习有趣而且很简单,有的孩子每天晚上都要求读英文绘本;还有一位家长欣喜地跟我分享,"孩子现在还会在生活中用英语表达自己的想法!"作为他们的英语老师,我为此深感欣慰,激励学生加强课外阅读不再只是纸上谈兵,而是得以落实并持续性地积极开展,并且让每一个学生和家庭受惠,让每一位学生真正爱上英语、敢于表达,这是我努力工作以来最大的收获。

## 青春无悔

深圳明德实验学校　张红宇

**毕**业了？真的毕业了？原来这一天真的到来了，似乎真的要到说再见的时候了，但是我告诉你们没有再见。再见是什么，是以后更好的相见，难道你们不回来了吗？愿回不回来。不回来我就想想篮球场虐你们的情景，回来那就看看你们球技有没有进步，身体有没有强壮。但是一如既往地照虐不误，还是那句话，记住没人能给你们一切，你们要达到目的，就必须付出泪、血、汗这三样东西。

毕业是你们收获的季节，人生的重要转折点，同时也是面对残酷中考的季节，三年的生活，三年的相知，三年的缘分，最后留下了你们深深的友谊，三年一瞬间，就这样欢歌纵笑，就这样相识相聚，甚至都来不及好好话别，马上就要各奔东西了。虽然我们接触还不到一年的时间，但是我想到你们初一时的稚嫩外表，到初三时转变的过程中，你们经历了酸甜苦辣，到现在毕业时的蜕变，有幸成为你们的老师，这或许就是我们之间的缘分，也是我的荣幸，你们每个班级的掌舵人陪伴你们走过三年的风雨历程、任劳任怨、才华横溢的班主任们，谢谢你们培养出这么团结、这么有凝聚力的班级。

4月是个特殊日，代替明德去抽签其实我内心是忐忑的，因为我担心又抽中"头奖"来"奖励"你们，还好老天不负有心人，但是此时我怎样也高兴不起来，想到你们一张张帅气面孔，我真切地感觉到原来我带的这些臭小子真的要毕业了，时间就这么短暂，三年一瞬间，弹指一挥间，本以为可以很从容淡定地给你们写毕业赠言，想用更多的语言把它描述出来，可是当提起笔的那一刻，却发现过往的一幕幕不停闪现，而我颤抖的手，也只能写一会儿，停很久来想脑海中闪现的关于你们的一幕幕，我为此沉浸在回忆中，难以自拔。4月紧张激烈的体育中考落下了帷幕，目睹了你们考试的全过程，每组的队长上场前把自己队伍围成圈凝聚在一起加油的场面，除了感动还是感动，此时已经没有失败者，你们拼出了自我，毫无保留，当你们每人考试出来时说：宇哥，稳了，你放心吧。我差点没忍住流下眼泪，这就是我们的默契——与你们共同奋战，答应你们必须到场坐镇，同时也让自己不留遗憾。

还记得我们一起训练的日子吗？你们是我的骄傲，从开始对我的好奇，到最后你们犹如狼一般的气势，在这短暂的过程中你们经历了常人难以忍受的痛苦，多少次风雨中起跑，多少次烈日下冲刺，挥汗如雨；多少次泪汗同流，依旧无惧！你们知道吗？你们的成绩远远超越同龄人很多。你们知道吗？你们的成绩吓到了在场裁判。你们知道吗？你们的成绩在区里名列前茅。与你们一年的同甘共苦、风雨兼程，我们从未放松，永不止步。"你们谁都不服，就服墙，因为墙只能倒不会弯，你们什么都会，就不会谦虚，因为谦虚代表软弱。"这才是每个中考体育人的真实写照！但你们无怨无悔！这就是中考体育的你们，钢一般的意志，血一般的豪情！所以所有人要记住：这……就是你们狂的资本。很少表扬你们，但看到你们每天都在进步，我内心的成就感油然而生。此时此刻再多的言语也掩盖不了我内心那份对你们的挚爱，想对你们说的太多太多了，还是那句话——低调前行，做一个有内涵的人。加油，少年们！

最后引用我的偶像迈克尔·乔丹的名言来做个总结：我可以接受失败，但是我从不接受放弃。我爱你们！

## 想到就能做到

深圳明德实验学校 刘 忠

**初**中学生具有较强的好胜心和丰富的想象力，从小学升入初中后，随着学业的加重，音乐课在初中生的眼中是副科，是学与不学都无关紧要的课程。这种情况下就要求我们音乐教师更认真地设计每一堂音乐课，以便对学生产生较大的吸引力，从而充分调动学生的学习积极性和参与热情，达到课堂所追求的展示音乐魅力、愉悦学生身心、健康快乐为本的教学目的。

这是一堂初二年级第一学期的复习课，主要内容是复习初一学年中所学的歌曲、乐理知识和欣赏的曲目。为了避免乐理知识复习课的枯燥乏味，我特意设计了许多题目，并融入了一些游戏式的问答。但一节课40分钟一招一式的反复问答，即使是成年人也会感到厌烦，更不必说本来乐理知识掌握就不扎实且本性好动而逆反的初中学生了。所以在课堂不到一半时，就有同学出现打哈欠、不注意听题目的情况了。此时，急需改头换面，用另一种形式检测学生对乐理知识、课外音乐常识的掌握程度。

于是，我打破常规，针对学生好胜心强的特点，把学生分成两大组，同学互相出题目进行知识竞赛，唯一的要求即不能离开"音乐"这一主题。然后给出十分钟左右的时间让学生先设计题目。开始后，一组提问，一组回答，哪组能难倒对方，哪组就获胜；第二轮的时候相互交换。真没想到，当我来做观众时，才发现原来学生们的那种知识面、潜在力都远远地超过了我对他们的评价。比较学生的提问与自己预先设计的题目，真是自叹不如，我设计的题目过于条理化、知识化，完全没有超出课本的要求，很死板。而学生的题目涉及面很广，不仅有课本中的，还有课外的，有电视上看到的，也有杂志上读到的，真是丰富多彩啊！比如，有一个学生居然能根据课后"梁祝"中"哭坟"一小段的欣赏，提出"何所谓小提琴协奏曲""这种奏鸣曲式的结构是怎样的""'哭坟'一段是'梁祝'中的哪个部分"之类的问题，更有意思的是当回答方反问提问方时，这些问题连提问者自己也回答不了。这时，课堂上爆发出一阵大笑。但它丝毫没有影响课堂，反而使课堂气氛更加热烈。当然，同学们都回答不了的问题，最后由老师来进行解释，在这种情况下，老师所讲的知识，同学们都很容易接受，因为这是同学们自己提出来的问题。就这样，所剩半节课的时间远远满足不了他们的要求，都觉得不过瘾，要求下节课再比一次，并且还是由自己出题目，都表示课后要更好地去复习乐理知识，多了解一些音乐常识，以便下次比赛时不被对方打倒。

看着同学们的这种热情，我觉得这堂课已充分调动了学生的学习积极性，达到了音乐课的教学目的，是一堂比较成功的课！由此，我想到教学形式的选择使用，直接关系着教学效率的高低。教材是静态的，教学内容和知识点是固定的，一个音乐教师了解并掌握这些应该不是难事。但如果我们仅仅满足于"到时候学生不会责怪说某首歌曲、某个知识点老师没有教"，那么不管哪个老师，在教完一轮之后，都不必备课了。通过对一堂课采取两种形式教学的尝试，我明白了一个道理：教学形式是一个变幻万端、永无穷尽的东西，采用不同的教学形式将直接关系着教学效率的高低，只要想到就能做到！

# 言行合一，共同努力

深圳明德实验学校　王梁宇

**体**育是一个被日益重视的学科，它所承载的任务也日益重要，作为一名体育教师，在与学生共同成长的生命历程中，鲜活的教育故事比比皆是，只要我们真心付出，认真倾听，就会发现体育教师的真谛，体会发生在自己教育过程中的精彩。我以前是一名运动员，现在是一名体育老师，因为喜欢教育这一行，所以选择了做老师。在明德工作了快五年了，对我校大多数的学生特点也都有了一个基本的了解，特别是对初中部这群青春期的孩子。我们学校的学生都很单纯、善良，个个都很优秀，但在教学中我也慢慢地发现了孩子们的缺点，如意志品质较差，娇生惯养，男生缺乏阳刚，在我眼中这些孩子就像是温室的花朵一样，没有经历过风雨，或许在爸妈眼中只要学习好就行了，其他的都可以无所谓，正所谓"万般皆下品，唯有读书高"。因为青少年体质有了年年下降的趋势，于是加强了中考体育项目的考查，目的是使学生的身体更加健康，而我成了一个学生健康素质教育的引领者。

我的体育课要求的核心价值就是培养学生吃苦耐劳和顽强的意志品质，中考体育给了我一个很好的理由，让学生千日练一，培养学生持之以恒地进行终身体育锻炼，有句话说得好"台上一分钟，台下十年功"。我带了三年的初中体育，学生们刚上初一时是散漫懒惰的，到初二时是想偷懒放弃的，到初三时是勇敢坚持的。初中生最大的缺点就是心里想做，也愿意去做，但是一遇到觉得辛苦、觉得累的时候，这个目标就会动摇，不愿再坚持下去。同学们，我每天要求你们努力跑得更快，每天朝你们大喊，就希望能让你们的身体和内心变得更加强大。老师对你们狠，是希望你们在第一个人生交叉路口不要留下遗憾，老师们每天都陪伴大家，因为我们的信念跟目标是一致的。每次看到学生坚持下来，我都觉得很开心。在将来遇到困难的时候我希望你们会想起初中三年的经历，并以此来鼓励自己。

我不需要课堂上丰富多彩的语言，而需要学生战胜自我、挑战自我，让学生通过自己的坚持获得成就感，找到自信，从而培养吃苦耐劳的精神。教师的魅力在于当时只播下一粒小小的种子，有一天却能长成参天大树。

# 抄作业的朱CR同学

深圳明德实验学校　田芷薇

"**总**共就A、B、C三个选项，怎么熊孩子偏偏要选D？"我心里郁闷道。又改了几本之后，我发现又一个选D的。于是，我翻回之前那本选D的作业进行对比，发现两人除了同一道题都选了D之外，其他的对错也几乎一致。我猜测她们可能"借鉴"了彼此的答案。

把两个孩子叫到办公室来，问清楚了情况，果然不出我所料。可是我该怎么做呢？让她们写检讨书保证以后不会再犯，还是让抄作业的孩子多抄几遍以此为戒？

我决定还是动之以情晓之以理。整个过程我的声音都很轻，也没有骂她们，只是简简单单地讲道理。可能抄作业的朱CR同学心里也认为自己的行为不对，我还没说完她就忍不住啜泣了起来。我决定多了解了解孩子抄作业的原因，于是单独把朱CR留了下来。

她说自己不喜欢学英语。我听了没有太多惊讶，朱CR的基础确实不好，即使是平常听写也常有错误。我推测可能是她努力了之后，却还是记不住、记不全，因而有挫败感，甚至是习得性无助。如果是这样，孩子不但学不好英语，而且会产生抵触情绪。

要想通过一次谈话，改变孩子对学习英语的看法是很难的。因此我决定从窍门和技巧入手，让孩子先发现记单词的乐趣。果然，讲完之后孩子破涕为笑，认为这些方法非常有趣。我便趁机鼓励孩子好好学习，一定会发现更多乐趣的。同时也想着来日方长，平时还要注意多鼓励她。

虽然之后朱CR的A、B、C作业里还会出现选D的情况，可是叫她过来，她也能分析出题目的原理。有时候之所以选D，是因为B写了一半，有时是因为看到选最后一个，就想当然地填D了。虽然孩子有些毛躁，但终究已经在认真对待英语作业了。

大概一个月以后的一天，我去班上布置作业。走到教室门口时，我看见朱CR一边低头看，一边抬头写，还时不时地往门口望。刚好看到我来了之后，又一边假装淡定且不惊慌地跟我说"老师好"，还一边飞快地把抽屉里的东西一合，整套动作被我全部看在眼里。我走过去，坐在她的前面，跟她说作业的事情，看到了她桌子上摆着的物理作业。我猜，是不是抽屉里面也是一本物理作业？一翻，果然，我很生气：怎么这孩子老毛病又犯了，还装得这样无辜？！

于是我严肃地质问："这是怎么回事？为什么抄作业？动作这么娴熟，不是第一次了吧？"

这一回她没有哭，也没有激动，而是"满不在乎"地、飞快地说："我都会，所以不想写了。"

看到她的态度，我更气了："抄作业就是不对的，我会把这件事情告诉你的班主任。"她在座位上晃了晃头，但始终不敢看我的眼睛，依旧"满不在乎"地说："无所畏惧。"我心说，这是啥孩子呀！

离开之后，我冷静下来思考：同样是抄作业，为什么却出现了两种不一样的结果？首先肯定和处理方法有关系：第一次是在办公室，当时只有她一个学生；而且我声音温柔，没有责备的成分。第二次是在教室，当时虽然人不多，但对于非常看重朋辈评价的青春期学生来说，可能有点"没面子"；同时我语气严厉，满是责备，也许刺激到了孩子膨胀的自尊心。

为了验证我的猜测，我又从侧面了解到：朱CR这个孩子好面子，常常表现出不在乎的样子，但其实心里很怕——我想这也是她第二次抄作业时不敢看我眼睛的原因，所以选择虚张声势。

结合孩子的性格，我更加明白：育人的前提是了解，面对孩子犯错时，教师要因"人"制宜地或安抚或教育孩子；育人的要点是智慧，一味地批评、责问，也只会让学生畏惧甚至抵触；育人的关键是包容，当学生再次犯同一个错误时，教师如果能"不计前嫌"，孩子内心可能满怀愧疚，暗暗决定不再犯错。

　　凛冽的北风虽然凶猛，但终究不及温柔的南风能打动人们心田。在学生面前，做一个情绪稳定的老师，洞悉学生心理，动之以情，晓之以理，和风细雨，定然润物无声。

# 从把握"大"与"小"的尺度谈班主任的班级管理智慧

深圳明德实验学校 刘爱红

引子：班级事务繁多芜杂，需要班主任灵活处理，管理方法自然要得宜得体；"大"与"小"的尺度，需要班主任精心把握，才能保持班集体的和谐与融洽，让班级工作按照正常轨道前行和发展。

班主任是班级管理的主导者，也是施行者。处理班级的突发事件，是班级常规管理的一个重要内容，班主任自然是责无旁贷。但是，遇到具体的班级事务时，班主任一定要注意把握好处理问题的"尺度"——既要起到管理班级、教人育人的作用，也要顾及学生的自尊心和个人尊严，不能粗暴处理、随意处理，免得伤害学生稚嫩的心灵，导致学生对班主任产生敌对或怨恨心理，这就适得其反了。

一个班级，三四十名学生，每天发生的事情层出不穷；班主任每天都要和学生有所接触，自然能目睹学生创造的很多稀奇古怪的事情。这些事情，有大有小，班主任处理起来应该如何把握这个"尺度"呢？我认为，班主任在班级管理中，要学会掌握好"大"与"小"的分寸，灵活机动地处理班级事务。

## 关于"小"——适度地"小题大做"，严抓学生遵规守纪

2012年8月，我接任九（5）班班主任。听说这个班是个"刺儿头班"，班里有42名学生，尖子生只有寥寥几个，中等成绩的占大多数，学困生有12人。这12名学生是典型的"双差生"——成绩差、行为习惯差，每天不知道学习为

何物，一提"学习"和"中考"就觉得无趣，不甘心每天被老师督促学习，总想着闹一些新鲜事来刺激一下"无聊的生活"。

9月份的某个早操时间，学生在操场跑步，我也跟着学生在慢跑锻炼。突然听到"啪"的一声震人耳膜，同学们一下子哄笑起来，我一边喊"什么声音？有没有伤到人？"一边赶紧跑到声音来源处观察，几个孩子你看我我看你，抢着说"没什么"就跑开了。我疑惑地带队伍接着跑步，不一会儿又听到"啪""啪"的接二连三的声响，虽然声音不大，但我清楚地听到了——是鞭炮的声音！

这次我决定不放过他们了，喝令队伍停下来，整顿了一下，便带回了班级，准备上课。

我悄悄在班级了解情况，很快事情就清楚了：庄永根带了一些"炸炮"来学校玩，被同桌何金财偷偷取走了几颗，带到操场上"摔几下过过瘾"，让大家"乐呵乐呵"（何金财的原话）。

原来如此！

其实这件事情，就是一个"小孩子没事做，找个玩具开开心"的"小事情"，但是我却不准备轻易放过这件事情。一来，私自带烟花爆竹之类的违禁品进校园，这本就是安全问题；二来，我刚接班，学生还摸不透我的脾气，想着拿这件事情来触触我的底线，看我能否管得住整个班级。

于是，我决定把这件事做一个突破口，"小题大做"，让学生认识到遵守校规校纪的必要性，也趁机树立一下班主任的威信。我先在班里讲了"早操'炸炮'事件"给班级甚至整个九年级带来的恶劣影响，又讲了这一事件存在的安全隐患，并严肃地告诫学生：德育处和安全处会分别对此事进行调查和核实，对当事人做出严重警告，以儆效尤。

接着，我把整个事件向安全处和德育处分别做了汇报，向两位主任谈了我的想法，两位主任听了之后非常支持，都表示要配合我的管理行动。于是，这天中午的午写时间，我请安全处吴主任来班里进行"学校安全知识教育讲座"，并重点强调"私带烟花爆竹进校园是严重违规行为，安全处会给予该学生一定的思想教育，学生须写下悔过书和保证书"；下午第一节我调了课，邀请德育处冷主任到班里讲析"中学生一日常规"和"学生八不准"等内容,让学生清晰地知道,在学校里哪些事情可以做,哪些事情根本不能做!

下课后,两个犯错的学生主动找我们承认错误,冷主任严肃地让他们写下了检讨书,并立下保证:以后遵守校规校纪,不能做任何违规之事;检讨书存档,中考前个人向德育处申请才能撤销处分。那十几个"双差生"看到这样的情景,小声议论,说以后再也不敢"以身试法"了。

至此,这件事情告一段落,我也在班里树立了威信,以后管理班级非常顺利。

班里发生了一件看似"无伤大雅的小事",我却抓住了这个契机,把它放大到"安全"和"校规"的高度,让学生认识到遵守学校规则的重要性,无形中加强了对学生的思想教育,也对学生的行为起到了一个约束作用。因此,在班级管理中抓住时机,"小题大做",很有必要。

### 关于"大"——巧妙地"大事化小",维护学生尊严

2015年8月,我接任九(3)班班主任。这个班的"双差生"依然众多,每天都要"搞点小事情",让人烦不胜烦。但是,在处理这些事情时,我注意到了一个细节问题,即如何维系学生的尊严。

班里有一个男生,叫江凯成,长得人高马大的,但成绩很差,习惯更差,上课坐不住,最喜欢在座位上动来动去,或者揉一些小纸团砸别人玩。我每天都得盯紧他,总担心他惹出什么乱子来。

这天历史课后,老师来给我说:"刘老师,我觉得你班里的江凯成像个小流氓一样,老是对女孩子性骚扰,你可得关注一下啊!"我吓了一跳,"性骚扰",对中学生来说,这是多可怕的一个词语,天大的一件事情!

我赶紧到班里了解情况,学生反映说:历史课前,江凯成进教室,路过通道边的每一个女生座位时,都拍一下女生的肩头;上课时,又拉前面一个女生的头发,把女生的长发绑到椅子上,那女孩子回头找他辩论,他却摸了一下人家的脸颊……

这个男孩子真的是得了"青春期狂想症"吗?真的是在对女孩子进行"骚

扰"吗？

我约了家长，下午江凯成的妈妈就来了，是一个文静儒雅的妈妈。她坐下来慢慢给我讲起江凯成的性格特点：从小就爱动手动脚，去医院查过，有多动症，自控力比较差；坐不住，手也闲不住，总要找点事情来占着手才行；性格却很单纯，别看长那么高的个子，但就像长不大一样，在这孩子的眼里，没有男女性别之分，跟女孩子也一样打打闹闹，经常有一些孩子气的动作惹人嫌……江妈妈说着掉了眼泪，不知道拿这孩子如何是好。

我把江凯成找来，询问他上午的事情是怎么回事，他却一脸茫然，似乎不知道我问的是什么事情。当我气愤地指责他为何对女孩子动手动脚，他却更迷茫了："老师我怎么了？课间我和唐倩、赖伟世他们玩一下也不可以吗？"

我明白了，江凯成是心智单纯，他把对女孩子的亲密行为当成了很自然的同学们间的玩闹，他把唐倩（女）和赖伟世（男）一样看待，他的眼里心里都没有"男女大防"，他认为跟女孩子打闹接触完全没什么。

这当然是一种青春期心理上的"发育迟缓症"，是应该引起家长和老师的警惕，并需要及时到医院进行咨询和疏导的。但是，如果我轻易把他对女孩子的举动定性为"性骚扰"，在班里大讲特讲并对他严厉批评，那对这个孩子的自尊心，甚至今后的性心理发育，是否都是一个打击呢？

想及此，我决定对这件事情的处理是——"大事化小"，维系一个男孩子的尊严，让孩子平稳度过青春期。

我和江妈妈商量，让她周末带孩子去医院咨询心理医生，测试一下江凯成的心理年龄，然后根据结果再适时地对他进行青春期心理健康教育，让他逐步认识到青春期身体上的变化，并学习处理青春期男女同学之间的交往问题，学会慢慢地、健康地成长。

班里发生了"敏感性大问题"，但如果该问题关乎孩子的心灵，关乎孩子的自尊，关乎孩子的心理健康，那班主任就应该"大事化小"，耐心疏导孩子的心理纠葛，细心维系孩子的尊严，同时对孩子多加关注，帮助孩子打开心结，健康成长。还要将坏影响降至最低，保持班集体的和谐与融洽，让班级工作按照正常轨道前行和发展。

**总结：**

"大"与"小"的尺度，需要班主任精心把握；班集体各种事务，需要班主任灵活处理——班主任的日常工作事无巨细，任重而道远；班主任应有管理智慧，与学生"斗智斗勇"，其乐无穷。

# 教师形象美的重要性

深圳明德实验学校　任　洁

在当今的中小学教育领域，我们经常可以看到很多老师着装大方，具有教师职业特点。但是，也有一些老师不在乎形象，并且以没时间、没精力、没兴趣等理由为自己外表的不雅致找借口。笔者认为，教师的形象美至关重要，但这个观点并不是基于当前颜值决定一切的世俗风气，读者不要误以为这真是一个看脸的时代了。那么，教师形象美到底为什么重要呢？笔者认为有以下理由。

## 一、基于青少年学生对形象的重视

青少年学生具有向师性，他们希望自己心目中教师的形象是有观赏性的，最起码一个教师的外形不至于损害他们对老师的尊崇。设想一下，如果一个不修边幅的中年女老师，穿的服饰就好像是在家中厨房搞卫生的样子，这没有办法引起学生对她的尊重，甚至会让学生在私底下议论起来，对这样的老师充满轻视，除非这个老师在教学方面有自己独到的一面，课堂充满魅力，学生才有可能忽略她的外形带来的对她的轻视心理。

当今社会早就不再把穿着朴素当作评价一个人外貌美的条件了。中小学教师处于教育界低龄阶段，没有几个人可以像季羡林老先生那样，一件雨衣几十年，形成北大一道独特的风景，大多数教师没有大师那么丰富的精神内涵，所以就不用拿人家的不在意外形当成自己邋遢的理由。你在文化底蕴上跟人家没有可比性，就不要用人家的形象特点为自己开脱。

一个衣品和人品都好的教师无疑会在学生的成长过程中形成不可小觑的影

响力。女生们就不用多说了，每个中小学生都是爱美的，就算是男生，你也会发现，形象好的老师批评他的时候，他的接受态度往往比那些不注重形象的老师批评他的时候更温和，也更能接受老师的意见。教师注重形象，也可以在审美方面给学生潜移默化的影响。如果教师的形象具有欣赏性，甚至可以让学生在欣赏的同时学到一些服饰搭配方法，那么这个老师会在学生的成长过程中让他难以忘怀，多年以后，这个老师可能还是他心目中优雅的代名词。

## 二、潜移默化培养学生的服饰审美能力

曾经有人说过，很多能力都是天赋使然，唯有审美能力是后天形成的。学生在和老师的朝夕相处中，看到老师的形象美，自然而然就会提高审美能力。不是每个人都可以被称作"有趣的灵魂"，在日久生情中被无视他的邋遢。教师服装乱搭配带给学生视觉的不和谐，至少在课堂那几十分钟里面会让学生看着别扭。相反，一个衣着讲究、视觉养眼的老师，更能够吸引学生看着他，跟着他的教学思路完成学习任务。当然，所有外形的美好必须搭配教师的教学水平，一个徒有其表、教学水平堪忧的教师，衣品再好也无法拯救他的职业生涯。

我们批评的是徒有其表的人，不能把所有讲究形象的人一律说成"花瓶"。教师一直都是正统的代名词，各种条条框框不但束缚了他们的审美标准，有时候也会因为在规范化中形成理念的中规中矩。教师着装只要不露太多的皮肤，影响教师端庄的形象，完全可以尝试一下各种风格的服装，直到找到最适合自己的一种。比如休闲运动款式很潮，很容易和学生的审美趋向打成一片。职业大方的款式适合上公开课，也适合班主任在学生中形成老师的气场。优雅淑女的风范能让女老师展现温柔的一面，给学生母性的温暖。男装的款式没什么变化，一年四季无非那些经典款，但可以在配色和细节方面注意更加和谐化。

服装是一种行为艺术，在每天的变化中培养着学生的审美能力。有些影响可能短时间看不出来，但是每个教师的形象都是一本教材。有人做过调查，那些在偏僻地区长大的人，可能在绘画方面能达到很高的水准，但是在服饰搭配

方面怎么都难以和在都市长大的人匹敌。原因就是生活在都市的人随时都有机会观察服饰搭配，他们有更多的机会学习服饰选择的技巧。

### 三、教师形象美有利于提高教学水平

现在人们越来越重视孩子的教育，教育界开展了各种各样的教育改革以适应时代的发展。我们看到过各种课题、各种改革、各种尝试，也批评过一些称霸一时的说法。但是关于教师注意个人形象美的课题几乎没有。教师就是传道授业解惑，教师如果太美好像就不是教师了，毕竟教师不是模特，太过于修饰好像没必要，因此，本文想传达的是一种有尺度的审美观。一个教师真正让学生佩服的是他的教学能力，不是他穿得如何美，形象美只是促进教学的一个辅助手段。

笔者在多年接触家长和孩子以后发现，一个教师的形象美，可以让他说的话在家长和学生心目中更有力度，因为他的服饰审美让人不敢小看他。这个社会总会有人"以貌取人"的，而且不在少数。你和家长的接触每个学期也就那么几次，在短时间内让家长重视你，衣品方面一定不要给自己减分。一个衣品平时让孩子羡慕欣赏，回家经常向家长夸赞的教师，多多少少已经在心理层面让家长认可他了。如果他在教育教学水准方面也完全胜任的话，那就是笔者写作本文想追求的效果。

过去教育普及没那么好，教师的形象在人们心目中被格式化过，很多教师言谈举止有文化涵养，因此在一众没有文化的家长中能鹤立鸡群、凸显修养。可是现在不一样，家长基本都是高学历、眼界开阔的人，相比之下教师反而显得小家子气了。如果教师在服装和言谈方面表现得很不讲究，不能不让家长怀疑教师的水平能否教的了他的小孩子了。这也是为什么越来越多的老师抱怨，现在的家长"很难缠"，因为他们不再因为你是教师，就认为你什么都是对的。除了在教学水平方面努力提高自己以适应形势变化，教师在家长和学生面前的形象，一定要提升而且时不我待。

## 四、教师形象美的一些注意事项

首先是整洁。很多年轻的美女老师可能在形象方面非常有优势，但是习惯不太好。有些教师把很多双鞋子乱丢在办公桌的下面，学生不会看不到的。歪歪扭扭散发着各种怪味的鞋子，在你辅导学生的时候，没准在心理上让学生因为不舒服而想快点逃离你。男老师的头发要经常清洗，不要认为短发就可以少打理，学生和你离得很近的时候，会闻到一股很重的"头油"味，这些小节都会让教师的形象减分。所有教师都应该注意口气的清新，因为我们有太多机会靠学生很近地讲解知识。曾经有某学校的校长要求教师午休后必须刷牙，以免因口气不好让学生避之唯恐不及。

其次是尺度。女老师的领口不能太低，中学男生个子高，从上往下看女老师的时候，会有些尴尬，加上某些中年女老师身材丰满，那种尴尬就更加难以启齿了。某些学校会禁止女老师穿短裤，笔者认为这里面有个细节需要注意：如果穿短裤的话，必须有足以掩盖肤色的袜子，这样短裤是可以穿的。如果是直接展现大腿的，别说短裤，短裙也是不可以的。女老师如果因为服装太短走光，会给教师的身份抹黑。

最后，注意风格。每个职业多多少少都会对服饰审美有些限制。女教师选择服装的时候为了避免尴尬，最好还是多选择套装或者连衣裙款式，搭配省心，很少出错，而且端庄大方气场十足。男老师因为男装款式太少，这里不再赘述。至于搭配细节，每个人都有自己的爱好，服装的品位也是各有千秋。套装是职业的象征，这里作为教师服装的首选推荐。能把一种风格穿好，穿出品位，会形成自己独特的风景。巴黎女人被称赞衣品，很多时髦的巴黎女性不但拥有个人的着装风格，甚至有人把某个颜色定为自己服装的主色调。当你形成自己的风格以后，你衣柜里的衣服就盘活了，不再是买了一个单品，发愁没有别的衣服搭配它。所以，面对琳琅满目的服装世界，理智而慎重地挑选符合你的身份和风格的物品，才是你要注意的。

补充一点，因为工作当中批评学生的话说得多了，导致教师这个职业张口就喜欢以命令的语气跟别人讲话，而且因为教的孩子年龄偏小，很多时候需要不断重复某个要求，导致某些教师在跟人交往的时候变得唠叨。很多教师能够意识到自己变唠叨了，说话琐碎了，但是遇到事情的时候会完全忘记这个"职业病"，这些都将影响一个教师的形象美。

以上，改变教师自身对形象的理解，才能让教师队伍的整体形象得到提升。

# 将心比心，收获真情

深圳明德实验学校　李　婧

**当**初写这篇文章的主题是"什么是教育"——教育背后的小故事，我毫无头绪，一直在思考什么样的故事会造就教育，什么样的情节会诱导出教育！直到我读了罗校长亲自编辑的著作《爱的星空》。

《爱的星空》让我有一种仰望星空般美好的感觉，封面是星空的蓝色，很温暖，就像夜晚耀眼的星星在天空中发光那样。读完后我懂得了什么是教育背后的小故事，我明白了教育不仅仅是教书、教知识，更重要的是和孩子一起成长。教育无小事，事事皆教育。而我的教育更多地和训练联系在一起。

在我还是学生时发生了一件事情，它让我改变了自己。我有三个教练：一个是招我进体操队的主教练，一个是副教练，还有一个是助教练。这三个教练都在不同阶段带过我，而当主教练带我时，我训练非常认真，听说我当时是做完动作后，披头散发、不顾任何形象地冲到了主教练前面等待着评语，而另外两个教练带我的时候，我做完动作后慢悠悠地原地站着，教练说我训练并不积极，比较散漫，自然三个教练所带出来的成绩截然不同。这些细节我却一点也想不起来，还是后来在与主教练的闲聊中得知的。对于不同的老师，我为什么会有不同的态度？主教练告诉我，其实这就是"将心比心"，当你用真心待一个人好，你愿意花时间、花精力教他培养他，他是可以感受得到的，自然而然也将会用同样的真心回报你，愿意相信你所做的一切都是为了他，我想人的一生中能遇到多少个这样的人呢？都说老师是一盏明灯，为你照亮前方的路，为你点燃你生命中的光。我很幸运地遇见了一个很优秀的老师，让我学到了尊重，让我懂得了教学生自己首先要做到"将心比心"。

2018年9月，我进入明德，迎来了第一批明德艺术体操小队员，艺术体操社团从此刻起在明德扬帆起航了，印在了许多孩子的脑海中。让我印象最深刻的是我们明德一年级的小新生，一共有19只小可爱，我之所以称之为"小可爱"，是因为她们每一个人都长得很萌，并且训练认真努力的态度让我每一天都充满了激情。在她们身上，我看到了永不放弃的精神，从训练开始我就要求孩子们写训练日记，也许很多老师都不能理解，孩子们作业那么多，为什么还要她们写训练日记，其实这是我了解孩子们的第一步，由于在训练中我是老师，她们是学生，因为课堂上的严肃，她们有什么事或心事不会轻易和我说，但如果采用日记的方式写下来，我会得到以下信息点：第一，她们在写的时候会回想，今天我们学会了什么，今天我们表现得好吗，累吗？从她们对自我的评价中我能了解到她们每个人每节课所学到内容的完成情况，是否还有需要提高的地方，通过训练日记的总结，我可以根据每个人的情况在课堂上进行调整，协助她们共同进步。第二，今天是否练得开心或不开心之类的感受，孩子们的纯真让我能更快地走进她们的心灵中，我想身为老师，第一件事就是要想办法从点点滴滴中了解每个孩子，因为每个孩子的品性不同、个性不同，所以当有了一定的了解后才能在遇到问题时做到对症下药。第一周训练后我收到了19本训练日记。其实，在每一本日记上我都会写上这样一段话："欢迎你成为明德实验学校艺术体操社团大家庭中的一员，你的优秀与出色被艺术体操老师看中，从此刻起！我们一起为'最美'的'艺术体操'而努力奋斗，让它成为我们最美的梦想。训练会经过泪水与汗水，请你不要轻易放弃，请时刻告诉自己'我是最棒最优秀的'，相信自己经历困难与挫折，可以变得更坚强、更自信。我要成为一名最美、最优秀的艺术体操小运动员，站在属于自己的舞台上，绽放自我。要记得写训练日记，记录下训练中的点点滴滴，让自己与老师更了解你的感受，如何从训练中找到自己的不足与最开心的时光，加油，老师相信你一定可以开心幸福地成为一名艺术体操小队员。"我希望每当孩子累了、疲惫了、不开心了，就看看训练日记里李老师所对她们说的话，相信她们一定可以坚持、坚强地走下去。

由于一年级孩子还没有学写字,所以每一次都是孩子述说,辛苦爸爸妈妈帮她们写,她们也许会忘记写作业,但一定不会忘记写训练日记。有一个孩子写道:"今天练得不错,很认真,也很开心。所以李老师说要奖励我一颗星星,但李老师忘记了!"我发现原来孩子们的心思非常细腻,记得我说过的话,记得我要求的事情,更加记得属于自己的奖励。还有一个孩子虽然自己不会写字,但我发现每一篇日记都是她的笔迹,原来是由妈妈写在纸上,她再自己慢慢一笔一画抄写,她每一节课都会总结自己还有什么地方表现得不够好,可她在结尾一定都会写一句:"我会继续努力加油,李老师辛苦了!"让我非常感动。其实每一本训练日记都记录着每个孩子心中最真实的想法,让我一点点地走进了孩子们的心灵中,慢慢地我们的关系改变了,不仅仅是老师与学生,更是朋友。她们愿意和我聊天、在训练中尊重我、尊重课堂,面对训练,她们愿意虚心学习,愿意付出真心,与我一起为了最美的梦想而奋斗。

也许此刻的我还不是一名优秀的教师,上课的模式与方式都还有许多方面需要提高,但我愿意用心去学习,这不仅是为了自己的教育事业,更重要的是为了让孩子们变得更好,如果因为我的不断学习能让这些"小可爱"变得更好更优秀,我想我愿意!因为我希望用真心教会孩子们做任何事情。只要用心,愿意付出努力就一定会有收获的,也许不是冠军,但也不要灰心,因为你已经在努力的过程中学会了面对困难迎难而上,面对挑战勇往直前。

教育的道路从来不是平坦宽阔的,当我们在教书育人时,更应该时刻坚持将心比心的立场。我坚信人心换真心,相信心与心的感应。将心比心,收获真情!

# 教育的真谛，是教人求真

深圳明德实验学校　马彦明

"**千**教万教，教人求真；千学万学，学做真人。"这是教育家陶行知先生说过的一句朴素却深刻的教育名言。说它朴素，是因为陶先生用"求真"这一在大家看来稀松平常、没有任何创新的词语来总结教育的真谛；说它深刻，是因为"求真"这一在大家看来最基本、最应该，甚至不屑于提及的常识，却在我们的教育中经常缺席。

## 一、被"设计"的即兴演讲

前不久参加了一个全国校长培训会，组织方准备得很细致，活动内容也很丰富，其中有一个环节，叫作"TED校长闪电演讲"，由全国各地的校长报名，在8分钟的时间内，做一个主题演讲，然后由一位专家对校长的演讲内容进行简短点评。虽然这个环节放在晚上，属于自主研修，但是会场还是聚集了上百人，而且窃以为，相较于往常开会领导们脚踩西瓜皮式的漫无边际的所谓培训，TED这种简短、丰实、快节奏的演讲形式，更加能够提升学习效率。在TED演讲进行到一半的时候，主持人上台，向所有参会的老师校长询问：为了让活动更精彩，今天晚上，会议特别安排了仅有的一个抢话筒的机会，要求抢到话筒的校长老师即兴上台演讲，有想法的老师可以举手抢话筒。事出突然，一时间大家都有点紧张，正在犹豫期间，有一位年轻小伙子大胆举手上台演讲，大家为这位朋友的勇敢而热情鼓掌。这个青年慷慨激昂地介绍了自己奋斗的经历，他因病瘫痪，被人抛弃，但在他的母亲和继父的无私呵护之下，他成长为一位身残志坚的公益慈善家，台下的校长老师们都被他感人的事迹和深情的演讲深深打动了,有一些老师甚至听得热泪盈眶。这时候主持人走出来问:"大家觉得刚才这个演讲是即兴的还是提前安排的?"大多数老师被这位青年自强不屈的精神所打动,认为是即兴的,但是主持人却扬扬得意地宣称这是提前安排好的,还骄傲地介绍自己组织会议的艺术就是从教育中总结出的艺术:要善于设计,要留白……

说实话,在主持人振振有词地介绍自己所谓的"艺术"的时候,台下很多老师感受到的却是深深地被欺骗感。甚至连那位本来让人肃然起敬的小伙子的故事也在大家心中变得虚假了。

为什么那位主持人如此大胆,敢于在校长培训会上如此公然地"欺骗"?且不要急着批评这位主持人,请君试看我们的教育,您或许能找到根源:为了一节公开课的好效果,有人会"设计"好回答问题的同学:大家都举手,会回答的举左手,不会的举右手。为了一个评比的好成绩,有人会"设计"好比赛的同学,让那些"不合格"的学生不要参加,在教室自习。为了迎接一次上级的检查,有学校领导会"设计"好整个校园,班级卫生、板报宣传要焕然一新,甚至在领导必经的道路上铺好红地毯。为了获得一个让社会认可的好成绩,有学校会"设计"好自己的考生,千方百计地从别的城市挖几个优秀学生,来冒充自己的学生……

教育者,你是否想过:当你在挖空心思追求"设计"的艺术时,教育最基本的要求——"求真",却恰恰被你"设计"了。

## 二、让孩子说自己的话语

说到演讲,我想起了程红兵校长曾经在一篇文章里列举过的关于学生发言的现象。

**案例一:**

一次上级领导到一所小学检查工作,校方选择一位优秀学生,代表全校学生发言。这位五年级学生的发言稿是这样写的。

各位领导:

我们的学校以德育为灵魂,以教育为中心,全面贯彻党的教育方针,实施新课程改革，培育21世纪中国特色的社会主义现代化人才，全力打造××市窗口性、示范性学校……

案例二：

2008年奥巴马当选美国总统，一名美国小学生心血来潮，突发奇想地给奥巴马写了一封信，信是这样写的：

我想告诉你，你当选，我有多么担心。我爸爸说，奥巴马当总统，我们都得搬到贫民院去。我爸爸说，我们得买鸡，靠卖鸡蛋过日子。如果我能投票选举，我一定会投给约翰·麦凯恩。但是，你能与家人住进白宫，我还是为你们感到高兴。

案例一中的孩子，没有童言，没有童趣，满口官腔官调，而案例二里的孩子，虽然语言简单直白，尽管前后矛盾，但是非常真诚。为什么我们的孩子会变成这样一副腔调？我们是不是应该想一想，我们的老师在讲话时，是否也是这样的风格？我们的学校领导在讲话时，是否也是这样的套路？

既然教育的真谛是"教人求真"，那么我们能否让孩子说自己的话语？

5月20日，年轻人的"表白日"，我们组织高中的同学来到操场，举行"爱要大声说出来"的活动。每一个学生都打开心扉，走上高台，对着自己最想念的那个人，说出自己的真心话。一位同学说：××同学，你很聪明，我非常喜欢你，但是你可不可以在课堂上不要随意插话？一位同学说：我要表白我们宿舍的同学，你们让我的高一收获了可贵的友谊。还有一位男同学说：我要表白我的物理老师，我非常喜欢你，虽然我高考时不选择物理……同学们的表白中，并没有我们担心的"暗恋对象"，在同学们的表白中，我们被真诚和爱深深包围。很多家长参加我们的市民开放日之后说：我们最欣赏的，是你们学校的学生大使，他们那样自信大方，介绍学校头头是道，你们是用什么方法培训出来的？我自豪地回答：我们根本没有培训，他们是自愿报名的。我们相信同学们，相信他们是学校的主人，相信他们对学校的爱，相信他们是学校最亮丽的名片。

我们不仅努力让孩子们说自己的话语，我们还努力让孩子穿自己的衣服。我们的校服是由学生和家长一起选定的、孩子们觉得好看的款式；每周五，是学校的自由着装日，同学们穿着自己的衣服进入校园，就好像一朵朵鲜花在校园盛开。我们不仅努力让孩子们说自己的话语，我们还努力让孩子们唱自己的歌曲。学生中有一位先天体弱多病，到了4岁才会说话的同学，他唱歌的时候，声音像电锯切割材料一样，可是每次唱校歌，同学们都和他一起唱，丝毫不觉得"违和"；国庆会演，班级表演节目，同学们手拉手把他围在中间，和他一起表演，搂着他的肩膀一起唱歌……

又到了一年毕业季，又到了同学们选择新的学校的时候，我们诚挚地欢迎同学们来到明德，因为在这里——

有一群求真的教育者，将用真诚的热情，点燃更多求真的生命。

# 教育叙事之毕业寄语

深圳明德实验学校　纪秋君

1602的宝宝们，时间过得好快呀！接手你们，了解你们，喜欢你们，说实话好享受现在和你们开心相处的融洽时光，可是时光匆匆，又要跟你们说再见了。

还记得我们聊过的那些话题吗？

为了培养我们的领导力，我们聊过"指道、扛事、牺牲"，自此你们即使不当领导也慢慢学得有所担当。

为了不活在别人的评价里，我们聊过"被嘲笑的梦想"，自此你们坚持走自己的路，把注意力放在自己身上。

为了更好地安排我们的学习生活，我们聊过"睡觉"，自此午休安静而高效。

看着身边提前退场的同伴，我们聊过"放弃"，虽然我们不一定是最先上场的那一个，但我们决定一起做最后留在场上的那个。

身为明德学子，为了更深刻地理解"明德正心　自由人格"，我们聊过"自由"，自此我们知道：没有堤岸，哪来江河——自由存在于束缚之中。

面对中考前的疲惫和辛苦，我们聊过"熬"，我们打算一起熬出彩……

一闭上眼睛就能想到我们那些欢快的场景和肆意的笑容。

如今分别在即，我们再聊点什么好呢？

我想再跟你们聊聊"选择"。

还记得我们聊"放弃"时说道：人生很长，我们终将放弃一些，选择一些，但是不要让你人生的第一场放弃来得太早。

但是现在我们面临着选择，我们都在选择中前进，我们选择道路，但同时又会质疑自己的选择。有的时候我们知道自己想要什么样的生活，但又不确定自己选的对不对、好不好。

现在的你们也要做选择，选择读国际体系高中还是读国内体系高中，选择是去深圳中学、深圳实验高中还是深圳外国语学校、深圳高级中学，选择……

我们每一个决定都意味着放弃一些可能性，拥抱另一些可能性，我们现在的生活或者将来要过的生活就是我们一次次选择叠加的结果。

所以有很多宝宝在做高中的选择时会思考以后的大学、职业甚至活着的意义，你们之所以会有担心，会有焦虑，就是因为你们既想过得成功，又想活得有意义。真的，我觉得这特别好！

关注你的生活，反思它，去想想怎样才能好好地生活，想想怎样才能做真正有价值的事，这些也许就是这三年的教育，这些你经历过的人、经历过的事能教给你们的最宝贵的东西。

你自己的努力，是通向有意义的幸福生活的必由之路。不要停歇，不要害怕，勇往直前，大胆尝试，但有时也要随机应变地改变方向。

我迫不及待地想知道你们会变成什么样子，也期待知道你们的近况。

爱你们的纪老师

# 再娇弱的花苞也有绽放时
## ——浅谈班级管理中鼓励的重要性

深圳明德实验学校　安坤鹏

**鼓**励是一束阳光，让阴暗已久的心房突然变得明亮；鼓励是一抹清泉，让干枯已久的土壤瞬间得到滋养。教育艺术是班主任永恒追求的主题。教育艺术谈得最多的就是爱的教育。班主任每天面对的是不同特质的学生，对不同孩子采取有效的爱的形式不尽相同，但鼓励却是对每个孩子的成长都有作用的爱。对孩子的一份鼓励与支持可能是他心中的一盏明灯，能点亮他的信心，照亮着他前行的路。即便毕业若干年，他心中依然会记住曾经那位从内心深处给予他能量，鼓励他前行的老师。

萧××，女，12岁，学校地段生。当年分班考试的时候，英语0分，语文和数学分别是18分和8分，父母都是生意人，长期国内外各地出差，家里有个弟弟。姐弟俩从小由姥姥带着。弟弟成绩也不好，但是父母对弟弟的学习和生活关注多点，所以弟弟成绩略好于她。家里的一切决策都是以弟弟为中心，包括是否出国学习，都是考虑弟弟，姐姐只是跟着弟弟走。因为自小学以来，萧××都是全校的倒数第一，从未前进一名，所以爸妈对她索性放弃了，给她报了美术辅导班，期待她学点美术，以后多一条出路。

当时这个孩子分到我们班的时候，我惊愕了，去查看她的英语试卷，发现她其实每道题都做了，但是所有的题目的答案都成功地从标准答案旁边飘过，这是我从未遇见过的孩子。我心想这位同学的英语到底有多差，26个英文字母分开，能认识，但是随意组合就一个也不认识了。再翻看一下她的数学试卷，只做对了2个选择题，共8分，语文就作文和阅读理解拿了点分。总体概况，这位同学的学习特点是：基础非常薄弱，特别是英语属于零基础。我想象着，这个孩子是不是很叛逆、厌学、行为纪律差，有不良的行为习惯，等等。但不管怎样，既然分到我们班，我就要好好帮助这位同学，争取让她摆脱倒数第一名。

第一次与这位同学见面，与我想象的那种叛逆、另类的女孩完全不同，她是位柔弱、内向、腼腆、爱微笑、有点艺术气质的姑娘。心想，怎样才能帮助她学习呢？第一个念头就是鼓励。先找出她身上的闪光点，在跟她的交流过程中，我发现她是喜欢美术的，而且在军训结束时，给教官写了一封别致的感谢信，图文并茂，上面画了很多小花和星星，还涂了漂亮的颜色，一看就是一封用心准备的感谢信。我从赞扬她的美术功底开始，逐步聊到学习，聊到如何提升英语和数学。聊了近2个小时，从聊天中可以看出，她也想在新学期开个好头，打一个翻身仗，好好学习。但这次聊天只是我对她初中阶段关注的第一步。

开学后，发现她上英语课和数学课特别吃力。英语单词完全不会读，英语老师的口语根本听不懂。课文背不出来，单词背不下来，数学也因为基础差，一些公式推理运算做不下去。她虽然有想学的决心，但是根本无法完成每天的学习任务。我试着采取一系列的鼓励策略来帮助她。

（1）安排她当班级黑板报负责人。确定她的班级地位，让她从心理上感受到自己是有价值的。然后从侧面鼓励她克服学习困难，勇往直前。

（2）坚持每天与科任老师交流她的学习情况，她一有进步立即在全班面前给予表扬，树立她的自信心，减轻学习畏难情绪。

（3）做好家长工作。比如每周给孩子家长汇报一些孩子在学校做得很棒的事情，以及学习上取得的进步。请求家长督促和管理孩子的学习，不可以放弃孩子，并询问孩子在家的表现。期中考试后还进行了家访，探索家校合作的内容。

（4）经常找孩子谈心，耐心询问她在学习上碰到的疑惑以及生活上碰到的问题，了解孩子情况，并给予帮助和指导，拉近师生关系，让孩子感受到老师的关怀和呵护。

鼓励至深处，顽石也能开花。开学一个月后，她妈妈主动给我打电话说孩子竟能每天坚持回家主动写作业，而且即便写到很晚，也要把作业做完才肯睡，这是她小学时从未有过的学习劲头。

初一开学第一个学期期中考试，她顺利地从倒数第一名走出，并前进了2名。她很惊喜、很激动，随后，我趁热打铁地告诉她，还有很大的潜力，希望期末好好复习，认真努力，会有更多的惊喜等着她。在期末考试中，她的生物考了80多分，她激动地告诉我，老师，我从小到大从未考过80分。我说，你太棒了，一步步来，把其他学科的成绩也提上来，坚持努力，你会有更大的进步。一次次的表扬，一次次的鼓励，她在第二学期的期中考试中，她有两门学科及格了，已经摆脱了全年级倒数5名了。

到了初三，她有了自己的学业规划，打算就读我们学校的国际部，她的想法得到了父母的支持。后来，她如愿地来到三面环山，一面靠海的大鹏国际部。她在离开初中部之前到我那里跟我告别说，老师，到了初中之后，我终于不是班级倒数第一，不是年级的倒数第一了，终于有班主任关心我，给予我关怀，我即将去国际部就读，以后要学服装设计，我不会忘记您。听了这话之后，我当时不知道以什么语言回复她，最后只说了一句，我会一直关心你，会一直支持你，有什么困难随时可以找我。

如今，机缘巧合，我也来到了大鹏校区。她听说我来了大鹏校区，很开心，通过各种关系找到了我，与我畅谈她现在的学习、出国规划、生活甚至情感。我们亦师亦友，时常一起看着大鹏的夕阳西下，晚霞升起。现在她出现在老师和同学们面前的形象是身边有着同行的小伙伴，化着精致的妆容，烫着微卷的头发，面带微笑，宛如秋天盛开的紫荆花……

她现在的形象与气质，与四年前简直判若两人。她的变化与成长，或许是她思想觉悟起主导作用，或许是她的父母给予了她触动，抑或有我的那份温暖与关怀。作为她的老师，看着她的变化，回想着她时不时跟我发微信分享她的心情或找我面聊，畅谈人生，至少是把我当作一位值得信任的知心姐姐，我的内心还是有些触动与感慨，感受到"鼓励"是一个很有能量的词。

# 印象芷菁君

深圳明德实验学校　王玉东

两年前,我在讲授《中国文化原典阅读》课程的时候,结识了芷菁君。

修这门课程的同学约计20人,人数不算多,芷菁君列在其中。课程开设有创新之处,加之课堂开放度较大,芷菁君等人对课程兴趣浓厚,投入的时间与精力也不少。教学相长,我是投入了十二分的精力,为打造精品的目标而设计思考着课堂。课堂内外,我们师生共同切磋琢磨,同修共进,颇有书院的气息。

课程开设不久,芷菁君所在的学习小组便有意做研究性学习,是关于古代服饰的。芷菁君根据组员各自所长,安排组员分工;对接沟通,制定适宜于研究的进度安排;等等,是学习小组的灵魂人物。后来,芷菁君所在的小组研究性学习成果获评第一名,芷菁君作为发言人在班级做了研究成果分享与研究过程分享,给同学们留下了深深的印象。自那时起,至我结束讲授这门课程,芷菁君在课程研究学习上,收获不小,给同学们带来的帮助也很大。

深圳明德实验学校每个假期都会组织学生前往美国交流学习。2017年2月,我同30多名学生参访美国波士顿汉密尔顿高中。为便于师生联系,我们将30多名学生分作5个小组。根据经验,芷菁君理所当然地成为其中某一小组的组长。于是,8名同学的日常生活学习都归她负责。芷菁君做事细致,考虑周全,颇得师生的信赖,也赢得了汉密尔顿高中师生的欣赏。记得2月下旬某天,北美东北部普降暴雪,各地学校停课。芷菁君等几位组长组织同学们在下榻的酒店侧厅席地做功课。室外大雪纷飞,室内弦歌不辍,酒店服务人员面对此景,交口称赞。我们深知，获此赞誉，芷菁君功莫大焉！

　　后来，芷菁君等人和我分属不同校区，疏于见面。许是都忙，关于学业的心得交流自是无从做起。忙中惦念起来，也只是微信互致问候而已。不久前，芷菁君约我为她写一份推荐信。我以为，这是义不容辞的事情。中国圣贤孟子有云，得天下英才教育之，一乐也。回溯两年前，能够引导陪伴芷菁君等人阅读、成长，真是一大乐事。现在，芷菁君将要留美，在新的土地上成长，我衷心为她祝福。

　　纸短情长，就此搁笔。写了上述，权当临别纪念吧！

# 用心交流，我们同行

深圳明德实验学校　肖　逸

黄同学最近有点反常。她的学习积极性一直很高，是我办公桌前的常客。可是这几天，她一次也没有出现，课堂上也变得无精打采，沉默异常，几天下来情况仍然不见好转。

不知道发生了什么？尤记得刚进入高中时，黄同学和我交流她的英语学习状况，她说英语一直是她最薄弱的学科，小时候不喜欢英语老师，所以一直以来不喜欢上英语课，长此以往，她对学习英语缺乏兴趣，单词背了又忘，没有成就感，她说"老师，你不要太难过"。从这段交流中，我知道黄同学是一个有点"小任性"的学生，即使她知道英语很重要，但还是管不住自己的情绪。一番沟通之后，我们决定一起努力解决英语这个难题。高三以来，她变得越发努力，但成绩有起有伏，不太稳定。现在，我想她是不是因为缺乏成就感失去动力了？坚持不下去了吗？还是因为上个星期早读课批评她不够认真？

我很快发现，事情比我想象中还复杂。黄同学仍然出入办公室问问题，只是不问英语，我马上找到她的好朋友询问缘由。L同学告诉我："老师，她觉得你不喜欢她，所以最近都没去问问题。"这句话让我大吃一惊！一直以来她都是我的得力小助手，她有心事也会和我分享。难道因为一句批评就不学了吗？是不是又任性了！

我决定找黄同学聊一聊。

"没有什么，我在学啊。"一开始，她这样回答，语气中有一丝倔强。

"但你最近都没来问问题。前段时间你每天来翻译，你是觉得这种学习方法对你的学习没有帮助吗？"我问她。

"没有啊,我觉得那个很有帮助。"

"那为什么不来了呢?"

"……"沉默几秒后,她说道:"老师,我觉得你不是很想回答我的问题。"

我再一次很困惑,不知道为什么她会有这样的想法。一直以来,我回答她的问题是最多的,很多个课间都在和她一起阅读,培养语感。

"每次我都很积极地来问,但是你有时候会跟我说这个题目明天会讲,课上一起回答。但是你会主动去找蔡同学讲题。而且不止一次,你经常去找蔡同学和乐同学,但从来不会主动找我讲题。"

她讲到这里,我终于明白了症结,黄同学这是"吃醋"的表现吧。她是最积极的学生,总是追着问问题,所以我认为我不用太担心她的作业质量,于是并不会主动询问作业完成情况,而蔡同学和乐同学如果不叮嘱的话作业完成质量就会不高,于是我经常倒班辅导督促,对于黄同学实则是出于信任才不会多加催促,没想到产生了误会。另外,有些题目因为大部分同学都做错了,我便认为课上一起讲会效率更高,因为和她很熟,我没有过多解释,认为她应该会理解。

跟黄同学敞开心扉地交流之后,问题很快得到了解决。拿到我送给她的小蛋糕,她的嘴角露出了一丝羞涩的微笑,也开始检讨自己的"生气",周末回校还给我带了一个小礼物——一个小杯子。于是我在课堂上又看到了那个朝气蓬勃、积极发问的黄同学。

这件"小事情"让我深刻反思了自己的教学工作。学习的问题往往症结不在于一些智力因素,而是非智力因素。通过和很多成绩落后学生的交流,我发现他们之所以学不好的一个重要原因是师生关系不好,如因为被老师批评或因为成绩不好被忽视,导致他们失去信心或者无心学习。虽然我也认为这些孩子有点"任性",但作为老师,我们要融化这块横亘在我们之间的冰块,用心沟通,从根源处扫除障碍,激发学生的学习兴趣。我很高兴的是,很多孩子信任我,既视为老师,也当成朋友。在我面前,可以畅所欲言,说出自己的困惑和难处。我也更加坚定自己的原则——不要放弃每一个学生。相信只要用心去交流,在乎并关心每个学生的感受,定能助其成长。

# 做一名有情怀的历史教育者
## ——李惠军老师示范课《祖国统一大业》观后感

深圳明德实验学校　余志武

昨天下午，在深圳明德实验学校香蜜校区5楼阶梯教室，我连续听了2节历史课。授课老师是李惠军老师——全国历史特级教师、上海中学历史教学领军人物。授课内容是高一新课《祖国统一大业》和初三复习课《三国两晋南北朝》。深圳市各区初、高中历史教师慕名而来，会场座无虚席。

李老师早就名扬四海，曾经多次亲临深圳授课，如今已60多岁，仍不舍历史课堂，为历史教师上示范课，光是这一点，就让我钦佩不已。第一次听他的课，我的心中升起一股莫名的兴奋：这真是一次难得的向大师学习的机会。

### 一、大师印象

李老师的课前准备精益求精、极其充分，足见其深厚的专业功底和敬业精神。所制课件内容丰富而精练，重点突出，注重逻辑，条理清晰，图文并茂，字体大正，布局合理，令人赏心悦目。精美的课件画面，加上他带有历史沧桑感的嗓音，就算是坐在会场的最后一排，也能看得清晰、听得明白。课堂上，师生互动、生生互动都很充分，富有感染力的教学语言，恰到好处的提问和讲述，极大地增加了课堂的张力和亲和力。李老师给我的印象是：博学多识，情感丰富而热烈，语言诙谐幽默，教育教学艺术高超。

### 二、互动充分

无论是课前、课中，还是课后，李老师与学生的近距离互动都很自然、充分、恰到好处，这在一定程度上增强了课堂和谐感、交融感。课前，李老师借用网络流行语"蓝瘦""香菇""洪荒之力"，巧妙引入新课，一下子就消除了学生的紧张感，使课堂变得亲近、有趣，从而营造了宽松融洽的教学情境和学习氛围，也拉近了师生之间的心理距离。课中，李老师随时关注学生的思想状态和情感变化，适时调整教学策略和方法，对知识的讲解，对问题的剖析，对情感的拿捏，自然而流畅。课堂任务完成后，李老师留下几分钟，请同学们提问，以获取学生的想法、意见和建议。这一做法，在我的课堂教学中，竟然从未用过。

### 三、语言感染力

李老师是一位有历史情怀的历史老师。他的教学语言，透露出他对历史和现实都有深刻独到的感性认识和理性思考。这一点，感染了在场的师生。他讲述"我只是想妈妈"和"半瓶麻油"的故事，声情并茂，感情真挚，语言生动。他对学生说，他很想与他们一起朗读余光中的《乡愁》，就怕控制不住自己的眼泪。情感的自然流露，真是恰到好处。

### 四、预设与生成

李老师设计的课堂提问，很有冲击力。他对问题的分析，不是浮于表面，而是引导学生深入问题的内在本质，加以解剖，使学生能准确理解知识点及知识点之间的联系。如对基辛格与周恩来总理关于"合久必分""分久必合"的辩论，分析得很到位。他讲解三国两晋南北朝时期"合久必分"的三大原因：区域性、短暂性统一，民族融合的向心力，经济交流的内驱力。这些环节做到了史论结合，深入浅出，通俗易懂，启发了学生的思维，给听众的印象极为深刻。

教学任务完成后的学生提问环节富有挑战性。这种提问，可以说是查漏补缺，也可以说是拓展延伸的契机，还可以说是对历史教师的专业水平和课堂掌控能力的考验。学生的疑惑不解之处，教师的教学效果，得到了一个呈现、反馈的机会，学生获得了一个查漏补缺的良机，教师获得了一面反观自己教学不足的"镜子"。另外，如果学生提出的问题，超越了预设的范畴，将会进一步带动学生和教师的思维，起到深化、延展课堂的作用。

## 五、课堂张力

李老师用一封台湾老兵的家书、一张两岸亲人久别重逢的照片，拉近了历史与今天的距离，也让学生切身体会到，分离给两岸同胞带来的痛苦，认识到推动祖国统一的原动力在民间，祖国统一是历史的必然。这种适当延伸教学的触角，引导学生学以致用，发现历史问题的本质，扩大了学生的视野，训练了学生的历史思维能力，增强了历史课堂的张力。教学内容适当地拓展延伸，历史与学生生活实际的联系，使历史课堂焕发出特有的生命力，是李老师课堂教学成功的关键。也许，这就是历史教育的终极目的，就是我们历史教师的职责之一。

历史教师如果想让自己的历史课堂富有吸引力、亲和力、张力，就要像李惠军老师一样，具有浓浓的历史情意、家国情怀，极富个性的教学风格和教学语言。当然，这都是以深厚的历史专业底蕴、宽阔的历史视野和良好的历史素养为前提和基础的。然而，这些均非一日之功。如此看来，非下一番苦功夫，否则无法成为一名优秀的、有情怀的历史教育者。

# 我的队长

深圳明德实验学校　陈 朋

"**报**告！" "请进！"我抬头一看，进来的是一个女孩，她一头黑发，扎着一个小短辫，进来后腼腆地说了句老师好。

这是健美操社团的招新现场，进入明德后除了要熟悉校园环境、教学任务外，对于有健美操情节的我来说，首要任务就是组建健美操队。然后我们开始了相关的测验，最基本的动作孩子做得都非常棒，比如竖叉、横叉、下腰等，这些是现在小学生的强项，当我测验健美操专项素质：俯卧撑、直角支撑时，她依然出色地完成了动作，我心中暗喜，立刻询问了孩子在学校有没有其他社团。孩子说是刚转入明德，并没有其他社团，我心中大喜，经过与家长沟通后，孩子顺利地进入健美操社团，她就现在的健美操队队长范玥。

经过长时间的接触，我发现健美操队长范玥是一个非常自律和坚忍的女孩。

## 一、自律的队长

随着比赛的临近，训练的次数和训练量也在不断加大，从以前的俯卧撑一组15个做5组，到现在的一组20个做8组；从两头起30秒30个做6组，到现在的30秒50个做10组；从腿部练习一组4个八拍控12秒，到现在的一组12个八拍控30秒；从分腿支撑的撑不起来，到现在的10秒、20秒、30秒。这种突然的加量，孩子们都出现了吃不消的状态：动作做不标准、数量做不够等，但你看队长，她咬着牙，坚持着做好每一个动作，你看汗珠从她的额头滑落到鼻子、脸颊、下巴，最后到了地板上，一滴、两滴……但她动作依然标准。我知道她也吃不消，我知道她在用意志坚持。训练结束后我问队长："累吗？"她转过头来说："累。"我表扬性地说："你做得很棒，每个动作都很标准，没有感觉到你累。"她头稍稍扬起说："因为我是队长。"我好奇平时孩子是什么状态，与孩子父母和班主任进行了交流。孩子的母亲说："孩子在家非常自律，上学前天晚上会把自己要穿的衣服和鞋子准备好，主动完成作业，自己的房间也都是自己打理。"班主任童老师说："范玥这孩子非常自律，以至于在班里非常调皮的和谁都不能一起同桌的孩子都被范玥的自律征服了，直言最佩服的就是范玥。"

## 二、坚韧的队长

一天下午，队长妈妈突然打电话说："孩子最近脚弓疼得厉害，走路一瘸一拐。"我惊讶地说："孩子在训练的时候没有看出有任何的不适，且孩子也没有说过有什么不适。"队长妈妈心疼地说："孩子忍劲较强，什么事情都会咬牙坚持，我让她给您请假休息一个月，她坚决反对，麻烦您劝下她。"我安慰道："放心，我找孩子了解一下。"中午我找到孩子了解情况，原来我的队长脚弓疼的情况已经有两个月了，两个月孩子一直咬牙坚持训练，顿时很心疼孩子，也很佩服孩子，佩服那么小的孩子就有那么坚强的意志。我心疼地说道："以后身体有什么不舒服的地方一定要给老师说，不然不仅不会进步，还会影响后面的训练。"队长担心地说："我怕跟不上进度。"最后在我的劝阻下，孩子答应休息一个月，我嘱咐她这一个月不要做运动。后来队长妈妈说去了医院，医生也没有确定是什么原因，现在孩子已经完全恢复了。队长归队的那一天，队员们迅速围住她，看来小队员们也想她们的队长了。

这就是我们的健美操队队长，一个既自律又有韧性的队长，一个小小年纪就让我佩服的队长。

## 作为一名"青椒"

深圳明德实验学校　周莹

时光如指间流水，不知不觉间我来到明德已经两年了。2017年的夏天，我成为一名"青椒"（青年教师）。这两年里，我尽全力去做的也只有几件事，那便是站稳这三尺讲台、与学生建立良好的师生关系以及传递关于法语这门语言的知识，打开学生的视野。与学生相处的日子里，有欢笑，也有惊喜，看到他们的成长和进步，我由衷为他们感到高兴。

作为一名教师，这些日子我也渐渐总结出了一些经验。其中最重要的一点就是要学会爱护学生，把学生当成自己的孩子，尝试着以孩子的视角去理解他们，多和他们谈谈心，好好沟通，也就是和学生交朋友。通过各种途径，我了解到不同学生的情况和特点，进而因材施教，获得孩子们更多的支持和信任。

每个孩子心目中都有一个独特的美丽世界，也有着乐观、进取、聪明、豁达的自我。不仅如此，他们眼中的老师，也是一个睿智博学、善解人意、乐观开朗、能够温暖人心的好形象。他们平时也许表现得不尽如人意，表现得胆怯，但这并不是因为他们消极自卑，而是因为年龄的限制导致缺乏经验，才会在与大人相处时较为压抑。这样美好又敏感的心灵，对老师抱有如此高的期待，我们又怎能辜负这样的期待呢？

在平时的学习中，我也和学生说"我建议、我希望、你真棒、你行的……"，多给他们鼓舞和意见，尊重孩子，让他们生活在信任和赞赏中，生活在互助的环境中，我相信将来他们能够更加自信、更为自如地处理事情。这是我和学生共同努力、互相欣赏换来的良性发展。

有人说，师生的和谐相处胜过教师许多的刻意教育。跟孩子们相处时，我总喜欢把自己当作他们中的一员，走进他们中间，感受他们单纯的心灵，更乐意充分利用每次课间和孩子们一起谈心。

　　在课间的时候，我们相处得往往不像师生，更像朋友。有时我也会变身为"知心姐姐"，与他们聊聊不能和爸爸妈妈说的小秘密，聊聊他们最近喜欢的东西。有时在上课的时候我不经意间会说出一些轻松幽默的话，这时他们往往会对课堂的内容更加感兴趣，于是我们的距离又悄然更进一步。

　　作为老师，我对课外活动看得也很重，素质拓展、集体游戏甚至简单地大家伙聚在一起玩一玩，比如在社团课时我们偶尔去操场上上课、玩游戏，我们不分年龄，围坐成一圈，故意把一些平时害羞内向的同学推进圈里必须表演个什么才能出来，平时不爱说话的同学居然也活跃起来了，带给我们很大的惊喜。

　　说实话，我很享受这份简单的快乐，因为这当中包含着学生对我的喜爱，包含着童趣无邪，使我由衷地感叹当自己真的用心置身于孩子中间时，其实连自己也会不知不觉变得纯真起来。

# 用爱浇灌心灵之花

深圳明德实验学校　王晶晶

2018年2月底,刚生完宝宝6个月的我回到工作岗位。我离开了原来熟悉的工作环境明德实验学校碧海校区,调来明德实验学校香蜜校区。新的校区、新的同事、新的班级、新的学生,这一切对于几乎全部时间和精力都用在婴儿的吃喝拉撒睡的我来说,无疑增加了产后回归工作的难度。尤其是听说即将接手的四班是一个充满未知变数的班级,我简直是一个头两个大。但是既然我与四班的孩子有缘相遇,还是必须要迎难而上,逢山开路、遇水架桥!

开学不久,我很快就认识和熟悉了四班的孩子们,的确有相当一部分男孩子纪律观念和意识淡薄,也不懂得如何处理同学之间的矛盾。我作为班主任,通过召开班委会,制定班级规章制度,几次主题班会的召开以及与家长频繁的真诚沟通,使得几个经常容易与同学有冲突或矛盾的男孩子纪律观念有所改进。

但有一个女孩子与其他女孩不同,很快引起了我的关注。在这里我叫她×。×上课经常喜欢写写画画,作业不交或迟交,而且有时会情绪失控到乱丢乱砸东西或者与男生发生矛盾甚至肢体冲突。在与×爸爸沟通的过程中,我了解到×很小的时候父母离异,她跟爸爸一起生活,后来爸爸再婚。她敏感易怒的个性可能与父母离异有关。

一个周二的第四节课(口语课),我正在办公室批改作业,突然冲进来两个学生慌慌张张、气喘吁吁地说:"王老师,你快去教室吧,×又失控了。"我赶紧跑向教室,正碰上×快速冲出教室。说时迟那时快,我马上大步向前,抱住她的肩膀,跟她说:"×,停下,先别着急,我俩一起去安静的地方平静一下心情。"她停下了脚步，跟我一起走向楼道。我这才发现她拼命咬紧牙齿，眼含泪珠。我带她走向楼道，一步一步上台阶，"像老师这样慢慢走，一边走一边深深呼气——吸气——"就这样走了一层楼后我轻声问她："心情轻松点儿了吗，我们一起坐下来好吗？"我先坐在台阶上，轻拉她的手，示意她坐到我的旁边，等她坐下后我发现她的表情平静了些。我觉得这个时候首先要处理的是情绪问题，要引导孩子把情绪发泄出来。

"我看你咬牙切齿，心里一定很不好受吧。"

"我太生气啦！气死我了！"

"慢慢说，把你的感受全说出来。"

一股脑把负面情绪说出来之后，×明显平静了很多。后来，×慢慢道出了事情的原委，说出了她失控到在课堂上尖叫和冲出教室的原因。原来她课堂上有违纪，被老师罚站，某同学借此朝她做鬼脸奚落她。她很生气，朝对方扔本子，对方扔回，后来就发展到尖叫和冲出教室了。紧接着我叫来某同学，让两个同学都反思自己做得不对的地方，再说出来由老师补充总结，然后向对方道歉。

再然后，我就带×回到办公室，与她倾心交谈。聊到家人的时候，她进一步敞开了心扉，忍不住说了很多。她很小的时候爸爸妈妈就分开了，她对亲生妈妈的印象是妈妈和爸爸在厨房里吵架，声音很大，还有碗筷被砸到地上的哗啦声，她很害怕。后来妈妈离开了，她很少再见到妈妈，只一次假期的时候爸爸带她到妈妈所在的城市，与妈妈团聚了一回。父母离异，受伤最深的是孩子。

最后，我与她谈到情绪失控的危害：扰乱课堂、伤人、伤己，后果不堪设想。引导她想想如果别人的不当行为导致自己有点生气了，可以怎样疏导或表达自己的情绪。可以直接地、理直气壮地告诉对方"不可以这样伤害别人"，也可以口里默念不生气，平静理智地想更好的方式解决问题，还可以尽快地向老师寻求帮助。谈话的最后我轻轻握住她的手，告诉她："相信王老师，我愿意帮你！当你难受或愤怒时，如果老师握住你的手，请你马上反握住老师的手，这个动作会让你开始变得平静。"她反握了一下我的手，望向我的眼睛。

我感觉她感受到了我真挚的诚意。

　　这次事件之后，×情绪方面的问题改善了很多，偶尔也会与同学发生点小矛盾，但情绪不再失控。某天下午放学前，我的办公桌上出现了一个可爱精致的纸折的皮卡丘和一张卡片，卡片上写着："To王老师，谢谢您。"是心灵手巧的×亲手折的！我感动得泪眼蒙眬，同时又欣慰地嘴角上扬。

　　苏霍姆林斯基说："我们要像对待荷叶上的露珠一样小心翼翼地保护儿童的心灵。"有老师诚挚的关爱，×心灵上的露珠想必会永不干涸并且熠熠生辉。

# 阳光下更灿烂

汕尾市实验初级中学　张淑贞

上周，我在班里举行了一次非正式的演讲大会，这次活动起源于刚刚结束的演讲稿学习单元。

说是演讲大会，其实我只是想让学生大胆地上台讲话，内容上没什么限制，只要是学生感兴趣就好。这个班我带了快两年的时间，依然无法让他们大胆回答问题、发表自己看法。每次提问，总是那固定的几个人举手，至于没举手被我点名的，站起来后要不声若蚊蚋，要不低头红脸一声不发，我想趁这个机会让他们好好发挥发挥。

一番开场白后，我请同学们自愿上台。结果冷场了，全班鸦雀无声，比考试的时候还安静。正当我准备换种方式让他们上台的时候，角落有个弱弱的声音传出："老师，我来可以吗？"我转过头去一看，竟然是他！

这个学生给我的印象非常深刻。记得当时新生报到注册的最后一天下午，接近下班时间他才来。之所以印象深刻，除了很晚，还有就是和他一起来的"团队"了。一行5人，爷爷、奶奶、爸爸、妈妈和姑姑。注册手续是爸爸帮他办理的，他一直躲在最后面没出来露脸。家长们一直在询问学校的一切，我越过他们对他招手让他上前来讲话，开了口，才了解为什么有一个"团队"跟着他一起来了。他说话非常含糊，不仔细辨别，根本听不清楚他在说什么。这是一个有"缺陷"的孩子。

"他也想上台啊！"坐在前排的同学小声地说了一句。我虽有同感，但到底不忍心驳了他的热情，要知道，进校快两年了，他从没在课堂上说过一句话，课间偶尔说话也会被同学学舌嘲笑。

我给了他一个鼓励的眼神，带头鼓掌，把讲台让给了他。

"今天，我想给大家说一说我的家人。我家有6口人。我的爷爷是最疼爱我的，他的身体不好……"依旧是我印象中那含糊的声音，但奇迹出现了，台下竟渐渐安静，同学们从窃窃私语到凝神细听，甚至有个同学眼眶红红、偷偷抹泪，大概是听明白他说的，感同身受吧。

很快，他的演讲就结束了，同学们对他报以最热烈的掌声，他的脸上也出现了腼腆的微笑。这是大家对他的肯定，也是他对自己的肯定。

在他的带动下，同学们似乎找到了方向，演讲大会顺利进行。

在这之后，同学们面对课堂上的提问似乎已经可以大胆地表现自己了。嗯，我的"小花朵"们，我会给你们多一点阳光，让你们更加灿烂！

# 一堂浓墨重彩的作文讲评课

深圳市盐田外国语学校　李少冰

**作**为初三老师，我对于考试这件事是既爱又怕的。爱它是因为它可以检测复习情况，也能鞭策一下学生；怕它则是因为每次考完的改卷过程都让人痛苦不已，而且当你呕心沥血改完试卷，认真给学生分析试题的时候，他们的兴致早已经被刚出炉的分数消磨掉了。辛辛苦苦组织一场考试很不容易，如果只是让讲评试卷成为走过场的形式，那又怎么对得起阅卷者的辛勤付出呢？所以，这一次，我决定在讲评试卷时来一次"自我革命"。

我把"革命"的矛头对准了作文。以前的考试作文讲评，一般是先由我简单分析题目，然后再欣赏几篇高分作文。这次我先给自己充分的备课时间，首先一口气看完了班上所有学生的考试作文，记录下存在问题，分类保存了一些"问题作文"和"优秀作文"。这次作文题目是"记忆深处的味道"，高潮之处当然是对"味道"的刻画与描写，但学生的作文普遍语言乏味、不精美，缺少描写技巧，所以我决定把语言表达作为作文讲评的主题。

根据"语言精美"和"写味道"这些要求，我回忆和搜索了一批名家名篇，像朱自清的《冬天》、金庸的《射雕英雄传》、北朝民歌《木兰诗》、鲁迅的《社戏》、汪曾祺的《端午的鸭蛋》等，里面就有非常精彩的关于"味道"的描写，相信这些文章将会给学生更为直观的示范。同时，我也在考试作文中选取了一些精彩片段做例子，毕竟，同伴的影响力也很强大。

一切就绪，到了授课环节。我先亮出"问题作文"，让学生自己找问题。他们其实是有悟性的，很快就发现是语言问题。这时我引出了今天的讲评主题"如何使你的表达更诱人"，接着用五段名家名篇作为例子，让他们赏析讨论：名家的表达有什么值得借鉴的？看到这些描写"味道"的经典段落，学生们都直呼"好饿啊，受不了"，我适时引导"精彩的表达就可以让人身临其境、如闻其味、如睹其形啊"。学生在我的提示下，总结归纳了名家段落里的写作技巧：使用修辞（比喻、拟人）；通过人的描写，侧面烘托食物的诱人魅力；描写色、香、味（多种感官）；渲染；用声音造型。

水到渠成，我赶紧趁热打铁——布置堂上练笔，毕竟"纸上得来终觉浅，绝知此事要躬行"。我挑选了学生非常熟悉的素材：描写饭堂里的一道菜，表达你吃菜时的感受，100字左右，运用以上手法，使人如闻其味，如睹其形。学生听到要写饭堂里的饭菜，都兴致勃勃，跃跃欲试。不一会儿工夫，"新鲜热辣"的现场作文就"出炉"了，这一次的写作，比考试时的作文生动多了！我邀请几位同学读出自己的作品，其他同学听得津津有味，捧腹大笑，都意犹未尽，我们在笑声中下课，师生都觉得酣畅淋漓、颇有收获。

这节作文讲评课让我发现，其实讲评课远远不止是宣读答案、明白对错，还可以是拓展延伸、连接课本、扩大容量的绝佳机会。下课时，几位学生围着我追问："老师，什么时候再讲作文？"我想，一节好课不就是让人上完还渴望上的课吗？

# 在星空下前行

河源市江东新区源南学校　谢学辉

近些年来，我时常感觉非常困惑。看着成绩表上刺眼的低分率，看着课堂上孩子们迷茫的眼神，看着大部分孩子了无兴趣的学习状态，我在想，真的是老师们还不够努力吗？困惑之际，我的心里闪现了一句曾看过的话："方向比努力更重要。"于是，我知道要慢下"努力"的脚步，抬头重新寻找方向了。

我开始扎进教育专著里，以前什么书都看，但从没像这样在一段时期里有劲头儿地一本接一本集中地看教育专著。从书里，我开始比较系统地领会一些教育专家的理念，了解一些学校成功的改革创新案例，关注一些国家先进的教育探索。

更加幸运的是，我于2018年加入了省级深圳市初中语文罗灿名师工作室，在这里，我结识了一群对教育有理想、有追求的优秀同行。在这里，我得以更加系统地感受到先进的教育理念，近距离地走近众多值得学习的教育先行者。

2018年12月，在广东省2018年名教师工作室入室学员培训项目研修班上，几位老师以对学问的严谨态度、对研究的执着精神，引导我们从学生生涯规划的角度去看待学生的特点及问题，做学生"生命中的贵人"，启发我们从更广的维度去思考教育的发展与定位问题。

2019年5月，我们工作室成员跟着罗灿老师连续参加了在深圳举行的"洞见系统的力量——2019学校战略与品牌峰会"和在江苏昆山举行的"面向未来的学校变革——智慧校长领导力高峰论坛"。这两次论坛令我感触很深，但如果只能用一个词来概括自己的感触的话，我会选择"课程"。是的，课程。在战略与品牌峰会上，深圳明德实验学校总校长程红兵引用了杜威的一句话："如果我们仍然以昨天的方式教育今天的孩子，无疑就是掠夺了他们的明天。"于学校而言，这个"方式"，可以理解为课程。如果用农耕时代、工业时代、信息时代、智能时代来比喻教育发展的阶段。一些发达地区的教育可以说已经到了信息时代甚至是智能时代，而很多落后地区的教育基本上尚处于农耕时代，这种区别不是指多媒体等科技层面的区别，而是指课程与时代接轨程度的区别。作为落后地区，我觉得我们迫切要思考的一个问题是制定适合当地、面向现代化、面向未来的校本课程。

在广州、深圳、上海，我发现了一线城市与我所生活城市的厕所文明区别：同样是大型商业中心，相同的是都有悦耳动听的音乐、干净的卫生保洁，但一线城市大型商业中心的洗手间，纸巾盒子里会装着纸巾。如果是马桶，则在厕所的墙上有个盒子，装着马桶坐垫纸。但我所在的城市大型商业中心的洗手间，要么是没纸巾盒，要么纸巾盒永远是空的，当然，洗手盆旁边的墙上会装有纸巾自动售卖机。无意黑我所在城市，但厕所文明应该也算是一个城市精神文明的缩影吧。作为一个生活、工作于经济落后地区的老师，看到大城市的发达程度，有时真希望将来自己的孩子能在大城市生活、工作。但转念又想，为什么我在面对生活的现实时想到的只有逃离，而不能去做些改变？为什么我的孩子一定要离乡背井、承受大城市的高房价的牺牲才能换取精神追求，我们为什么不能让自己落后的城市也变成能满足精神追求的地方吗？诚如日本教育专家佐藤学所说的，教育是一场静悄悄的革命。哥伦比亚"新学校"模式发起人薇奇·科尔波特也说："社会学家总是希望推动社会变化，实质的改变只能通过两种方式：轰轰烈烈的社会革命，或者静悄悄的革命——教育。"作为教育系统的一分子，我还是通过教育去改变落后的现状吧。

在名教师工作室入室学员培训班开班仪式上，华南师范大学教师发展评估院王红院长向学员提出殷切期望：加入名教师工作室后，在物理空间、社会关系、情感链接和价值追求等层次上逐渐向工作室的老师学习和靠拢，同时争取在丰富的学习和实践中走出自己的名师成长之路。

我不奢望能成为名师，但希望在教育的星空下，通过名师的指导，辨识星星的坐标，为孩子通往明天的路找到正确的方向。

# 呵护学生的"骄傲"

深圳实验学校 吴 珊

**新**学期开学没几天，我们班来了个插班生，名叫陈东升，听说是一个因为极其厌学而休学一年后重返校园的学生。初次见到这个新同学，我注意到他黝黑的脸上毫无笑意，头发凌乱，根本没有同龄学生的朝气，我决定先静观其变。

经过半个月的观察，我认为这个学生基本人畜无害，因为他基本能遵守校纪校规，只是既不听课，也几乎不说话，而且面无表情。不得不承认，我对他还挺好奇的，一个17岁的学生，为何能够如此活在群体之外呢？不会很无聊、很失落吗？

通过和家长对陈东升的基本情况交流，我得知陈东升对古代文学还有一点点兴趣，后来在课堂上的默写中，我发现他的书写很漂亮，而且古文、古诗有些也能很好地默写出来，虽然他在我的语文课上看起来半梦半醒的，但其实他也在学习，并不是一颗真正的"化石"。从此，我就充分肯定他的语文功底，也会当着同学的面表扬他。

与此同时，为了了解他的内心，尽量帮他，我常常找他和我边散步边聊天。通过聊天，我得知他初中时被老师冤枉过，从此一蹶不振，以不好好学习来报复老师；他心里对"老师们"其实也是没有好感的，老师越生气，他越高兴。虽然我不认可他这种不冷静的心态，因为他这样负能量的想法既不能解决问题，对自己也不好，但我不得不承认他诉求公正、真诚地被对待的想法本身没有错。他能对我说出心结，是他对我的信任。当时，我很认真地告诉了他我的看法——"真诚真得很重要，但是不要拿自我堕落来做报复，而且初中已经过去了，现在是高中生活了。"而我，也在心里打定主意——我要多尊重他，多理解他，让他正常毕业，让他有微笑。

我的基本做法是：

（1）要求他遵守校纪校规。

（2）多询问他的想法，充分尊重他，凡事以引导为主。

（3）鼓励他学语文和好好写作文。

（4）看到他发呆和浪费时间，就鼓励他看点自己能看的书。

（5）鼓励他找到自己的兴趣爱好，发挥优势。

（6）他的理科底子薄弱，鼓励他补基础。

（7）鼓励班干部多关心他。

（8）遇见他犯拧、意气用事的时候，反复开导他。

经过一年多的时间，陈东升同学已经通过网络课程学完了基础日语的第二册，我有时翻看他的日语书，能感受到他的付出，他也打算高考时用日语考试代替英语考试，因为他是个执着而较真的学生，我充分相信他能考得不错。而他的语文作文写作能力基本处于较高水平，优点就是逻辑清楚，表达流畅，而他也常将作文上得到的表扬带回家分享给父母。在秋季社会实践周中，他在集体的游戏中表现了自己极为聪颖的头脑，赢得了男生们的称赞；他的厨艺不俗，同组的同学对此赞不绝口；实践周以后他的朋友变多了，脸上的笑容也变多了。而后，我提醒他该抓紧时间思考前途一事，不久，他就正式开始补物理基础，因为之前落了不少基础，整个人又没状态了几年，一时间效果不明显，但是他没有轻易放弃，而且会和我大致谈谈自己的总目标。

我现在毫不担心他会再次休学，也不担心他会浪费青春，因为他是个聪明又能坚持的学生，我要做的就是提醒他、鼓励他。

**总结：**

如果老师站在一个居高临下的位置对待学生，师生之间就会竖起一堵无形的墙，关系冷漠，而且很容易产生误会与不愉快；而如果站在一个平等的视角去看待学生，采用学生可以接受的方式去探讨、建议，就能呵护好学生内心的那份"骄傲",这样他们也会渴望自己有更好、更完善的发展。

育人还需先读心,有时候因为不清楚学生的真实想法和诉求,可能真的会做错事,所以遇事多学习、多思考是教师的必修课。

# 求真·育善·尚美
## ——班主任修炼的三重境界

深圳明德实验学校　杨佳富

**有**人说，做班主任是一门艺术，是一门充满遗憾的艺术。从教近七年来，我一直在思考，在追问，在反思：做班主任是一门艺术吗？如果是，那是一门什么样的艺术？为什么会充满遗憾？这些遗憾能解决吗？就是在这样不停地思考、追问和反思的过程中，我的教育视野突然有一天打开了。在做班主任工作上，我慢慢地意识到这是一门求真的艺术，是一门育善的艺术，是一门尚美的艺术，是一门处理好教师与学生、教师与同事、教师与家长三种关系的教育艺术。所以，求真、育善、尚美是做好班主任工作的三重境界，也是做好教育的出发点和落脚点。

## 第一重境界——求真

2012年9月大学毕业，根据国务院免费师范生的相关文件，免费师范生必须回生源地任教，当时规定的年限是10年，后来改为6年。于是我去了被评为全国贫困县之一的湖北巴东县，也就是郦道元在《三峡》中写到的"巴东三峡巫峡长，猿鸣三声泪沾裳"的地方，也是"网红书记"陈行甲辞去县委书记的地方。在这里，有山里人的淳朴，有官场人的架子，有圈内人不成文的规矩。所以在这里，要懂规矩，才能得方圆。

刚入职，就接手班主任工作。开学第一天，与学生见面，相互做了简单的自我介绍，就算认识了。我当天就给学生编了座位，按照最原始排座位的方法——矮的坐前排，高的坐后排。当天晚上，就有一个家长找到我，说她的孩子坐后面看不到黑板，影响学习，能不能在前排给他安排个位置？我说："您的孩子个子太高，坐前排会挡住后面的同学。如果因为近视看不清楚黑板的话，您给他配个眼镜就好了。"话还没说完，她立马从包里拿出一个信封塞给我说："请杨老师帮个忙，这是我的一点心意。"我知道信封里装的是钱，于是赶紧把她的手推回去，说："对不起，关于孩子座位的事，请您谅解，这个忙实在帮不了。"这时她有些不耐烦地说："小伙子，你们的万主任、宋校长，我们玩得好，还经常一起吃饭。"说完看了我一眼，扭头走了。

她的话语意思很明白，初来乍到的我不谙世事，不懂规矩，我也知道我的拒绝可能会带来接二连三的麻烦，甚至会丢掉饭碗。我更明白如果我接受了这个家长的请求，那么就会有第二个、第三个家长……用同样的方式来要求我，那么我就会丢掉自己的底线，自己的原则，自己的教育梦想。千教万教，教人求真；千学万学，学做真人。如果我连自己内心的追求都坚守不住，我拿什么去教孩子；如果我连不合理的要求都不敢拒绝，我拿什么去影响学生；如果我连做真己都畏畏缩缩，我拿什么去做真教育。

教育的本质是生命的教育，是一棵树摇动另一棵树，是一朵云推动另一朵云，是一个灵魂唤醒另一个灵魂。我不奢求我能改变世界，但求这个世界因我的存在，会有一点点的不同。后来，我和那位家长多次沟通，她理解了，而且更加尊重我。求真是教育最基本的要求，但它的背后是底线，是原则，是公平。

## 第二重境界——育善

在巴东县教学几年之后，我毅然辞去工作，南下深圳。一则为家庭，一则为理想。来到深圳明德学校，中途接任班级班主任。刚开始管理班级很吃力，因为内地县城的孩子与沿海大都市的孩子差异是很大的，并且班上的"问题孩子"不少。面对这群孩子，我的内心充满担心和焦虑。

有一天，我发现班上有一个孩子，她看我的时候总是斜着眼，带着不满、不屑、不在乎的意思。刚开始的时候，我没有很在意，我想刚接手这个班，孩子不喜欢我，用这种眼神看我也是正常的。又过了一些时间，她仍是用这种眼神看我，我实在忍不住了，就问她："你对老师有意见吗？"她说没有。我说你为什么总是用不满的眼神看我呢？她说没有，我也就没多问了。后来，有一次课前集体背诵《马说》，我跟同学们说，会背的就把书合上，不会背的就看着课文跟着一起读。这个孩子不仅不背，竟然连书都没放到课桌上。大家背完之后，我让她站起来跟我说明不背的原因。她不吭声，但还是斜着眼，带着不满的眼神看着我。这一下激怒了我，我当着全班同学的面狠狠地批评了她一顿，她哭了，哭得很伤心。后来，我联系了这个孩子的家长，跟他说明了情况。家长告诉我，孩子患有先天性麻痹性斜视，无论看谁都是那样的眼神。一语未了，我知道我错怪了这个孩子，当天我就找到孩子向她说明误解她的原因并当面向她道歉。这件事已过去一年多了，但到现在我的心里仍然满是愧疚和心疼。

在教育孩子的过程中，这样的情况或类似的情形并非个例，原因是我们总是在自以为是事实的情况下，用成人的标准去看待和评价孩子的行为。陈鹤琴说："儿童就是儿童，有着不同于成人的特点和需要。有着独特的精神世界，因此只有深入地了解儿童，才能有效地教育儿童。"也就是说，教育孩子，我们应该从善的角度，去理解儿童存在的问题；教育孩子，我们应该用善的行为去感染、去影响儿童的行为和世界；教育孩子，我们应该让孩子在面对未来世界的时候，也怀着一颗善良的心。教育很关键的一个功能在于养善，以善育善，孩子心中才有阳光，民族才有未来。

## 第三重境界——尚美

这个世界之所以丰富多彩，是因为每一个生命体都各不相同。这些不同使生命的层次变得更丰富，使我们的生活更有张力。

在我来到明德学校的第二年，有一个上个年级留下来的学生被分配到我的班上。这个孩子有些特殊，不仅学习成绩差，而且有自闭症，严重的时候会出现神经错乱、幻觉等难以自控的情况。在班上，孩子们不是很喜欢他，上课的时候，他可能会情不自禁地自言自语或者发出笑声。所以有时在同学和老师们的强烈要求下，我没有别的办法，只能把他带到办公桌旁边，让他坐下，看书，写作业。来到办公室以后，他依旧会自言自语，有时候会在办公室走来走去，甚至跑到教室门口和窗台上向同学们做鬼脸，因此不论是科任老师，还是其他同事都开始抱怨甚至嫌弃了。我就给孩子的妈妈打了电话，她很快就把孩子接回去了。第二天早上，她把孩子写的前一天的日记发给了我。孩子是这样写的：

5月22日，今天，我做了一件让人非常害怕的事。我上课时，一切都很正常。后来，因为发出一点声音就被请到了办公室。在办公室里待的时间不长，我感觉饿了，向老师们要了点吃的。吃完就跑出了办公室，我把每个班级教室都看了一遍。我这样做是在看看有没有长得漂亮的女孩儿。然后班主任们都看到了我。之后，全年级的班主任都到办公室举报了我。我的班主任就打电话给了我妈妈。我只是想看一看漂亮的女孩而已，至于这样对我吗？

看完孩子的日记，特别是最后的那句话"至于这样对我吗？"，我的内心很难受，很不是滋味。怀特海说，教育只有一门学科，那就是完整表现的生活。对于这个孩子来讲，他完整表现的生活是什么？我认为，至少现阶段他的生活应该有课堂，有同学，有老师，有关怀，有鼓励，有宽容，有对美的追求……或许，我们给不了他完整表现的生活，但我们应该最大限度地给他应有的教育，给他多一点宽容、温暖和关爱。不能以成人的思维和标准去评价孩子的行为，正如孩子所说"我只是想看一看漂亮的女孩而已"，这是初中生在这个阶段对心中所追求美的最本真、最纯粹、最直接的表达。歌德说："凡是真的、善的和美的，都是简单的。"大道至简，返璞归真。作为教育者的我们，用语言文字，用图形曲线，用音符旋律来教孩子认识、领悟和创造世界的美，但我们往往忘了心中容得下不完美才是大美、至美。教育本身就是一种尚美，这种美是有根的，是自下而上生长出来的，是在老师、孩子、家长精心培育下生长出来的。让不够完美的人走向完美，应该成为我们教育者对教育理想的执着和追求，对文化血脉的尊重和传承，对大美世界的呼唤和坚守。

经过和老师们真诚地、深入地沟通、交流，把我的切身感受，孩子的内心创伤，以及家长的痛苦和无奈，通过将心比心的方式进行换位思考。于是，同事们逐渐理解了这个孩子，宽容他，并开始关注他、关爱他，最后接纳了他。

求真、育善、尚美既是我做班主任成长历练的三个阶段，也是做好班主任的三重境界。这三重境界并无绝对高下之分，只是代表了班主任工作的三个不同方面。只有将三者融会贯通，才能将班主任工作做得顺心，做得得心应手。